IEFI 国际财经中心
International Economics and Finance Institute

2017
世界与中国经济研究

周强武／主编

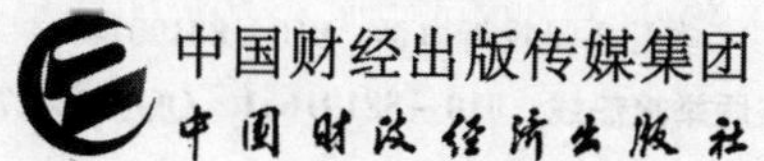

图书在版编目（CIP）数据

世界与中国经济研究.2017／周强武主编.—北京：中国财政经济出版社，2018.4
ISBN 978-7-5095-8151-3

Ⅰ.①世… Ⅱ.①周… Ⅲ.①世界经济-研究②中国经济-研究 Ⅳ.①F11 ②F12

中国版本图书馆CIP数据核字（2018）第052291号

责任编辑：孙 腾　　　　责任校对：李 丽
封面设计：汪俊宇　　　　版式设计：录文通

中国财政经济出版社 出版

URL：http：//www.cfeph.cn

E-mail：cfeph@cfeph.cn

社址：北京市海淀区阜成路甲28号 邮政编码：100142

营销中心电话：010-88191537

北京中兴印刷有限公司印刷 各地新华书店经销

787×1092毫米 16开 16.5印张 324 000字

2018年4月第1版 2018年4月北京第1次印刷

定价：50.00元

ISBN 978-7-5095-8151-3

（图书出现印装问题，本社负责调换）

本社质量投诉电话：010-88190744

打击盗版举报热线：010-88191661 QQ：2242791300

序 言

2017年，全球经济稳步复苏，主要经济体增长提速，国际贸易显著改善，全球化和多边主义得到维护，市场乐观情绪上升，全球经济增长预期升至3.5%左右。但积极的数据背后，全球经济面临的主要风险并未消弥，如结构性改革迟滞、潜在增长率低迷、宏观政策不确定性上升、金融风险累积以及保护主义抬头等，仍将对全球经济复苏造成负面影响。

十年前，经济危机席卷全球。十年后，全球经济终迎大范围协同增长，“增速换挡”曙光初现。美国经济增长动能增强，税改等经济政策初见成效，货币政策正常化稳步推进，有望在2018年实现接近甚至超过3%的增长，继续领跑发达经济体。欧元区经济受宽松货币环境、消费和投资改善，市场信心增强等因素提振，出现摆脱停滞、重拾动能之势，并逐步由德国单核驱动转向普遍增长，全年GDP增速达2.5%，创下近10年来最高水平。英国脱欧谈判进展有限，对欧洲经济尚未产生显著影响。日本经济继续改善，商业和消费信心增强带来投资和消费改善，有效弥补了外需疲软带来的出口下降。从2016年开始，日本经济已连续8个季度正增长，创下28年来最长正增长纪录。新兴经济体方面，五大金砖国家全部实现增长，印尼、越南、土耳其、埃塞俄比亚等新兴经济体继续提速。但在主要经济体宏观政策外溢性加大特别是发达经济体货币政策面临转向的背景下，新兴经济体仍面临外需疲软和资本外流等潜在风险，推进转型和增长压力犹存。

在风险和不确定性侵扰全球经济时，中国拿出了开放与发展、合作与共赢的“中国方案”。作为全球第二大经济体，中国经济延续稳中向好、好于预期的发展态势，GDP增速达到6.9%，实现7年以来首次增长加速，对世界经济增长的贡献率超过 30%。过去一年，“一带一路”倡议取得积极进展，中国与主要国家关系得到巩固和加强，金砖国家、中美关系等多双边合作成果丰硕，全球化进程得到维护和发展，构建人类命运共同体逐步上升为国际共识。随着党的十九大胜利召开，中国经济由高速增长阶段转向高质量发展阶段，未来几十年的发展方向得到明确。基于此，主要国际机构多次上调中国经济增长预期，一致对中国发展前景投下信任票。

但我们清醒地看到，当前全球经济复苏主要是周期性因素驱动，危机以来长期制约全球经济增长的结构性问题并未有效解决，增长动能不足、经济治理滞后和全球发展失衡这三大根本性矛盾仍然存在。在风险和不确定性不断累积的外部环境下，中国经济增长压力仍然很大，推动新旧动能转换和经济结构升级充满挑战，建设现代化经济体系的任务很重。从 2018 年到 2020 年这三年，既是决定全球经济能否彻底走出危机阴影、开启新一轮增长的关键期，又是中国全面建成小康社会、实现第一个百年目标的决胜期。对广大财经研究工作者来说，需要潜心钻研、认真谋划的问题还很多，把脉全球经济、建言中国发展的能力还需进一步提高。

2017 年以来，财政部国际财经中心的同志们密切跟踪全球经济走势和财经热点问题，就区域和国别经济、区域一体化、国际经济治理和国际发展合作等领域的重要问题进行了深入研究，提出了诸多富有建设性的政策建议，得到政策制定者的高度认可。现将 2017 年部分研究成果汇编成书，希望成为国内财政工作者了解国际财经的良师益友，并为相关领域研究提供参考。未来，中心同志们将继续加强对重大经济问题的研究，以创新的思维和科学的方法，不断开拓研究思路，密切关注国际政治经济形势的发展变化，不忘初心，继续前行。

编者

2018 年 3 月 2 日

目　录

第一部分　全球宏观经济

第二部分　亚洲经济

第三部分　欧洲经济

第四部分 美洲经济

第五部分 全球经济治理

■ 第一部分

全球宏观经济

2017 年一季度世界经济形势分析及展望*

2017 年一季度，世界经济仍处于缓慢复苏进程中。发达经济体结构性改革进程总体迟缓，经济增长内生动力不足。美国经济有望继续温和复苏，受特朗普政策预期等因素影响，2017 年美国经济可能有所加速。欧元区经济增长加快，主要欧洲国家进入选举周期，英国正式启动脱欧程序，难民问题持续发酵。日本难有大的起色，“安倍经济学”刺激效应递减。新兴经济体在世界经济增长中的作用继续上升，但经济增长态势表现分化。大宗商品价格缓慢回升。1 月份之后，全球大宗商品价格触底反弹，波动上行。但在美元走强的背景下，国际大宗商品价格中短期内将继续承压。2017 年世界经济的复杂性、不稳定性、不确定性不减反增，“黑天鹅”事件仍有可能发生。

一、一季度世界经济总体情况

一季度，全球经济复苏力度低于预期，贸易持续低迷，贸易增幅持续低于经济增速。主要发达经济体中，美国经济持续温和复苏，美联储继 2016 年 12 月份加息 25 个基点后，2017 年 3 月份再次加息 25 个基点，至 0.75%—1%；失业率持续低于 5%，基本实现充分就业。特朗普总统主张通过减税、创造就业、扩大基础设施投入、放松金融管制等措施，继续推动美国经济增长。2017 年美国经济短期内或维持强势。欧洲经济增长加快。在经历英国脱欧的政治考验后，2016 年欧元区经济增速达 1.7%，自 2008 年金融危机爆发以来首次超过美国。日本经济略有改善。日本近期增长态势增强，商业信心恢复，投资需求扩大，家庭消费增加，但结构性矛盾仍然突出。新兴经济体增长态势分化。印度经济低于预期，受国际油价缓慢回升影响，俄罗斯经济表现出不少积极态势。巴西经济持续萎缩，2016 年萎缩 3.5%，2017 年受大宗商品价格回升等因素影响，有望从低谷中反弹。南非经

* 本文写于 2017 年 4 月 18 日。

济仍面临较大挑战。

二、主要经济体表现

（一）美国

1. 主要经济指标

一季度，美国经济延续2016年以来的持续复苏势头。劳动力市场积极向好，通货膨胀指标继续改善，制造业和房地产市场显著走强，股票市场连创新高，但个人消费支出表现疲软。基于良好的通胀和就业指标，美联储3月份再次加息25个基点至0.75%—1%。

失业率稳中有降。一季度，美国就业市场表现稳定。1月份失业率4.8%，新增非农就业22.7万人；2月份失业率降至4.7%，连续17个月保持在5%以下，新增非农就业23.5万人，3月份失业率继续下降至4.5%。劳动参与率保持在63.0%的较高水平。

通胀指标继续改善。一季度美国通胀数据继续改善，1月份CPI环比增长0.6%，同比增长2.5%；2月份CPI环比增长0.1%，同比增长2.7%，创2012年3月份以来最大涨幅。2月份核心PCE物价指数升至1.8%，继续向美联储2%的目标迈进。

制造业继续走强。一季度，制造业延续了2016年四季度以来的扩张势头，2月份制造业ISM指数一度升至57.7，创2014年8月份以来新高。其中，新订单指数从60.4大幅升至65.1，为2013年12月以来最高。此外，耐用品订单数量1—2月份环比分别上涨1.7%和1.8%，企业投资意愿有所增强。

居民消费表现疲软。一季度，受季节性因素影响，居民消费支出明显走弱。其中，个人消费支出1月份环比增长0.2%，2月份收窄至0.1%；扣除通胀因素，实际消费支出1月份、2月份均为负增长；商品零售总额1月份环比增长0.4%，2月份收窄至0.1%。从消费者预期看，消费收窄或只是暂时情况，一季度谘商会消费者信心指数继续上涨，3月份已升至125.6，为2000年12月份以来最高水平。

房地产市场量价齐升。一季度，美国房地产市场延续了去年四季度以来的强势。1月份新屋销售年化总数55.8万户，同比上升6.1%；2月份年化总数59.2万户，同比上升12.8%，创近7个月以来新高。1月份成屋销量年化总数569万套，环比上升3.2%，创近10年以来新高；2月份，成屋销售价格中位数创近13个月以来新高。

贸易逆差小幅收窄。一季度，受从中国进口减少、美元回调和出口连续扩大等因素影响，2月份美国贸易逆差环比下降9.6%至436亿美元。其中，美国从中国的商品进口减少86亿美元，创历史最大降幅，对华商品贸易逆差缩窄到230亿美元。

美元指数回调。一季度，美元指数结束去年四季度的强势表现，从最高的103.8回落至100.5左右，并在3月份美联储加息预期兑现后降至98.8。短期内美元指数或回升，继续保持强势。

2. 主要政策措施

特朗普就任美国总统后，医改提案由于共和党党内立场分化而不得不撤回；向国会提交的任内首份预算案框架，美国国务院、环保部等部门预算被大幅压缩，而国防支出激增540亿美元；税改和基建计划方面尚无具体方案出台；对外政策方面，特朗普宣布退出跨太平洋伙伴关系协定（TPP），北美自由贸易协定（NAFTA）也将启动重新谈判。

货币政策方面，3月份美联储再次加息，将联邦基金利率目标区间提升25个基点至0.75%—1%。本次加息完全符合市场预期。根据美联储公开信息，2017年或加息两次。在3月份的议息会议上，美联储已开始讨论缩减资产负债表计划。

（二）欧盟和欧元区

1. 主要经济指标

2017年一季度，受能源价格回调等因素影响，欧盟和欧元区通胀率延续了四季度快速回升势头。1—2月份，欧元区通胀率分别为1.8%和2%，2月份通胀率已实现欧央行2%的通胀目标；欧盟通胀率分别为1.7%和1.9%。劳动力市场持续改善，但失业率仍高于危机前水平。1—2月份，欧元区失业率分别为9.6%、9.5%，为2009年5月份以来最低水平；欧盟失业率分别为8.1%和8%，为2009年1月份以来最低水平。制造业扩张速度进一步加快。1—3月份，欧元区制造业PMI分别为55.2、55.4和56.2，为71个月以来新高。欧委会预计，欧洲经济将持续温和增长。其中，2017、2018年，欧元区GDP增速分别为1.6%和1.8%；欧盟GDP增速均为1.8%。受劳动力市场改善、税收增长等因素影响，欧元区2017、2018年公共债务率或分别降至90.4%和89.2%。

欧洲主要经济体中，1—3月份，德国通胀率分别为1.9%、2.2%和1.6%；1—2月份，德国失业率分别为3.8%和3.9%，劳动力市场有所改善；1—2月份，德国劳动参与率均为66.8%；1—3月份，德国制造业PMI分别为56.5%、56.8%和58.3%，创71个月以来新高；3月份产出增速为3年以来最快，制造业持续扩张。

英国通胀率自2015年下半年以来持续回升。1—3月份，英国通胀率分别为1.8%、2.3%和2.3%，创2013年9月份以来新高。劳动力市场略微改善。截至2月末，英国近3个月的失业率为4.7%，为1975年以来最低。英国财政部预测，

2017—2021 年，英国经济增速将分别为2%、1.6%、1.7%、1.9%和2%；由于英镑贬值，2017—2019 年，英国通胀率将分别为 2.4%、2.3%和 2%；债务率将在 2017 财年达到峰值 88.8%，并在 2021 年降至 79.8%。

法国通胀率连续下降。1—3 月份，法国通胀率分别为 1.3%、1.2%和 1.1%，食品价格大幅下降是通胀率下降的主要原因。受订单连续 6 个月增长影响，法国制造业仍维持较快扩张趋势，1—3 月份，法国制造业 PMI 分别为 53.6、52.2 和 53.3。法国国家统计局预测，法国 2017 年 1—2 季度经济增速分别为 0.3%和 0.5%，6 月份失业率或降至 9.5%。

2. 主要政策措施

欧盟和欧元区推出的政策措施：一是欧委会出台鼓励企业兼并重组的政策，建立泛欧洲养老金市场，计划于 2019 年前建成运作良好的资本市场联盟。二是欧盟税务裁决新规生效，新规将提高税收信息交换的透明度，欧盟成员国可通过中央存管处自动交换跨境税务裁决最新信息。三是欧盟召开财长会，确定欧盟 2018 年预算将平衡财政整顿和增加投资的关系；制定规则，打击和防范公司偷逃税；建立非合作关系国家司法管辖区名单，防止税务欺诈。

英国正式发布“脱欧路线图”；3 月 29 日，英国向欧盟理事会递交信函，确认英国政府将触发《里斯本条约》第 50 条款，正式启动脱欧程序。

货币政策方面，欧央行分别维持主要再融资操作利率、隔夜存款利率和隔夜贷款利率为0%、-0.4%和0.25%不变；同时，维持月资产购买规模 800 亿欧元不变。自 2017 年 4 月起，月资产购买规模将调整为600 亿欧元。英国央行维持利率0.25%不变，并分别维持企业债采购规模和资产采购规模 100 亿英镑和4350 亿英镑不变。

（三）日本

1. 主要经济指标

一季度，日本经济持续温和复苏，海外经济增长带动日本出口增长；随着企业利润提高，日本企业固定投资呈温和增长态势，就业率和收入稳定增长带动个人消费增长。2016 财年日本名义 GDP 或增长 1.5%，实际 GDP 或增长 1.3%。

具体来看，日本1 月份 CPI 环比上升0.1%，同比上升0.4%。2 月份 CPI 环比下降0.1%，同比上升0.3%；就业形势稳定，预计一季度失业率维持在3%左右，其中1 月份和2 月份失业率分别为3%和2.8%；制造业有所改善，1—3 月份制造业 PMI 初值分别为52.8、53.3 和52.6，其中，2 月份制造业 PMI 创2014 年3 月份以来新高；出口市场有所改善，日本1—2 月份出口额分别为54219.46 和63465 亿日元，同比分别上升1.3%和11.3%；进口额分别为65088.23 亿日元和55331.11 亿日元，同比分别上升8.5%和1.2%。

2. 主要政策措施

货币政策方面，日本最新货币政策会议决定，将继续维持政策利率 -0.1% 不变。财政政策方面，3 月 27 日，日本国会通过支出总额 97.4547 万亿日元的 2017 财年预算案。其中，社保支出、地方交付税分配支出、公共项目支出、教育和科技支出、国防支出分别占预算支出总额的 33.3%、16%、6.1%、5.5% 和 5.3%，国防支出连续五年增长。日本财务省预测，2017 财年日本债务率达 253%，财政赤字 10.84 万亿日元，债务依存度为 35.3%。

劳动力市场改革方面，近期日本政府决定改革公司正式员工的长时间劳动等企业雇用员工的惯例，计划在 2017 年提出相关法律修正案，2019 年起正式实施。

（四）新兴经济体

1. 主要经济指标

一季度，主要新兴经济体经济呈复苏态势，贸易回暖，通胀压力减弱。金砖国家中，巴西经济衰退状况略有改善，俄罗斯经济企稳向好，印度经济增速仍保持世界前列，南非经济再次小幅萎缩。总体上，多数其他新兴经济体经济复苏稳中向好，新兴经济体 2017 年 GDP 增速或回升至 4.5%。

由于外部环境好转、制造业回暖、改革政策成效逐步释放，巴西经济呈现复苏趋势。巴西 2016 年 GDP 萎缩 3.6%，其中，农业产出下降 6.6%，工业产出下降 3.8%，服务业产出下降 2.7%。1 月份、2 月份巴西 CPI 年率同比分别上升 5.35% 和 4.76%，接近 1.5%—4.5% 的目标区间。一季度巴西失业率高达 12.6%，为 2012 年以来最高水平，失业人口约 1290 万人。

受币改等因素影响，印度经济增速小幅放缓。印度 2016 年四季度 GDP 增速为 7%，环比下降 0.3 个百分点。1—2 月份，印度通胀基本稳定，CPI 同比上升 3.17% 和 3.65%。

由于大宗商品价格回升、卢布汇率走强，俄罗斯经济基本摆脱衰退。俄罗斯央行预计，一季度俄 GDP 增长 0.5%。俄罗斯通胀率趋稳，1 月份、2 月份 CPI 同比分别增长 5% 和 4.6%。1—2 月份俄失业率稳定于 5.6% 的水平。

采矿业和制造业持续低迷拖累南非经济增长。南非 2016 年四季度 GDP 萎缩 0.3%，环比大幅降低；1 月份、2 月份，南非 CPI 同比分别增长 6.6% 和 6.3%，略高于 3%—6% 的目标区间。2016 年四季度南非失业率微降至 26.5%。

一季度，亚洲新兴经济体表现整体回升。东盟国家中，菲律宾、印尼经济持续增长，越南、老挝等其他国家经济增速温和上升。美国经济政策的不确定性、劳动生产率增速放缓、收入分配差距扩大引发社会不稳定、债务水平攀升、外汇市场大幅波动等仍是多数新兴经济体面临的共同挑战。

2. 主要宏观经济政策

在货币政策方面，为提振经济增长，巴西央行两次大幅下调基准利率 75 个基点至 12. 25%；由于通胀压力缓解，俄罗斯央行下调基准利率 25 个基点至 9. 75%；印度央行、南非央行分别维持基准利率 6. 25% 和 7% 不变。

财政政策和结构性改革政策方面，各主要新兴经济体积极利用政策空间，推进财税改革和结构性改革：印度政府高度重视基础设施建设，新财年中央政府拨款 1200 亿卢比、印度国有道路管理局筹资 5900 亿卢比，用于修建 15000 公里高速公路；1 月份巴西政府实施了限制公共开支、推进社保改革、调整国有企业管理新规等一揽子改善经济环境的政策；俄罗斯财政部计划发行期限为 5—10 年、规模为 4000 亿卢布的联邦公债，为 2010 年 3 季度以来规模最大的季度债务发行；受消费水平下降、利率周期以及商业信心等因素影响，南非税务总署 2016/2017 财年完成税收收入 1. 14 万亿兰特。

整体而言，特朗普政府经济政策的不确定性、全球化进程遇阻、大宗商品价格变动等因素是影响新兴经济体经济增长的主要外部风险。为改善增长前景，各经济体需协同运用货币、财政和结构性政策，防范可能出现的风险，不断推进结构性改革进程。

三、大宗商品及资本市场价格走势

（一）大宗商品市场

2017 年 1 季度，OPEC 减产协议正式生效，原油日产量下降 23 万桶至 3201 万桶/日，3 月份减产完成率达 95%。由于供给下降，原油价格出现上行，全球大宗商品价格维持涨势，较 2016 年四季度小幅上涨。1 月份大宗商品价格上涨 2. 3%，其中原油价格上涨 1. 6%，均价为 53. 6 美元/桶，非能源类大宗商品价格上涨 3. 25%。2 月份大宗商品价格上涨 1. 5%，其中原油价格上浮 1. 4%，均价达 54. 36 美元/桶，非能源类大宗商品价格上涨 1. 5%。3 月份大宗商品价格下跌 3. 8%，其中原油价格大幅下跌 6. 3%，均价达 50. 91 美元/桶，非能源类大宗商品价格下跌 1. 73%。

由于 OPEC 和非 OPEC 国家基本能够履行原油减产承诺，且可能延长减产协议，原油价格有望在二季度继续回升。世行预计，2017 年含原油和天然气在内的能源均价将较 2016 年上涨 26%，2017 年原油价格或达 55 美元/桶。未来 5 年，石油需求将持续增长。国际能源署认为，石油业需加大投资力度，否则全球石油供给在 2020 年后或难以满足需求，国际油价可能再次飙升。

（二）资本市场

2017 年第一季度，全球主要股指大多继续呈现涨势。综合来看，截至 3 月 31 日，美国道琼斯工业平均指数累计上涨 4.49%，报 20650.21 点；标普 500 指数累计上涨 5.36%，报 2358.84 点；纳斯达克综合指数累计上涨 9.5%，报 5894.68 点；英国富时指数累计上涨 2.37%，报 7312.14 点；法国 CAC40 指数累计上涨 4.48%，报 5080.21 点；德国 DAX30 指数累计上涨 6.5%，报 12227.68 点；上证指数累计上涨 3.83%，报 3222.51 点；深证指数累计上涨 2.47%，报 10428.72 点；香港恒指累计上涨 10.28%，报 24261.48 点；日经 225 指数累计下跌 1.59%，报 18810.25 点；韩国 KOSPI 指数累计上涨 6.66%，报 2161.1 点。

汇率市场继续震荡。3 月份美联储加息之后第二天，中国央行全线上调公开市场逆回购中标利率、中期借贷便利（MLF）利率及隔夜常备借贷便利（SLF）利率。日本央行则维持政策利率 -0.1% 不变。在美联储加息后，隔夜美元指数在时隔一个半月后重新跌破 100 点整数关口；人民币汇率中间价升值 182 个基点，由 6.9071 升值到 6.8889，结束了连续多个交易日的下跌，创一周以来的最大升幅；美元兑日元上涨。

四、2017 年第二季度世界经济形势展望

2017 年第二季度，全球经济复苏态势或将有所巩固，主要发达国家和新兴经济体增长势头有望向好。但全球经济仍将面临一系列挑战与风险：

一是美新政府经济政策的不确定性对全球经济带来较大冲击。特朗普政府经济政策存在较大不确定性，且其政策内顾倾向明显，或将进一步推升强势美元、提高全球利率水平、扰乱国际金融秩序、助推保护主义抬头，对全球经济特别是新兴市场国家的经济产生较大冲击。二是美联储加息或将对全球资本市场带来冲击。美国于 2016 年 12 月和 2017 年 3 月中旬各加息一次，未来将进一步加息，这将对其他经济体带来外溢影响，进一步加剧全球资本无序流动和非美元货币贬值压力，外汇储备不足的新兴经济体受到较大冲击。三是新的“黑天鹅”事件或将给世界经济发展带来不确定影响。荷兰、法国、意大利、德国都将在 2017 年迎来议会或总统大选，受全球民粹主义与孤立主义抬头影响，这些大选可能继续产生一些出乎意料的结果，勒庞与五星政党可能分别在法国与意大利当选，这可能给欧元区以及欧洲主权债务的稳定带来破坏性的冲击，也将进一步助推“逆全球化”和保护主义浪潮。四是大宗商品价格继续承压。尽管 2016 年年底石油输出国组织（OPEC）、俄罗斯等非 OPEC 成员产油国相继加入减产协议，原油开始进入低速攀升通道，其他国际大宗商品价格出现缓慢回升，但在美元持续走强的背景下，国

际大宗商品价格在中长期的时间里或将继续承压。五是国际贸易持续疲软。世界贸易组织（WTO）估算，2017 年全球贸易仅增长 1.8%—3.1%，为 2008 年国际金融危机以来最低水平。其中，全球货物贸易增速仅稍高于 1%。贸易增速低迷反映了全球经济增速放缓、大宗商品价格下降等因素。同时，多边和区域贸易协定谈判进展缓慢，这不仅减少了贸易部门就业岗位，也显著影响了贸易增长。六是全球失业问题仍然严峻。据国际劳工组织预计，2017 年的全球失业率将从 2016 年的 5.7% 上升到 5.8%，失业人口达到 2.35 亿人，创历史新高。发达国家 2017 年失业率预计从 6.3% 下降到 6.2%。失业率高企，或对社会稳定和经济发展带来负面影响。

总的来看，未来一段时期，全球经济将维持进一步复苏态势。OECD 称，2017 年全球经济有望实现温和增长，预计 2017 年世界经济增速为 3.3%，2018 年为 3.6%。预计美国 2017 年经济增长 2.4%，2018 年增长 2.8%；英国 2017 年经济增长 1.6%，2018 年增长 1.0%；日本 2017 年经济增长 1.2%，2018 年增长 0.8%；中国 2017 年经济增长 6.5%，2018 年增长 6.3%；欧元区 2017 及 2018 年经济均增长 1.6%。

（周波）

2017 年二季度世界经济形势分析及展望*

2017 年二季度，世界经济延续了缓慢复苏的态势。美国经济继续温和复苏，受特朗普政策低于预期等因素影响，短期内美国经济或难以实现 3% 增长目标。欧元区通胀走势趋缓，劳动力市场表现稳定，制造业扩张速度加快。日本经济持续温和复苏，出口表现有所改观。金砖国家中，巴西经济基本摆脱衰退，俄罗斯经济企稳向好，印度经济增速有所放缓，南非经济继续萎缩。大宗商品价格回调。6 月份美联储再次加息，9 月份缩表计划提上日程。世界经济的复杂性、不确定性继续存在，整体走势比一季度有所回暖。

一、二季度世界经济总体情况

二季度，主要发达经济体中，美国经济持续温和复苏，继 3 月份加息 25 个基点后，6 月份再次加息 25 个基点至 1%—1. 25%；失业率持续低于 5%，基本实现美联储预期的充分就业水平。特朗普更多通过行政命令的方式出台政策措施践行其施政理念。2017 年美国经济短期内或维持强势，但实现 3% 增长目标难度较大。欧盟和欧元区走势趋稳，制造业持续扩张，英国脱欧谈判正式启动，欧央行和英国央行均维持现行货币政策不变。日本持续温和复苏，制造业不及预期，出口部门有所好转，结构性矛盾仍然突出。主要新兴经济体经济增速延续分化态势，部分经济体再次面临下行压力。

二、主要经济体表现

（一）美国

1. 主要经济指标

二季度，美国经济延续稳固复苏态势。劳动力市场运行平稳，制造业和房地

* 本文写于 2017 年 7 月 20 日。

产市场走强，居民消费小幅改善。但通胀指标走弱，贸易逆差小幅扩大，美元指数继续回落。综合来看，美国二季度 GDP 增速或小幅回升至 2% 左右。由于通胀和就业指标向好，如外界预期，6 月份美联储加息 25 个基点，联邦利率水平提高至 1%—1.25%。

就业市场运行平稳。4 月份失业率 4.4%，新增非农就业 17.4 万人；5 月份失业率降至 4.3%，为 2001 年以来最低水平，连续 20 个月保持在 5% 以下，已基本实现美联储预期的充分就业水平，新增非农就业 13.8 万人；6 月份失业率回升至 4.4%，新增非农就业 22.2 万人。

通胀指标稳中有降。4 月份核心 PCE 物价指数 1.5%，5 月份降至 1.4%。受能源价格下跌影响，4 月份、5 月份 CPI 同比分别增长 2.4%、1.9%；核心 CPI 分别增长 1.9%、1.7%。通胀数据稳中有降或为暂时现象，通胀指标有望延续向 2% 迈进的趋势。

制造业稳中向好。二季度，美国制造业 ISM 指数走强，4 月份、5 月份制造业 ISM 指数分别为 54.8、54.9，6 月份大幅升至 57.8，创 2014 年 8 月份以来新高。其中，新订单指数从 57.5 大幅升至 63.5；耐用品订单数量微降，4 月份、5 月份分别环比下降 0.8% 和 1.1%。

受加息预期影响，居民消费支出小幅走强。个人消费支出 4 月份环比增长 0.4%，为 4 个月以来最大涨幅，5 月份收窄至 0.1%；扣除通胀因素，四五月份实际消费支出分别上涨 0.2% 和 0.1%。商品零售总额 4 月份环比增长 0.4%，5 月份转为下降 0.3%。二季度谘商会消费者信心指数逐月下降，6 月份降至 118.9。

房地产市场延续强势。4 月份新屋销售年化总数为 56.9 万户，同比上升 0.5%；5 月份年化总数为 61 万户，同比上升 8.9%。4 月份成屋销量年化总数为 556 万户，环比下降 2.5%；5 月份成屋销量年化总数为 562 万户，环比上升 1.1%，大幅好于预期。

贸易逆差小幅扩大。4 月份美国贸易逆差环比上升 5.1% 至 476 亿美元，创今年 1 月份以来新高。5 月份美国贸易逆差环比下降 2.3% 至 465 亿美元。

美元指数继续回调。二季度，美元指数延续了一季度的弱势表现，从最高点 101.34 不断回落，6 月份美元指数已降至 95.47。直至 6 月份加息后，美元指数才出现小幅反弹，但总体上仍延续疲弱走势。

2. 主要政策措施

4 月份，特朗普公布税改主要原则，包括将企业所得税下调至 15%，简化并下调个人所得税税率等。但由于缺少细节和具体措施，税改能否成功及成效存疑。大规模基础设施投资计划仍无具体方案出台。由于国会掣肘，特朗普更多通过行政命令的方式出台政策措施践行其施政理念。鉴此，IMF 在最新的经济展望报告中，将今年美国经济增速下调 0.2 个百分点至 2.1%。短期内美国经济或难以实现特朗普宣称的3%的增长目标。

对外政策方面，6月1日，特朗普宣布退出《巴黎气候协定》，宣称将集中更多资源致力于国内经济增长和就业改善。这是继退出TPP后，特朗普政府再次显示出强烈的内倾倾向。贸易方面，百日计划早期收获达成，中美经贸合作取得积极进展。

货币政策方面，尽管一季度经济增速回落，美联储仍然选择在6月份再次加息，将联邦基金利率目标区间提升25个基点至1%—1.25%，认为美国经济已更具"弹性"。年内美联储可能再加息一次，9月份或正式启动缩减资产负债表计划。

（二）欧洲

1. 主要经济指标

二季度，由于能源价格增速放缓，欧盟和欧元区通胀率走势趋缓。4—6月，欧元区通胀率分别为1.9%、1.4%和1.3%；欧盟4、5月份通胀率分别为2%和1.6%。劳动力市场表现稳定，青年失业率进一步下降。四五月份，欧元区失业率均为9.3%，为2009年3月份以来最低水平；欧盟失业率均为7.8%，为2008年12月份以来最低水平。制造业扩张速度进一步加快，4—6月，欧元区制造业PMI分别为56.7、57和57.3，创74个月以来新高。欧央行预测，2017—2019年欧元区GDP增速分别为1.7%、1.6%和1.5%；通胀率将分别为1.6%、1.5%和1.7%；失业率将分别为9.4%、9.1%和8.7%。

欧洲主要经济体中，受能源价格增速下降等因素影响，德国通胀率出现波动，4—6月份，德国通胀率分别为2%、1.5%和1.6%。劳动力市场表现稳定。4月份、5月份，德国失业率均维持3.9%不变，就业人口达4407万人，为德国统一以来最高。2017—2019年，德国GDP或增长1.9%、1.7%和1.6%。法国通胀率进一步下降，4—6月份，通胀率分别为1.2%、0.8%和0.7%。制造业持续扩张，4—6月份，制造业PMI分别为55.1、53.8和54.8，新订单连续9个月增长是带动法国制造业扩张的主要原因。2017年法国GDP或增长1.6%，仍落后于欧元区整体水平。受服务业、能源价格等因素影响，英国通胀率稳定提升。四五月份，通胀率分别为2.7%和2.9%，为2012年4月份以来最高水平。劳动力市场延续向好势头，英国2—4月份失业率为4.6%，为1975年以来最低水平；就业率为74.8%，为1971年以来最高水平。2017—2019年，英国GDP或分别增长1.5%、1.3%和1.5%；通胀率将分别为2.9%、2.8%和2.5%。

2. 主要政策措施

政策方面，欧盟和欧元区推出以下政策措施：一是欧盟正式批准启动英国"脱欧"谈判。谈判预计分多阶段进行，第一阶段需协商财务结算、公民权利和爱尔兰边界等问题。在英国正式退出欧盟成为第三方国家后，再就未来关系问题展开下阶段讨论。二是欧委会已批准单一数字网关、单一市场信息工具等举措推进单一市场建设。三是对乌克兰采取暂时自治贸易措施，为期三年。四是欧盟将对部分欧洲果农的非常规支持措施延长至 2018 年 6 月底，以应对俄进口禁令的影响。五是英国政府出台资金规模达 10 亿英镑的一揽子计划，支持北爱尔兰进行基础设施建设、提高经济增长潜力等。

货币政策方面，欧央行分别维持主要再融资操作利率、隔夜存款利率、隔夜贷款利率 0%、-0.4%、0.25% 不变。同时，维持月资产购买规模 600 亿欧元至 2017 年 12 月份。2017 年上半年，欧央行增持 5 亿欧元人民币外汇储备，出售小部分美元储备，外汇储备总体规模维持不变。英国央行维持现行利率水平和资产购买规模不变。

（三）日本

1. 主要经济指标

二季度，日本金融环境不断改善，经济持续温和复苏。日本央行分别上调 2017、2018 和 2019 财年实际 GDP 增速预期至 1.6%、1.3% 和 0.7%，较此前预期分别提高 0.2、0.2 和 0.1 个百分点。具体来看，CPI 出现小幅改善，连续 5 个月上升，但仍远不及央行 2% 的通胀目标，4 月份 CPI 为 100.3，同比上升 0.4%，环比上升 0.1%。5 月份 CPI 为 100.4，同比上升 0.4%，环比持平。就业形势稳定，预计二季度失业率维持在 3% 左右，其中 4 月份和 5 月份分别为 2.8% 和 3.1%。制造业有所下滑，二季度制造业 PMI 初值约为 52，连续三个月创 2017 年以来最低，且 4 月份新增就业速度为 2016 年 11 月份以来最低。出口市场有所改善，日本 4 月份和 5 月份出口额分别为 63292.01 和 34026.32 亿日元，同比分别上升 7.5% 和 19.1%；进口额分别为 58474.52 和 38537.18 亿日元，同比分别上升 15.1% 和 12.2%。

2. 主要政策措施

货币政策方面，日本最新货币政策会议决定，将继续维持政策利率 -0.1% 不变，且短期内不会考虑退出量宽。财政政策方面，日本提出《经济财政运营基本方针》草案，虽然 2020 财年日本中央和地方政府已难以实现财政收支扭亏为盈的目标，但草案并未对此进行调整，将推迟至明年再做决定。综合改革措施方面，日本公布《2017 年日本成长战略草案》，将政策资源集中投入到日本优势领域。

（四）新兴经济体

1. 主要经济指标

第二季度，新兴经济体经济回暖势头减弱。主要新兴经济体经济增速呈分化态势，部分经济体再次面临下行压力，通缩压力上升。金砖国家中，巴西经济基本摆脱衰退，俄罗斯经济企稳向好，印度经济增速有所放缓，南非经济继续萎缩。

总体上，多数其他新兴经济体仍保持适度增长，世行下调新兴经济体 2017 年 GDP 增速至 4.1%。

由于农业产量大幅回升、部分改革措施效果逐步显现，巴西经济在连续 8 个季度衰退后恢复正增长。巴西一季度 GDP 环比增长 1%，其中，农业产出增长 13.4%，达 20 多年来最高水平；工业产出增长 0.9%，服务业产出持平。巴西 2017 年 4—6 月份 CPI 年率同比上升 4.08%、3.6%、3%，为 2007 年以来最低水平，11 年来首现通缩。巴西二季度失业率持续小幅攀升，预计将超过 13%。

印度“废钞令”对消费和吸引外部投资造成严重影响，印经济增速继续放缓。印度一季度 GDP 增速为 6.1%，环比下降 0.9 个百分点。4—5 月份，印度通胀率降幅明显，CPI 同比增长 2.99% 和 2.18%。

由于大宗商品价格回暖，各主要经济领域均呈现增长态势，俄罗斯经济保持积极增长。俄罗斯 1—5 月份 GDP 同比增长 1.3%，高于预期。俄罗斯通胀率趋稳，4—5 月份 CPI 同比均增长 4.1%。值得注意的是，4 月份俄居民实际可支配收入同比下跌 7.6%，降至 2009 年时水平。

受贸易、餐饮和旅馆业大幅萎缩影响，南非经济正式步入“技术性衰退”。南非一季度 GDP 萎缩 0.7%，为连续第二个季度出现负增长；4 5 月份，南非 CPI 同比增长 5.3% 和 5.4%，基本处于 3%—6% 的目标区间。南非一季度失业率为 27.7%，环比上升 1.2 个百分点，创 14 年来最高纪录。

二季度，亚洲新兴经济体增长强劲；东盟国家中，菲律宾、越南经济继续成为亮点，新加坡、泰国等其他国家经济增速温和上升。美联储货币政策正常化及美政府贸易保护主义政策升温、通缩压力普遍上升、人口老龄化加剧、生产率增长放缓、资产负债表疲弱、债务率高企等问题仍是多数新兴经济体面临的共同挑战。

2. 主要宏观经济政策

货币政策方面，为缓解通缩压力，巴西央行继续下调基准利率 100 个基点至 10.25%，为 2014 年以来最低水平；为进一步促进经济增长，俄罗斯央行两次下调基准利率 50 个基点至 9%；由于通胀率远低于预期目标，印度央行维持基准利率 6.25% 不变；鉴于经济增长不如人意，南非央行维持基础利率 7% 不变。

财政政策和结构性改革政策方面，各主要新兴经济体积极推进财税改革及结构性改革措施，以提振经济增长：印度政府正式启动自独立以来最大规模的税改，即开征统一的商品和服务税，以取代联邦与地方政府各自征收的税种；巴西参议院通过劳动改革法案，以提振劳动力市场，帮助巴西经济重回增长轨道；俄罗斯政府将设立数字经济基金，预计规模约 17 亿美元，主要用于数字经济基础设施投资；南非政府正在推动激进经济变革，包括对所有权体系、管理阶层构成和工人队伍结构的改革，对经济供需体系的改革，以及加速结束种族隔离时代的双重经济模式。

整体而言，大宗商品价格波动与美联储货币政策收紧是影响新兴经济体经济增速的主要外部因素。为改善增长前景，各经济体需继续坚持货币、财政和结构性政策三管齐下的政策取向，加快推进结构性改革进程，应对人口结构变化带来的挑战，并努力提升生产力水平。

三、大宗商品及资本市场价格走势

（一）大宗商品市场

二季度，欧佩克决定延长减产协议，但尼日利亚和利比亚两国因享有豁免权而石油产量激增，欧佩克国家原油日产量增加 29 万桶至 3208 万桶/日。由于供给增加，原油价格出现下行，全球大宗商品价格回调，较一季度有所下跌。4 月份大宗商品价格基本持平，其中原油价格上涨 2. 6%，均价为 52. 23 美元/桶，非能源类大宗商品价格下跌 3. 15%。5 月份大宗商品价格下跌 2. 3%，其中原油价格下跌 4. 4%，均价达 49. 91 美元/桶，非能源类大宗商品价格微涨 0. 29%。6 月份大宗商品价格下跌 3. 39%，其中原油价格下跌 7. 59%，均价达 46. 13 美元/桶，非能源类大宗商品价格微跌 0. 18%。

如果尼日利亚和利比亚控制石油产量，且卡塔尔断交危机持续发酵，原油价格有望在三季度止跌回升。如果尼日利亚、利比亚等国继续扩大产量，或助推国际原油价格走跌。

（二）资本市场

二季度，全球主要股指多数维持涨势。综合来看，截至 6 月 30 日，美国道琼斯工业平均指数累计上涨 3. 08%，报 21287. 03 点；标普 500 指数累计上涨 2. 58%，报 2419. 7 点；纳斯达克综合指数累计上涨 4. 24%，报 6144. 35 点；英国富时指数累计上涨 0. 17%，报 7324. 68 点；法国 CAC40 指数累计上涨 1. 62%，报 5162. 73 点；德国 DAX30 指数累计上涨 1. 39%，报 12397. 68 点；上证指数累计下跌 0. 93%，报 3192. 43 点；深证指数累计上涨 0. 97%，报 10529. 61 点；香港恒指累计上涨 6. 24%，报 25776. 57 点；日经 225 指数累计上涨 6. 5%，报 20033. 43 点；韩国 KOSPI 指数累计上涨 10. 67%，报 2391. 79 点。

汇率市场较为平稳。由于 6 月份美联储加息符合市场预期，加息影响被市场提前吸收，汇率市场未引发强烈震荡。当日，美元/日元小幅上扬，欧元/美元下挫，美国十年期国债利率、美股三大指数走势平稳。

四、2017 年第三季度世界经济形势展望

2017 年第三季度，全球经济复苏态势将继续向好，美、欧等主要经济体复苏步伐有望加快，新兴市场国家经济形势整体改善，但全球经济复苏韧性不足，仍面临一系列挑战与风险：

一是美国经济政策走向仍存不确定性。特朗普提出的减税、放松监管等政策能否最终落实难以确定，且 5 月份公布的预算案又广受质疑，美联储加快了货币政策正常化步伐，或将继续加息。这些都将对全球经济特别是新兴市场和发展中经济体的经济带来负面影响。二是贸易保护主义盛行。主要发达经济体贸易保护主义情绪上升，导致一些国家减少国际贸易和对外投资，不利于经贸合作，且威胁全球贸易增长，或将引发全球经济倒退。三是地缘政治风险上升。东北亚局势紧张、中东因卡塔尔断交潮和伊朗遭恐袭等局势动荡加剧、美朝矛盾尚未解决、美伊冲突升级、美古关系再度紧张等一系列地缘政治问题都将对全球经济增长带来影响。四是结构性矛盾突出。全球生产率增速下滑趋势尚未扭转，主要发达经济体劳动力市场存在结构性问题，人口老龄化问题严重，不少新兴经济体则面临产业结构升级、增长方式转变等挑战。这些复杂的结构性矛盾制约了经济增长的空间。五是自然灾害不断。葡萄牙发生森林大火，造成 60 余人死亡，数十人受伤；斯里兰卡遭遇洪水和山体滑坡灾害；智利发生地震。这些频发的自然灾害对经济发展的负面影响不容小觑。

总的来看，未来一段时期，全球经济将延续复苏态势。OECD 6 月份发布的最新经济展望报告预测，全球 GDP 增长将从 2016 年的 3.0% 升至 2018 年的 3.6%。多数其他新兴经济体仍保持适度增长，世行下调新兴经济体 2017 年 GDP 增速至 4.1%。

（周波）

2017 年三季度世界经济形势分析及展望*

第三季度，世界经济延续复苏态势。美国就业市场持续改善，制造业稳中向好。欧盟和欧元区失业率创近 10 年新低，制造业延续扩张态势，经济复苏进程进一步巩固。日本经济延续复苏态势，出口持续改善。金砖国家中，巴西经济持续增长，俄罗斯经济继续向好，印度经济增速再次放缓，南非经济摆脱衰退。大宗商品价格强势回升，美元指数持续走低。美联储宣布将启动“缩表”计划，“缩表”进程和加息预期相互叠加，美国货币政策正常化进程将对全球金融市场产生深远影响。世界经济的复杂性、不稳定性、不确定性继续存在，经济整体表现较二季度有所回升。

一、三季度世界经济总体情况

三季度，主要发达经济体就业市场持续改善，制造业稳中向好，外贸持续增长，多数经济体强劲增长。特朗普出台新税改方案，力推新税改和新医改，对外政策方面，特朗普继续高举“退出主义”大旗，继二季度退出巴黎协定后，近期又宣布退出联合国教科文组织。欧盟和欧元区经济持续向好，失业率再创新低，复苏进程进一步巩固，英国脱欧谈判未就关键议题达成共识，谈判或陷入僵局。日本经济延续复苏态势，私人消费连续五个季度实现增长，出口持续增长。主要新兴经济体经济维持复苏态势，且增势较为强劲。

二、主要经济体表现

（一）美国

1. 主要经济指标

* 本文写于 2017 年 10 月 18 日。

三季度，美国就业市场持续改善，制造业稳中向好，贸易逆差小幅收窄。但消费支出先抑后扬、房地产市场表现低迷，且美国多地受飓风天气侵袭，经济活动受到一定影响。综合来看，三季度美国 GDP 增速或从二季度的 3.1% 回落至 2.5% 左右。

就业市场持续改善。三季度，美国就业市场延续了今年以来的良好表现。7—9 月份失业率分别为 4.3%、4.4% 和 4.2%，7 月份和 9 月份失业率均创 2001 年以来最低水平。7—9 月份劳动参与率分别为 62.9%、62.9% 和 63.1%。鉴于美国经济已接近“充分就业”，未来的薪资增长或进一步推高通胀水平。

通胀指标不及预期。三季度，受极端天气等因素影响，美国通胀数据出现回落。7、8 月份核心 PCE 物价指数环比增长 0.1%、0.2%，同比增长 1.4%、1.3%，均低于预期。CPI 方面，7—9 月份同比分别增长 1.7%、1.9% 和 2.2%。

制造业稳中向好。美国制造业主要指标先抑后扬，7、8 月份制造业 ISM 分别为 56.3 和 58.8，9 月份升至 60.8，创 2004 年 5 月份以来新高。7 月份耐用品订单指数环比下降 6.8%；受民用飞机订单大增等因素影响，8 月份耐用品订单指数环比回升 1.7%。企业保持了较强的投资意愿，海外市场需求改善和美元走弱或刺激出口相关行业进一步增加投资。

居民消费先抑后扬。受极端天气影响，7、8 月份居民消费支出表现低迷。7、8 月份，个人收入环比增长 0.4% 和 0.2%；受此影响，个人消费支出环比增长 0.3% 和 0.1%。7—9 月份，商品零售总额环比增长 0.3%、-0.2% 和 1.6%，9 月份零售销售数据创两年多来新高。从消费者信心指数看，消费疲软情况有望回暖。8 月份谘商会消费者信心指数升至 122.9，接近 16 年来最高水平。

房地产市场表现低迷。7 月份新屋销售年化总数 57.1 万户，创 2016 年 12 月份以来新低，环比下降 9.4%；8 月份年化总数环比下降 3.4% 至 56 万户。7 月份成屋销量年化总数为 544 万套，环比下降 1.3%；8 月份成屋销售年化总数为 535 万户，环比下降 1.7%，创下近一年来新低。

贸易逆差小幅收窄。7、8 月份贸易逆差 437 亿美元和 424 亿美元，创 2016 年 9 月份以来最低水平。其中，8 月份美国商品和服务出口总额 1953 亿美元，创近两年半以来新高。对华贸易方面，由于进口大幅增加，美对华贸易逆差上升 4% 至 349 亿美元，创 2015 年 9 月份以来新高。

美元指数持续走低。三季度，美元指数延续跌势，从二季度末的 95.6 回落至 93.2 左右，一度跌至 91 附近。短期内美元指数大幅反弹的概率较低；中长期内，随着美联储加息预期升温，美元指数或再现一波反弹走势。

2. 主要政策措施

三季度，特朗普政府公布了新税改框架，将企业所得税最高税率由目前的 35% 降至 20%，个人所得税税率从七档改为 12%、25% 和 35% 三档。9 月初，特朗普接受了民主党提出的将预算问题、延长债务上限以及为哈维飓风受灾地区拨款三个问题“打包”的解决方案。虽避免了政府关门，但加大了共和党内部分歧，或对未来的税改和医改进程产生负面影响。

对外政策方面，7 月份中美举行了首轮全面经济对话，通过对话增进了彼此的了解和互信。但特朗普宣布启动基于“301”条款的调查，为中美经贸关系增加了新的不确定性。8 月份起，美、墨、加三国开始更新北美自贸协定谈判，经过三轮谈判，取得了初步进展，但未触及敏感领域，能否在今年年内完成谈判仍有待观察。

货币政策方面，基于劳动力市场持续走强等因素，美联储宣布将于 10 月份启动缩表计划。全球金融市场和新兴经济体或将面临新一波冲击。美联储利率点阵图显示，今年年内美联储或再次加息。“缩表”进程和加息预期相互叠加，美国货币政策正常化进程对全球金融市场的影响不容小觑。

（二）欧洲

1. 主要经济指标

三季度，受能源价格回升等因素影响，欧盟和欧元区通胀率企稳回升。7—9 月份，欧盟通胀率分别为 1.5%、1.7% 和 1.8%；欧元区通胀率为 1.3%、1.5% 和 1.5%。劳动力市场持续向好，失业率创近年新低。7、8 月份，欧盟失业率分别为 7.7% 和 7.6%，创 2008 年 11 月份以来最低水平；欧元区失业率均为 9.1%，为 2009 年 2 月份以来最低水平。欧央行预测，2017—2019 年，欧元区失业率分别为 9.2%、8.8% 和 8.4%，劳动力市场持续向好态势或进一步巩固。制造业延续扩张态势。7—9 月份，欧元区制造业 PMI 分别为 56.6、57.4 和 58.1，为 79 个月以来最高水平，制造业连续 51 个月扩张。欧央行预测，2017—2019 年，欧元区 GDP 增速分别为 1.9%、1.8% 和 1.6%，较此前预测有不同程度上调。

欧洲主要经济体中，德国通胀率企稳回升，7—9 月份，通胀率分别为 1.7%、1.8% 和 1.8%。劳动力市场持续向好。7、8 月份，德国失业率分别为 3.7% 和 3.6%。8 月份就业人口为 4430 万人，环比增速高于过去 5 年平均增速。德国青年失业率为 6.4%，为欧盟成员国最低水平。2017 年德国经济或增长 2%，大幅高于之前预测的 1.5%。英国劳动力市场进一步改善。5—8 月份，英国失业率为 4.3%，环比下降 0.3 个百分点，为 1975 年以来最低水平。通胀率保持增长态势。7、8 月份，英国通胀率分别为 2.6% 和 2.9%。2017 年英国经济或增长 1.6%，较此前预测上调 0.3 个百分点。法国经济表现平稳。7—9 月份，法国通胀率分别为 0.7%、0.9% 和 1%，能源和烟草价格拉动通胀率继续回升。7—9 月份，法国家庭信心指数分别为 104、103 和 101，连续三个月下降，但仍高于长期均值。法国国家统计局预测，2017 年法国经济或增长 1.8%。

2. 主要政策措施

政策方面，欧盟和欧元区推出的政策措施：一是通过《蒙特利尔议定书》基加利修正案，有助于实现巴黎协定目标。二是启动新欧盟议程，确保以公平、有利于增长的方式对数字经济征税。三是通过欧洲可持续发展基金计划。该计划将支持非洲和欧洲周边地区实现包容和可持续发展。四是启动试点项目，为产业转型区域推进创新合作提供资金支持。五是欧盟与英国的脱欧谈判进展有限，谈判或陷入僵局。欧盟与英国就“分手费”、欧盟公民权利问题、爱尔兰边境管理问题等三项关键议题仍未达成共识。

货币政策方面，欧央行和英国央行均维持现行货币政策，即欧央行维持主要再融资操作利率、隔夜存款利率、隔夜贷款利率在0%、-0.4%、0.25%不变；英国央行则继续维持现行货币政策利率0.25%不变。

（三）日本

1. 主要经济指标

三季度，受外部市场持续复苏、公共投资增长等因素影响，日本出口持续增长，私人消费连续五个季度实现增长，经济持续温和复苏。具体看，CPI出现小幅改善，7、8月份CPI同比上升0.4%和0.7%。其中，7月份核心CPI同比增长0.5%，为2015年3月份以来最高。7、8月份PPI同比上升2.6%和2.9%。就业市场趋稳，三季度失业率维持在2.8%。制造业有所波动，7—9月份日本制造业PMI分别为52.2、52.8和52.6。出口持续改善，7—9月份日本出口额同比分别上升7.5%、19.1%和14.1%，连续10个月实现增长。

2. 主要政策措施

货币政策方面，日本维持政策利率-0.1%不变，且短期内不考虑退出量宽。财政政策方面，2018年度日本政府各部门预算申请总额达到101万亿日元（约6万亿元人民币）。厚生劳动省申请预算31.43万亿日元，创历史新高。防卫省申请预算5.26万亿日元，连续6年增加。

综合改革措施方面，日本政府召开“未来投资会议”，鼓励日本企业加大对人工智能、物联网等技术的投资，此次会议成果将在明年修订的政府发展战略中体现。

（四）新兴经济体

1. 主要经济指标

三季度，新兴经济体增势强劲。主要新兴经济体保持较高增长态势，失业率有所下降，部分经济体通缩压力上升。金砖国家中，巴西经济延续增长态势，俄罗斯经济缓慢复苏，印度经济增速再次放缓，南非经济摆脱衰退。总体上，多数其他新兴经济体保持适度增长，IMF 上调 2017 年新兴经济体 GDP 增速至 4.6%。

受居民消费、贸易增长等因素影响，巴西经济连续两个季度实现正增长。二季度巴西 GDP 同比增长 0.3%，环比增长 0.2%，其中，农业产出持平，工业产出萎缩 0.5%，服务业产出增长 0.6%。1—9 月份，巴西累计通胀率为 1.78%，创 1998 年以来新低。6—8 月份失业率攀升至 12.6%。

印度“废钞令”和税改法案的负面影响持续发酵，采矿业和制造业大幅下滑，印经济增速持续放缓。二季度印度 GDP 增速为 5.7%，环比下降 0.4 个百分点。7—8 月份，印度通胀率连续攀升，CPI 同比增长 2.36% 和 3.36%。

由于大宗商品价格止跌回升，宽松货币政策效果显现，俄罗斯经济再次实现正增长。二季度俄罗斯 GDP 同比增长 2.5%，为 2012 年二季度以来最高增速；1—8 月份俄 GDP 同比增长 1.7%。俄罗斯通胀率降至历史低点，7—8 月份 CPI 同比均增长 3.9% 和 3.3%。

受农业和金融业大幅增长影响，南非经济或摆脱技术性衰退。二季度南非 GDP 增长 2.5%，为连续两个季度衰退后首次实现正增长；7—8 月份，南非 CPI 同比增长 4.6% 和 4.8%，基本处于 3%—6% 的目标区间内。二季度南非失业率为 27.7%，同比上升 1.1 个百分点，失业人口持续增加。

三季度，亚洲新兴经济体增长前景有所改善。东盟国家中，三季度越南经济增速达全球第一，菲律宾、马来西亚、新加坡等其他国家经济增速明显上升。美联储货币政策调整及其后续效应、通缩压力加剧、债务高企、信贷规模扩张等问题仍是多数新兴经济体面临的共同挑战。

2. 主要宏观经济政策

货币政策方面，为应对通缩压力，巴西央行继续下调基准利率 100 个基点至 8.25%，为 4 年来最低水平；由于经济持续向好，降息空间加大，俄罗斯央行下调基准利率 50 个基点至 8.5%；为提振经济增长，印度央行下调基准利率 25 个基点至 6%；南非央行下调基础利率 25 个基点至 6.75%，为 5 年来首次降息。

财政政策方面，各主要新兴经济体致力于实现财政平衡，并不断推进结构性改革，以提振经济增长，提高民众生活水平：印度国家转型委员会起草了《三年行动议程》，拟定未来三年印度发展蓝图，推动各邦实现经济战略转型，以实现“新印度”梦想；为加快经济复苏进程，巴西政府提高 2017 年赤字目标至 1590 亿雷亚尔；俄罗斯通过提高国内最低工资法案，自 2018 年 1 月 1 日起，俄国内最低工资升至 9489 卢布；南非成功在国际资本市场发行 25 亿美元国债，成交量达两倍超额认购，投资者主要来自亚洲和欧美。

整体而言，保护主义不断升级、美联储货币政策正常化、大宗商品价格波动以及地缘政治风险是影响新兴经济体经济增速的主要外部因素。为改善增长前景，各经济体需综合施策提高潜在产出，持续推动结构性改革，以提高劳动生产率，促进经济包容、可持续增长。

三、大宗商品及资本市场价格走势

（一）大宗商品市场

三季度，OPEC 减产协议初见成效，原油日产量下降 7.9 万桶至 3275.5 万桶/日，9 月份减产完成率达 86%。受飓风灾害影响，美国原油产量有所下降。由于供给过剩现象好转，全球原油市场供需再平衡进程加速，油价强势上涨，全球大宗商品价格止跌回升，较二季度小幅上扬。7 月份能源类大宗商品价格上涨 3%，其中原油价格上涨 3.2%，均价为 47.7 美元/桶，非能源类大宗商品价格上涨 1.96%。8 月份能源类大宗商品价格上涨 4.4%，其中原油价格上浮 4.6%，均价达 49.9 美元/桶，非能源类大宗商品价格上涨 1.2%。9 月份能源类大宗商品价格上涨 5.4%，其中原油价格上涨 6.21%，均价达 53 美元/桶，非能源类大宗商品价格上涨 1.5%。

由于尼日利亚和利比亚未承诺限制原油供给，原油减产承诺执行率下降，三季度末原油日产量有上升趋势，且是否延长减产协议仍存在不确定性，短期内原油价格或难以维持涨势。

（二）资本市场

三季度，全球主要股指多维持涨势。截至 9 月 30 日，美国道琼斯工业指数累计上涨 5.24%，报 22402.75 点；标普 500 指数累计上涨 4.12%，报 2519.35 点；纳斯达克综合指数累计上涨 5.72%，报 6495.96 点；英国富时指数累计上涨 0.66%，报 7372.76 点；法国 CAC40 指数累计上涨 3.24%，报 5329.81 点；德国 DAX30 指数累计上涨 3.48%，报 12828.86 点；上证指数累计上涨 4.90%，报 3348.94 点；深证指数累计上涨 5.30%，报 11087.19 点；香港恒指累计上涨 6.90%，报 27554.3 点；日经 225 指数累计上涨 1.61%，报 20356.28 点；韩国 KOSPI 指数累计上涨 0.11%，报 2394.47 点。

三季度美元维持跌势，人民币、日元相对升值。9 月初人民币中间价、在岸、离岸人民币齐创逾 14 个月新高，人民币兑美元连破 6.58、6.57、6.56、6.55 四道关口，最高升破 6.50 关口，离岸人民币涨逾 400 点，在岸人民币涨约 400 点。而在美联储宣布 10 月份启动“缩表”计划后，美元兑日元短线拉升，突破 112 关口，刷新 7 月 27 日以来新高；美元指数突破 92 关口。

四、2017 年第四季度世界经济形势展望

四季度，全球经济将继续维持复苏态势，美、欧、日等主要经济体持续向好，新兴市场国家经济增速加快，但全球经济仍面临一系列挑战与风险：

一是美联储“缩表”计划与加息进程相互叠加，美国货币政策正常化进程将对全球金融市场产生深远影响。“缩表”启动后，将对全球流动性产生溢出效应，对全球大宗商品市场、金融市场和各国汇率带来一定压力，对新兴市场和发展中经济体带来冲击。二是贸易摩擦频发。美国重启“201 条款”，又对中国启动“301 条款”调查，中美或贸易摩擦不断；印度频频对中国产品发起反倾销调查。频繁的贸易摩擦不利于经贸合作，也损害了全球贸易增长。三是地缘政治风险加剧。朝核问题进一步恶化，东北亚安全秩序面临挑战，美朝矛盾升级等一系列地缘政治问题都将对全球经济增长带来负面影响。四是结构性矛盾仍旧突出。主要经济体先后进入老龄化社会，人口增长率下降，给各国经济社会带来压力。上一轮科技进步带来的增长动能逐渐衰减，新一轮科技和产业革命尚未形成势头。这些结构性矛盾制约了经济增长。五是自然灾害不断。中国四川九寨沟县和墨西哥中部先后发生强震，造成数百人伤亡；美国遭遇飓风，并引发洪水灾害；台风“天鸽”造成多人遇难；飓风“玛利亚”重创多米尼克；也门霍乱疫情扩散，近 2000 人死亡。这些频发的自然灾害造成人员伤亡和财产损失，不利于经济发展。

总的来看，未来一段时期，全球经济总体或延续比较强劲的复苏态势。IMF 预测，2017 年全球经济增速将达到 3.5%，2018 年将达 3.6%。其中，2017 年、2018 年发达经济体经济增速分别为 2% 和 1.9%；新兴市场和发展中经济体经济增速为 4.6% 和 4.8%。

（周波）

2017年四季度世界经济形势分析及展望*

四季度，世界经济继续保持稳健增长，经济整体表现较三季度有所回升。美国经济高速增长，欧盟和欧元区增长超预期，日本经济实现温和扩张。金砖国家中，巴西经济保持增长势头，印度经济大幅反弹，俄罗斯和南非经济增速有所放缓。大宗商品价格进一步回升，美元指数持续走低。美联储宣布再次加息，全球主要货币政策正常化进程将对全球金融市场产生深远影响。展望2018年，全球经济有望保持稳定复苏态势，但全球货币政策趋紧、贸易保护主义抬头等因素可能对全球经济持续复苏构成不利影响。

一、四季度世界经济总体情况

四季度，主要发达经济体增长强劲，就业市场持续改善，制造业稳中向好，外贸持续增长，多数经济体持续向好。美国就业市场持续良好表现，制造业稳定扩张。特朗普签署《减税和就业法案》，为30年来最大规模减税法案。欧盟和欧元区失业率再创近10年新低，经济复苏进程进一步巩固，欧盟与英国结束第一轮脱欧谈判。日本经济实现温和扩张，出口大幅增长。主要新兴经济体经济维持复苏态势，增长分化加剧，通胀均维持在较低水平。

二、主要经济体表现

（一）美国

1. 主要经济指标

四季度，美国就业市场持续向好，通胀指标有所改善，制造业稳中有升，居

* 本文写于2017年1月19日。

民消费明显回暖，房地产市场表现强劲，贸易逆差再创新高。综合来看，四季度美国 GDP 增速有望继续保持在 3% 以上，2017 年 GDP 增速超过 2% 几成定局。

就业市场持续向好。四季度，美国就业市场延续了今年以来的良好表现。10—12 月份失业率均稳定在 4.1%，创近 17 年来最低水平；10—12 月份劳动参与率稳定在 62.7%。随着就业市场持续向好和招工难度上升，薪资水平上涨压力已开始显现。

通胀指标有所改善。四季度，受消费回暖等因素影响，通胀数据有所改善。10、11 月份核心 PCE 物价指数环比分别增长 0.2%、0.6%，同比分别增长 1.4%、1.5%，进一步接近美联储 2% 的目标。CPI 方面，10—11 月份核心 CPI 同比分别增长 1.8%、1.7%。

制造业稳定扩张。四季度，美国制造业延续稳中向好的积极态势。10—12 月份制造业 ISM 指数分别为 58.7、58.2、59.7。受飞机订单反弹等因素影响，美国 10—11 月份耐用品订单指数环比分别增长 -0.4% 和 1.3%。受经济基本面稳固、商业投资和居民消费改善等因素影响，未来美国制造业产出有望继续强势增长。

居民消费明显回暖。四季度，居民消费结束三季度颓势，并受感恩节和圣诞假期等因素拉动出现明显回暖。10—11 月份，个人可支配收入环比分别增长 0.5% 和 0.4%；受此影响，个人消费支出环比分别增长 0.3% 和 0.6%。10—11 月份，商品零售总额分别增长 0.5% 和 0.8%。从消费者信心指数上看，消费增长趋势有望持续。11 月份谘商会消费者信心指数升至 128.6，创近 17 年以来最高水平。

房地产市场表现强劲。10 月份新屋销售年化总数 62.4 万户，11 月份大幅升至 73.3 万户，创 2007 年 7 月份以来新高。10 月份成屋销量年化总数为 550 万套，11 月份升至 581 万户，创 2006 年 12 月份以来新高。由于房屋供给偏紧，11 月份房价中位数同比上涨 5.8%，为连续第 69 个月上涨。

贸易逆差再创新高。10—11 月份，美国贸易逆差分别为 487 亿美元和 505 亿美元，创近六年来新高。对华贸易方面，11 月份，美国对华贸易逆差进一步扩大至 354 亿美元，为 2015 年 9 月份以来最高。

美元指数持续走低。四季度，美元指数震荡下跌，从三季度末的 93.1 跌至 92.3 左右。全年来看，美元指数从 2016 年底超过 102 的高位下跌了近 10%。短期内美元指数或将继续承压；中长期内，随着美国经济基本面向好、美联储货币政策处于紧缩周期，美元指数很可能触底反弹。

2. 主要政策措施

四季度，特朗普税改法案落地，企业所得税最高税率确定由目前的 35% 降至 21%，个人所得税保留 7 级累进制，多档税率大幅下调，最高边际税率由 39.6% 降为 37%，为里根政府以来最大规模减税。12 月份，特朗普再次签署临时拨款法案避免政府关门，但本财年正式预算仍未在两党间取得共识。

对外政策方面，特朗普出访亚洲诸国，特别是访华期间，中美签订了超过2500亿美元的商业订单，但此后不久，特朗普政府正式拒绝承认中国市场经济地位，并罕见地由商务部主动启动对华“双反”调查。四季度，更新北美自贸协定谈判取得初步进展，但尚未触及难点问题；修订美韩自贸协定谈判迈出实质性步伐。

货币政策方面，基于经济基本面持续向好、劳动力市场进一步改善和家庭与企业需求稳固等因素，美联储在12月份再次加息。美联储利率点阵图显示2018年仍将加息3次左右。特朗普提名鲍威尔为下届美联储主席人选，当前美联储货币政策立场有望得到延续。

（二）欧洲

1. 主要经济指标

四季度，受居民消费和出口拉动，欧盟和欧元区经济增长稳中向好，三季度欧盟和欧元区GDP同比均增长2.6%。在能源和食品价格支撑下，欧盟和欧元区通胀率保持稳定。10—11月份，欧盟通胀率分别为1.7%和1.8%；10—12月份，欧元区通胀率分别为1.4%、1.5%和1.4%。劳动力市场持续改善，失业率再创新低。10—11月份，欧盟失业率分别为7.4%和7.3%，为2008年10月份以来最低；欧元区失业率分别为8.8%和8.7%，为2009年1月份以来最低。欧央行预测，2017—2019年，欧元区失业率分别为9.1%、8.6%和8.2%。制造业加速扩张。10—12月份，欧元区制造业PMI分别为58.5、60.1、60.6，为1997年以来最高水平。欧央行对欧元区经济前景信心进一步加强，上调2017—2019年经济增速预期分别至9.1%、8.6%和8.2%。

欧洲主要经济体中，德国通胀率基本企稳。10—12月份，通胀率分别为1.6%、1.8%和1.7%。劳动力市场表现稳定。10—11月份，德国失业率均为3.6%，为德国统一以来最低水平。2017—2020年，德国经济增速或分别为2.6%、2.5%、1.7%和1.5%。英国通胀率进一步上升。10—11月份，英国通胀率分别为3%和3.1%。劳动力市场持续改善。8—10月份，英国失业率为4.3%，同比下降0.5个百分点，为1975年以来最低水平。受“脱欧”影响，英国2017年经济增速或放缓至1.5%。法国通胀率缓慢上升。10—12月份，法国通胀率分别为1.1%、1.2%和1.2%。家庭信心指数稳固上升。10—12月份，法国家庭信心指数分别为100、103和105，明显高于长期均值。预计法国2017年经济增速或达1.8%。

2. 主要政策措施

政策方面，欧盟和欧元区推出的政策措施：一是发布2018年工作计划，致力于实施循环经济行动计划，并完成单一数字市场、能源联盟、资本市场联盟、经济和货币联盟及银行业联盟的建设。二是制定2018—2019年立法优先领域，包括保障公民安全、改革与发展移民政策等。三是就 2018 年预算达成一致，将着重推动青年就业，促进增长与战略投资，并应对移民问题。四是为新车二氧化碳排放量设立目标，在 2030 年将新车平均二氧化碳排放量较 2021 年降低 30%。五是欧盟与英国结束第一轮脱欧谈判，将在第二轮谈判中就英国脱欧后约两年的过渡期展开讨论。

货币政策方面，欧央行维持现行货币政策，即维持主要再融资操作利率、隔夜存款利率、隔夜贷款利率 0%、-0.4% 和 0.25% 不变；维持月资产购买规模 600 亿欧元至 2017 年 12 月份。英国央行上调基准利率 25 个基点至 0.5%，维持资产购买规模 4350 亿英镑不变，以支持经济持续增长、促进就业与实现 2% 的通胀率目标。

（三）日本

1. 主要经济指标

四季度，由于劳动力市场改善和收入提高提振了消费者支出，且出口呈增长态势，日本经济实现温和扩张。三季度日本实际 GDP 增长率为 1.4%，实现连续 7 个季度增长。具体看，通胀指标小幅改善，但仍远不及 2% 的通胀目标。10—11 月份，日本 CPI 同比分别增长 0.2% 和 0.6%；PPI 同比分别增长 3.4% 和 3.5%。就业市场基本企稳，10—11 月份日本失业率分别为 2.8% 和 2.7%。制造业有所改善，10—12 月份日本制造业 PMI 分别为 52.8、53.8、54.0，创 46 个月以来新高。出口表现创 2008 年金融危机以来最佳，10—11 月份日本出口额同比分别增长 14% 和 16.2%，实现连续 12 个月增长。

2. 主要政策措施

财政政策方面，日本政府公布 2018 财年预算草案，总规模 97.71 万亿日元，创历史新高。本财年国债发行总额预计 33.69 万亿日元，同比下降 1.97%。财政赤字 10.39 万亿日元，同比减少 4511 亿日元。日本执政党确定 2018 年度税制修订大纲，旨在促进劳动力市场改革、提高工资水平以及育儿支持等。新税改主要对个人所得税、法人税等进行调整，并增设森林环境税和国际观光旅客税两个税种。

货币政策方面，日本央行维持基准利率 -0.1% 不变，并稳步推动实现 2% 的通胀目标。综合改革措施方面，日本政府将人力资源开发和供给制度创新作为经济政策的重要支柱，以提高潜在经济增长率。

（四）新兴经济体

1. 主要经济指标

四季度，新兴经济体经济增长分化加剧。主要新兴经济体保持较高增长态势，维持较低通胀水平，失业率有所下降。金砖国家中，巴西经济保持增长势头，印度经济大幅反弹，俄罗斯和南非经济增速有所放缓，分化加剧。总体上，多数其他新兴经济体保持适度增长，世界银行预计2018年新兴经济体GDP增速为4.5%。

受居民消费、贸易增长等因素影响，巴西经济连续三个季度实现正增长。三季度巴西GDP同比增长1.4%，环比增长0.1%，其中，工业产出增长0.8%，服务业产出增长0.6%，农业产出萎缩3%。1—11月份，巴西累计通胀率为2.5%。9—11月份失业率微降至12%。

一揽子经济刺激计划取得初步成效，采矿业和制造业表现强劲，印度经济增速大幅反弹。三季度印GDP增速为6.3%，为2017年以来最高季度增速。10—11月份，印通胀率攀升至八个月来高位，CPI同比增长3.58%和3.93%。

由于工业生产指标下降，俄罗斯经济增速有所放缓。三季度俄罗斯GDP同比增长1.8%，环比下降0.2个百分点；1—11月份俄GDP同比增长1.4%。俄罗斯通胀率降至历史低点，10—12月份CPI同比分别增长2.7%、2.5%和2.5%，大幅低于通胀率目标4%。

受农林渔业大幅增长影响，南非经济保持稳定增速。三季度南非GDP增长2%，为连续两个季度实现正增长；10—11月份，南非CPI同比增长4.8%和4.6%，基本处于3%—6%的目标区间内。二季度南非失业率为27.7%，与二季度持平，同比增长0.6个百分点。

四季度，亚洲新兴经济体经济增速周期性上行。东盟国家中，四季度菲律宾、越南经济增速领先，印度尼西亚、马来西亚和泰国等其他国家经济保持中高速增长。全球主要央行货币政策正常化、通缩压力加剧、债务高企、地缘政治风险等问题仍是多数新兴经济体面临的共同挑战。

2. 主要宏观经济政策

货币政策方面，为应对通缩压力，巴西央行继续下调基准利率125个基点至7%，为1986年以来最低水平；为防止通胀大幅远离预期目标，俄罗斯央行下调基准利率75个基点至7.75%；为平衡稳增长和控通胀，印度央行维持基准利率6%不变；南非央行维持基础利率6.75%不变。

财政政策方面，各主要新兴经济体致力于采取较为积极的财政政策，以提振经济增长，应对通缩：为提高经济增速，印度政府推出三年来最大规模的一揽子经济刺激计划，总额约9万亿卢比；为使社保体系持续运行，巴西政府解冻了工龄保障基金中的休眠账户并提前取出员工分红计划存金，为经济注入600亿雷亚尔；俄罗斯在爱尔兰股票交易所发行联邦政府债券，总价值约45亿美元；南非议会通过对含糖饮料征税议案，预计将从2018年4月起生效。

整体而言，发达国家宏观经济政策调整、全球贸易投资保护主义和竞争性减税加剧、国内政治动荡、极端天气事件、恐怖主义、地缘政治风险等是影响新兴经济体经济增速的主要外部因素。为应对潜在风险，各经济体需综合施策增强经济韧性，继续推动结构性改革，以提高劳动生产率，促进经济包容、可持续增长。

三、大宗商品及资本市场价格走势

（一）大宗商品市场

四季度，OPEC 与非 OPEC 产油国同意延长减产协议至 2018 年年底，美国原油库存连续下降。受需求上升，全球原油市场趋于平衡，国际油价稳步上涨，全球大宗商品价格延续上升势头。10 月份能源类大宗商品价格上涨 3. 29%，其中原油价格上涨 3. 58 %，均价为 54. 9 美元/桶，非能源类大宗商品价格环比持平。11 月份能源类大宗商品价格上涨 7. 74%，其中原油价格上涨 9. 1%，均价达 59. 9 美元/桶，非能源类大宗商品价格上涨 0. 39%。12 月份能源类大宗商品价格上涨 2. 05%，其中原油价格上涨 2. 17 %，均价达 61. 2 美元/桶，非能源类大宗商品价格小幅下跌 0. 39%。

鉴于减产协议已经延长至 2018 年底，全球主要地区库存明显下降，且美元有可能持续疲软，短期内原油价格或延续涨势。

（二）资本市场

四季度，全球主要股指多数维持涨势。截至 12 月 29 日，美国道琼斯工业指数累计上涨 9. 58%，报 24719. 22 点；标普 500 指数累计上涨 5. 71%，报 2673. 61 点；纳斯达克综合指数累计上涨 5. 93%，报 6903. 39 点；英国富时指数累计上涨 3. 34%，报 7687. 77 点；法国 CAC40 指数累计下跌 0. 7%，报 5312. 56 点；德国 DAX30 指数累计上涨 0. 12%，报 12917. 64 点；上证指数累计下跌 1. 98%，报 3307. 97 点；深证指数累计下跌 1. 96%，报 11040. 45 点；香港恒指累计上涨 6. 37%，报 29934. 55 点；日经 225 指数累计上涨 11. 58%，报 22764. 94 点；韩国 KOSPI 指数累计上涨 3. 04%，报 2467. 49 点。

四季度美元维持跌势，人民币相对升值，日元走势趋稳。12 月 29 日，在岸人民币兑美元汇率大涨 228 基点报 6. 5120，刷新 3 个多月以来新高。至此，人民币兑美元汇率全年升值幅度超过 6. 3% 或 4400 基点，扭转连续 3 年的贬值趋势，创 2008 年以来最大年度涨幅。尽管 12 月份中旬以来美联储加息及美国税改法案先后落地，但美元指数不升反降。12 月 18—21 日，美元指数连续 4 天下行，累计下跌 0. 73%。四季度日元汇率走势稳定，美元兑日元汇率维持在 112—114 区间内。

四、2018 年世界经济展望

2018 年，全球经济将维持稳定复苏态势，增长动能有望进一步释放。美、欧等发达经济体将保持强劲增速，新兴市场经济体增长也将进一步提速。主要国际机构均在最新预测中上调了 2018 年世界经济增长率，预期超过 3%，IMF、世行、经合组织预测值分别为 3.8%、3.1%、3.7%。

未来一段时间，全球经济将延续当前复苏势头，但仍面临一些风险和挑战。从短期看，一是主要经济体货币政策开启正常化进程，政策协调难度加大。目前，美国、加拿大、英国和韩国等已相继加息，欧央行宣布缩减资产购买规模，市场普遍预期美联储将在 2018 年加息三次。本轮货币政策正常化与央行缩表进程交织，将增加各国确定政策调整最佳时机的难度，政策叠加效果也更难以预测。二是全球金融市场流动性面临拐点，或将给跨境资本流动和外汇市场带来冲击。发达经济体利率提高、美元持续走强，可能引发新兴市场资本加速外流，并对高杠杆和资产负债表错配的经济体产生冲击。三是贸易保护主义升级。美国政府实施“美国优先”政策，欧盟也推出具有保护主义色彩的贸易法案。保护主义加剧可能造成恶性贸易竞争，打乱全球贸易复苏步伐，阻碍全球生产率进一步提高。四是地缘政治局势紧张。朝鲜半岛对峙持续，极端恐怖组织伊斯兰国（ISIS）威胁仍存，都是威胁世界经济复苏的潜在风险。

从中长期看，美国经济存在过热风险，且金融环境过于宽松，经济出现“硬着陆”的风险正在上升。税改法案落地、利率上升以及婴儿潮一代面临退休等因素都将进一步加大美国联邦财政压力，其政府财政可持续性值得关注。另外，高杠杆国家面临债务风险。据 IMF 预测，2018 年全球债务绝对规模同比增速为 5.92%，新兴市场债务规模同比增速为 11.41%，均为 2012 年以来最高水平。加速扩张的债务规模使全球债务风险对于经济增速更加敏感。一旦全球复苏力度不及预期，高杠杆国家有可能发生债务危机。

（贾静航）

怎样看当前全球通货膨胀形势*

近期，中美日欧等主要经济体先后发布消费者价格指数（CPI），数据普遍高于预期。据此，有观点认为全球经济已走出通缩，未来可能进入通胀周期，主要央行货币政策也将有所调整。我们认为，近期主要经济体通胀上升主要受预期改善和大宗商品价格回升等因素驱动，剔除食品和能源因素外核心通胀率上升有限，且持续性有待确认，据此判断全球进入通胀周期仍为时尚早。对我而言，应密切关注主要经济体通胀走势，谨防可能的输入性因素推高我国内通胀水平。

一、近期全球主要经济体通胀情况

发达经济体通胀有所回升。美国 CPI 增速加快。2016 年 12 月和 2017 年 1 月，美 CPI 同比分别增长 2.1% 和 2.5%，升幅创 2013 年 2 月份以来最大；剔除食品和能源的核心 CPI 同比分别增长 2.2% 和 2.3%。而美联储最为关注的通胀指标个人消费支出（PCE）物价指数稳定在 1.5% 左右，核心 PCE 稳定在 1.7% 左右，无明显上升迹象。欧元区通胀有所好转，但距 2% 的目标差距明显。欧盟统计局数据显示，2016 年 12 月和 2017 年 1 月，欧盟年化通胀率从 1.2% 升至 1.7%；欧元区年化通胀率从 1.1% 升至 1.8%，创 2013 年 2 月份以来最高水平；但核心通胀率稳定在 0.9%。分国别看，德国近两个月通胀率同比增速分别为 1.9% 和 1.7%；英国通胀率同比增长 1.8% 和 1.6%；法国通胀率同比增长 0.6% 和 1.4%；意大利通胀率同比增长 0.5% 和 0.9%。日本通胀短期转正，远不及 2% 的目标。日本 2016 年 11 月份 CPI 同比增长 0.5%，12 月份同比增长 0.3%；但核心 CPI 连续两个月同比零增长。其他主要发达经济体通胀均略低于预期。加拿大 2016 年 12 月 CPI 同比增长 1.5%，澳大利亚 2016 年四季度 CPI 同比增长 1.5%。

新兴经济体通胀维持高位。2016 年 12 月份和 2017 年 1 月份，中国 CPI 同比增

* 本文写于 2017 年 3 月 6 日。

幅分别为2.1%和2.5%，创近两年半以来最高水平；印度CPI同比分别增长3.41%和3.17%；巴西CPI同比增长6.29%和5.35%；南非CPI同比增长6.8%和6.6%；俄罗斯同比增长5.4%和5%（详请见表1）。

表1　　主要经济体近期通胀数据

		美国	欧元区	德国	英国	日本	中国
CPI	2016年12月	2.1%	1.1%	1.7%	1.6%	0.5%	2.1%
	2017年1月	2.5%	1.8%	1.9%	1.8%	0.3%	2.5%
PPI	2016年12月	1.7%	0.1%	1%	7.5%	0.4%	5.5%
	2017年1月	1.7%	1.6%	2.4%	10%	0.5%	6.9%

注：1. 以上均为名义CPI数据。

2. 欧元区2017年1月份PPI数据未出，以2016年11月和2016年12月数据代替。

3. 日本2017年1月份CPI数据未出，以2016年11月和2016年12月数据代替。PPI数据为服务业PPI。

二、本轮通胀升温主要原因

（一）宽松货币政策下，全球经济预期改善

本轮通胀升温的主要源于全球经济预期改善，发达经济体宽松货币政策初见成效。金融危机以来，仅美欧日三大央行，就通过不同形式的量化宽松向全球金融市场注入了超过10万亿美元的流动性。尽管目前美国已进入加息周期，但基准利率仍然较低，且美联储缩表计划尚未启动。而欧日央行超宽松货币政策仍在持续，全球流动性环境仍偏宽松，刺激通胀中枢进一步上行。而在财政政策、货币政策和结构性改革政策的协同作用下，全球经济基本面向好，美国经济持续走强，日本和欧元区有所起色，中国和印度维持较高增速，俄罗斯、巴西、南非出现改善。特别是在特朗普胜选以后，市场普遍预期其政策将使美国经济进一步提速，进而改善全球需求。

（二）原油和大宗商品价格回升

受需求改善和供给减少影响，国际油价从最低的26美元涨至逾50美元，铁矿石、铜等工业金属价格也出现明显回升，对原油和大宗商品进口国来说，成本输入型通胀压力大增。世行近期指出，当前大宗商品出口国通胀水平普遍偏高，而进口国通胀水平普遍低于目标。随着未来几年大宗商品价格回升，大宗商品进口国的低通胀情况或将有所好转，全球通胀形势也将出现改善。从目前态势看，油

价超过 60 美元或引发美国页岩油供给反弹，继续上行难度较大。但由于中、美等主要经济体需求改善，工业金属价格 2017 年或将继续全面上涨。

三、几点看法

（一）通胀改善是经济基本面向好的必然结果

近期，全球经济形势有所改善。主要国际机构在最新发布的经济展望报告中，一致调高了今明两年全球经济增长预期，IMF 形容全球经济将在“下坡路上刹车”，实现 3.4% 的经济增长。随着预期改善，市场主体消费和投资信心增强，带动经济活动回暖，商品和服务价格上升。可以说，适度通胀是全球经济向好在价格层面的必然反映，而价格回升也将反向为经济增长注入动力。

（二）全球通胀趋势尚未确立，各主要央行短期内政策转向可能性较低

尽管中、美、日、欧等主要经济体 CPI 数据近期向好，但尚不足以据此判断已出现全球性通胀。美国通胀预期改善主要基于对特朗普经济政策预期升温。欧元区名义通胀水平较高，但剔除食品和能源价格后，核心通胀仍处低位，薪资效应并不明显。OECD 数据显示，近半年来欧元区核心通胀率始终稳定在 0.7%—0.9%，并无明显抬头迹象。日本央行和世行一致认为，日本通胀预期仍无明显改善，距 2% 的通胀目标“非常遥远”。鉴此，主要经济体货币政策近期出现转向的可能性较低。美联储年内仍将有 2—3 次加息，欧、日央行已明确表示将继续维持宽松货币政策。

（三）我国内通胀压力有限，但需关注输入性因素推高通胀

从国内因素看，我国内通胀抬头一方面是由于供给侧结构性改革优化供给结构，推动 PPI 上升进而影响 CPI 走势；另一方面，基础设施投资预期升温，从需求侧带动了化工、有色、建筑、采掘等行业的价格上涨。此外，节日等因素使得消费价格和服务价格出现跳涨，直接推高了 1 月份 CPI 数据。但总的来说，国内通胀压力仍集中在中游工业品类，下游消费领域价格上涨并不明显，从上游到下游，从 PPI 到 CPI 的传导效应仍需观察。从国外因素看，全球主要经济体特别是美国通胀数据近期明显提高，而特朗普政府提出的减税、放松金融管制、扩大基建投资、推出自贸协定等政策预计将进一步提高美国内通胀水平，强化美元走势，使非美元货币承压，向包括我国在内的主要贸易大国输入一定通胀压力。

（四）应密切关注物价上升引发主要经济体政治和社会风险

对发达经济体而言，适度通胀有助于避免通缩风险，提振投资和消费。为此，美、日、欧、澳等主要央行均把提高通胀作为货币政策的主要目标。但除经济影响外，通胀上升使得货币政策面临调整压力，引发的政治和社会影响也在不断发酵。以欧元区为例，欧洲央行采用超宽松的货币政策刺激经济，同时导致欧元疲软，而欧元疲软有利于欧元区国家出口，在贸易领域加剧了各成员国的失衡，引发德、法、意等主要经济体对欧洲央行货币政策的明显分歧。而对民众来说，在薪资水平增长停滞的情况下，通胀必然带来生活成本上升，反对一体化甚至主张退出欧元区的呼声将获得更多民意基础，可能直接影响年内德、法等国大选进程。而对日本来说，通胀是安倍经济学的重要目标之一，在已接近极限的宽松货币政策下，通胀能否达到2%的目标将直接影响安倍政府的民意基础。对我而言，在经历了去年主要城市房地产价格上涨之后，2017年一旦消费领域出现价格较快上涨，或引起舆论和民众对通货膨胀的过度担忧。为此，包括我国在内的政策制定者应保持警醒。

（王虎　贾静航）

“去现金化”有关情况简析*

近年来，“去现金化”动向在全球引起广泛瞩目，中国“去现金化”发展迅猛，移动支付在全球遥遥领先，在社会经济各方面产生广泛影响。有关情况分析如下，供参考。

一、“去现金化”成为世界性潮流

（一）主要经济体积极“去现金化”

IMF 将“去现金化”定义为“流通中现金使用减少，让位于可转换储蓄”①。法国研究机构估算，2015 年全球非现金支付 4263 亿次，增幅 11%，创 10 年来新高，其中东亚地区增幅更是高达 43.4%。与此同时，主要发达经济体现金流通量均有不同程度的减少，一些国家开始提出“无现金社会”。IMF 统计，2010—2016 年，美国非现金交易规模从 600 亿美元暴涨到 6170 亿美元。美联储统计，2012—2015 年，美元现金交易数量占比从 40.7% 降至 32.5%，金额占比从 12.4% 降至 11.4%。瑞典积极推动“无现金社会”，2015 年现金交易仅占支付总额的 2%，到 2020 年预计将缩减至 0.5%。德国非现金交易已经达到消费总额的三分之一。丹麦央行 2014 年决定停止印刷纸币，2016 年起在全国推行无纸币交易和数字货币支付。韩国央行 2016 年 12 月宣布废除硬币，迈出朝向“无现金社会”的第一步。

（二）中国“去现金化”快速发展

“去现金化”在中国后来居上。非现金支付快速发展，逐渐成为消费领域主流支付方式。2016 年，全国共办理非现金支付业务 1251.11 亿笔，同比增长了

* 本文写于 2017 年 9 月 14 日。

① 可转换储蓄：活期存款、现金支票、旅行支票及其他可用于支付的储蓄。

32.64%。2017年上半年，流通中货币（现金）余额大幅减少了1.95万亿元，同比下降22.5%，显示“去现金化”正加速到来。非银行支付机构（第三方支付）成为“去现金化”重要推动力。2010年以来，支付机构依托于互联网和第三方平台，支付规模增速连年在50%以上，2016年累计发生网络支付业务1639.02亿笔、金额99.27万亿元，同比分别增长99.53%和100.65%，占到全部零售交易的40%，而美国无现金交易中第三方交易支付比例仅为7%。第三方支付已经成为中国互联网金融发展最为成熟的领域。

（三）技术变革及交易模式变化推动“去现金化”

经济发展催生了交易方式的变化。由于交易范围扩大，交易节奏加快，消费者对支付便捷性要求提高，现金支付难以满足实际需要，不断让位于新的更为便捷的支付手段。20世纪60年代，支付方式首次发生重要变革，由现金向信用卡转移。随着现代通讯技术的发展，网络支付和移动支付大大推进“去现金化”进程。比较年轻、收入较高和受到良好教育的人群，更倾向于使用银行卡或手机支付等非现金支付方式，第三方支付快速发展，也使得央行现金投放被动减少，客观上推动“去现金化”进程。

（四）各国货币当局出台措施支持“去现金化”

各国央行基于反洗钱、打击腐败、防止诈骗、降低支付成本等目的，普遍支持“去现金化”。一是废除大额纸币，如印度为反洗钱和遏制逃税，2016年11月宣布到年底废除500卢比和1000卢比面额纸币，加拿大、英国、法国等国不同程度废除了超大面额纸币；二是限制现金支付措施，欧盟有12个国家限制现金支付，欧元区正考虑设置5000欧元现金支付上限；三是设立现金携带报告和申报制度，欧盟要求超过10000欧元金额的现金必须向海关申报。此外，“去现金化”和第三方支付的发展也使央行现金投放被动减少。

二、“去现金化”的影响与挑战

（一）相对便利、安全和卫生

纸币流通伴随着细菌传播风险，也容易引发各类犯罪行为。“去现金化”最直接的好处是增加支付便捷性，提高了支付效率。特别是在公共服务和社会保障领域，推行移动支付，通过网络和移动支付缴纳各类费用，便利了支付双方，节省了时间成本，降低了支付费用，同时也有效积累数据，夯实大数据基础，有助于完善社会数据化管理。

（二）有望显著降低交易成本

现金交易通常是小额交易，附带高昂的交易成本，如时间成本、发行成本和假钞损失等。以发行成本为例，小面额硬币的发行成本甚至高过其面值，如1美分硬币的制造成本高达1.8美分。因此，“去现金化”将有助于提升利润，促进投资，推动经济增长。据IMF测算，可望减少的交易成本可达GDP的2%—2.5%。

（三）便于抑制地下经济和灰色经济

“去现金化”便于统计地下经济和灰色经济活动，以及相关活动对GDP的贡献，间接抑制地下经济和灰色经济规模。控制使用现金，也有利于减少犯罪、增加税收。印度近期废除大额现钞，控制使用现金，旨在增加税收、减少犯罪和打击腐败。欧央行计划2018年停止印制500欧元面钞。有观点认为，20国集团应统一行动，回收主导不发达国家非法金融流动的超过50美元面额的硬通货现钞。

（四）有利于打击逃税并改善税收征收

非现金支付留下纪录，有据可查，对逃税行为形成威慑，为打击逃税提供了依据和基础。瑞典受“去现金化”影响，税收征收效率得到提高，意大利等国相对更依赖现金，偷漏税现象较为严重。“去现金化”可望带来税收增长，美国国税局（IRS）估算，2008—2010年间，美国平均每年税收流失达4580亿美元，包括个人所得税2640亿美元和雇佣税840亿美元。预计每减少1000亿美元流通纸币，有望每年增加350亿美元财政收入。

（五）“去现金化”伴随新的安全风险问题

电子支付特别是移动支付快速推广，技术上带来很多新的风险，如安全验证漏洞、社交媒体盗用、短信木马链接等问题。近年，国内电信诈骗案件持续高发，2016年社交账号盗用诈骗增加了36个百分点，显示非现金支付安全性亟待增强。“去现金化”还突出存在隐私权泄露问题，电子支付每笔交易都有记录可追踪，交易双方在一定程度上并无隐私可言，隐私权也容易受到侵犯。

（六）“去现金化”的范围与适用问题

基于区域、城乡、收入差距，不同人群对“去现金化”接受能力不同，年龄偏大人群、不熟悉新技术的人群（包括老年人、少年儿童及其他低收入、低知识水平和低信息技术接受度的人群）对信用卡及移动支付可靠性存在疑虑，更倾向使用现金。此外，只要金融和数据安全问题不能根本解决，移动支付就无法真正完全取代现金。

三、几点分析

（一）中国“去现金化”正处于“弯道超车”

基于良好的技术环境、成熟的银行卡体系、高速便捷的网络、智能手机的广泛普及，中国移动支付和第三方支付快速发展，已经领先于许多欧美国家，其中支付领域的后发优势是重要因素。中国银行卡使用不发达，信用体系也有待完善，而支付宝等第三方支付附带担保功能，支付费率也远低于大部分国家，使得第三方支付推动“去现金化”发展后来居上。2016 年，中国第三方支付总交易额为 58 万亿人民币，同比增长 85.6%，其中移动支付交易规模为 38.6 万亿元，规模是美国的 50 倍。

（二）“去现金化”助力社会管理“数据化”

开展社会建设、创新社会治理、提供公共服务需要大量基础数据与信息，“去现金化”有助于大数据积累，为服务社会“数据化”管理夯实基础，为社会管理提供了新的手段。如电子化交易不可逆但可追溯，有利于反洗钱和精准打击经济犯罪活动。此外，“去现金化”可以有效降低征信成本，对于征信体系建设具有重要意义，有助于解决长期以来存在的中小企业融资难、融资贵问题。

（三）“去现金化”应依法有序稳妥实施

在信息技术和互联网发展的推动下，全球范围内“去现金化”进程不断加速。大部分国家表现为现金使用逐渐减少，部分国家采取了废除特定纸币的措施，但主要国家包括中国在内目前尚未具备完全进入无现金社会的技术经济条件，法律法规体系也不支持完全摒弃现金，如《中华人民共和国人民币管理条例》规定“以人民币支付中华人民共和国境内的一切公共的和私人的债务，任何单位和个人不得拒收”。此外，与非现金支付相比，现金使用仍有简单可靠、保护隐私、避免央行负利率影响等优势，“去现金化”将会是伴随现金使用长期有序推进的过程。

（陈立宏）

■ 第二部分

亚洲经济

日本2017财年预算草案简析*

近期，日本政府内阁会议通过了2017财年①预算草案②。该预算案支出总规模达97.45万亿日元（约合8478.15亿美元），为连续第五年增长，创历年最高纪录。预算草案主要内容及我们的分析如下，供参考。

一、预算及经济总目标

2016财年是“安倍经济学”实施的第四个财年，日本经济继续温和复苏。预估2016财年GDP名义增长率将为1.5%，实际增长率1.3%，不及去年预期的1.7%。CPI指数同比保持不变，去年预期值1.2%。预计2017财年GDP实际增长率将为1.5%，名义增长率2.5%，CPI可望增长1.1%。“安倍经济学”实施以来，失业率逐年下降，2012财年、2013财年、2014财年、2015财年分别为4.3%、3.9%、3.5%、3.3%，2016财年预估为3.1%，2017财年可望继续减少至2.9%。见表1。

表1　2013—2017财年主要经济指标　单位：万亿日元

	FY2013（实际值）	FY2014（实际值）	FY2015（实际值）	FY2016（预估值）	FY2017（预估值）
名义GDP增长率	2.6%	2.1%（0.7%）	2.8%	1.5%	2.5%
名义GDP	507.4	517.9	502.2	540.2	553.5
实际GDP增长率	2.6%	-0.4%	1.3%	1.3%	1.5%
消费价格指数（CPI）	0.9%	2.9%（0.9%）③	0.2%	0.0%	1.1%
失业率	3.9%	3.5%	3.3%	3.1%	2.9%

* 本文写于2017年1月25日。

① 日本财年起止时间：当年4月1日至次年3月31日。

② 该预算草案于12月22日提交内阁，并于1月20日提交国会审议，最晚于3月底通过。

③ 2014年括号内数据为不考虑消费税影响的CPI值。

2017 财年预算延续 2016 年思路，即兼顾经济振兴与财政整固。

经济振兴方面，营造“所有公民充满活力参与”的社会氛围，推出改善托儿设施、延长产假、提高保育业薪酬、降低失业保险金等措施；提升潜在增长率，鼓励创新，增加研发投入，支持人工智能等前沿高新技术行业发展；改革传统薪酬体系，通过提高工资、改善非正式员工待遇等措施刺激就业。

财政整固方面，完成财政整固计划设定目标，连续两个财年将一般性支出增长规模控制在 5300 亿日元左右；以社保体系可持续性为目标，控制社保支出规模，与财政整固计划相匹配，较上年增长 4997 亿日元，增幅 1.6%；2017 财年国债计划发行数下降，总额约 34.4 万亿日元。

二、财政总收支

2017 财年，日本预算再创历史新高，预计总支出 97.45 万亿日元，同比增长约 0.75%；总收入 63.08 万亿日元，同比增长 1.27%。支出方面，基本支出①总额为 73.93 万亿日元，同比增加 8160 亿日元，增长约 1.11%；收入方面，税收收入 57.7 万亿日元，同比增加 1080 亿日元，增长 0.19%；其他收入 5.37 万亿日元，同比上升 6870 亿日元，减少 14.7%。本财年国债发行总额预计 34.37 万亿日元，同比下降 620 亿日元，减少 0.18%，国债发行总量和债务依存度自 2011 年以来连续七年下降。预计 2017 财年财政赤字为 10.84 万亿日元，同比上升 210 亿日元；债务依存度为 35.3%，略低于 2016 财年水平（35.6%），但负债率预期达 253%。见表 2。

表 2　　2012—2017 财年日本中央政府收支总体情况　　单位：万亿日元

	2012 财年（初始值）	2013 财年（初始值）	2014 财年（初始值）	2015 财年（初始值）	2016 财年（初始值）	2017 财年（拟定值）
基本支出	71.0	70.4	72.6	72.9	73.1	73.9
一般性支出	54.4	54.0	56.5	57.4	57.8	58.4
地方支付税分配	——	——	——	——	15.28	15.56
国债还本付息支出	——	——	——	——	23.61	23.53
税收收入	42.3	43.1	50.0	54.5	57.6②	57.7
其他收入	——	——	——	——	4.69	5.37
政府债务发行	44.2	42.9	41.3	36.9	34.43	34.37
财政盈余（赤字）	-24.9	-23.2	-18.0	-13.4	-10.8	-10.8
债务依存度	47.6%	46.3%	43.0%	38.3%	35.6%	35.3%

① 基本支出：包括一般性支出及地方支付税分配。中央政府总支出：基本支出 + 国债还本付息支出。

② 2016 年 12 月，日本政府下调 2016 财年税收预估总额到 55.7 万亿日元，比预算减少 1.9 万亿日元。

三、主要支出

2017 财年，日本预算支出总额为 97.45 万亿日元，同比增长 7330 亿日元，再创历史新高。其中，75.9% 为基本支出，约为 73.93 万亿日元；24.1% 为国债还本付息支出，约为 23.53 万亿日元。基本支出中，社保支出占比最高，为 32.47 万亿日元，占支出总额的 33.3%；地方交付税分配支出 15.57 万亿日元，占支出总额的 16%；公共项目支出 5.98 万亿日元，占支出总额的 6.1%；教育和科技支出 5.36 万亿日元，占支出总额的 5.5%；国防支出 5.13 万亿日元，占支出总额的 5.3%，连续五年增长。各项支出中，社保支出总量和同比增量均居于首位；增长率居前三位的是能源支出、地方支付税分配和社会保障，分别为 3.5%，1.9% 和 1.6%。见图 1。

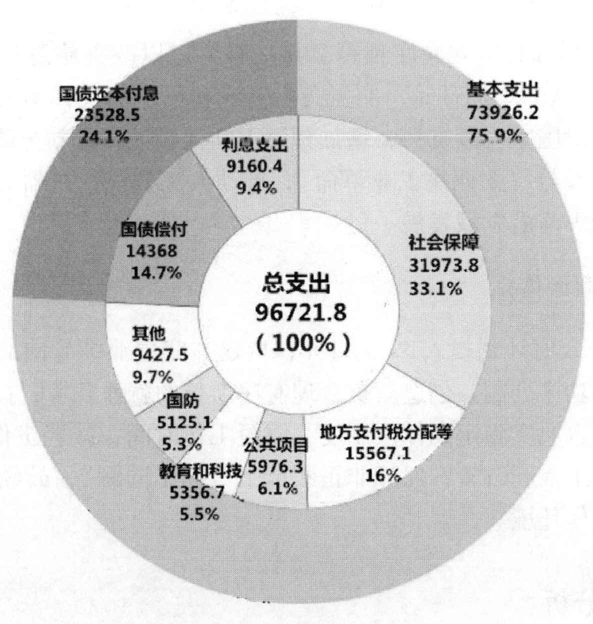

图 1　2017 财年日本中央政府预算支出结构

（一）重视社保支出

2017 财年，社保支出为 32.47 万亿日元，占比为 33.3%。重点推动以下政策：其一，将儿童保育托管从业人员薪资水平在 2003 年基础上提高 2%，增加相关领域资深人士及管理层薪资（预计支出 544 亿日元）；其二，将保育行业长期从业人员每月薪资平均提高 10000 日元，预计支出 408 亿日元；其三，基于《加快解决儿童入托等候名单计划》的要求，扩建儿童托管保育设施，并为此增加公共支出约953 亿日元；其四，缩短准许领取养老金年限，更改为最低 10 年；其五，延长产假至 24 个月；其六，减轻失业救济金负担，暂定三年内减少约 0.2%。

（二）推动科教发展

2017 财年，教育和科技支出占比 5.5%，共计 5.36 万亿日元。教育方面，2018 财年将正式推出总额 70 亿日元的政府奖学金制度，用于资助私立学校寄宿学生；针对低收入家庭学生，取消无息奖学金相关学术资格要求。科技方面，优先支持有利于促进私营部门投资和提升潜在增长率的研发支出，同时确保科技支出稳步增长，2015 财年、2016 财年和 2017 财年分别增长 0.2%、0.6% 和 0.9%。

（三）激发经济活力

2017 财年，增加日本观光厅预算 210 亿日元，以改善旅游环境，发展“旅游导向型国家”；投入 220 亿日元，加强文化资源利用，扩大日本文化影响，输出国家软实力；加大对国家公园支持，增加预算 100 亿日元，翻新公园设施，吸引更多外国游客；积极参与“第四次工业革命”，推动人工智能、机器人、物联网、无人驾驶和网络安全等前沿领域发展。

（四）改革薪酬体系

2017 财年，政府计划投入 39 亿日元，构建并完善业绩导向的薪酬体系，改革工龄为基础的年功序列制，创造薪资合理有序增长的就业环境；投入 4 亿日元，用于支持中小企业自愿实施定期休假制度，缩短工作时间，减轻工作压力；拨款 670 亿日元，用于员工福利改善，保障非正式员工“同工同酬”，鼓励公司转正非正式员工，改善其工作环境。

四、几点分析

（一）预算草案以“新三支箭”[①] 为导向，意在重振经济

2017 财年预算草案各项支出比例总体变化不大，但预算规模再创新高，显示

① “新三支箭”：2015 年 9 月 24 日，安倍政府宣布推出“新三支箭”政策，包括：第一支箭，催生希望，打造更加强大的经济；第二支箭，编织梦想，为育儿提供更多支持；第三支箭，确保安心，进一步完善社会保障制度。

政府缩减财政开支进展有限，2020 财年实现预算盈余恐难兑现。其中，激发经济活力方面，侧重于鼓励研发和技术进步；社会保障方面，包括“育儿支援”在内的社保支出，增量远远高于一般性支出中其他支出增量总和，占比高达70%，从一个侧面揭示了安倍政府政策重心所在，以应对老龄化挑战，激发国民参与社会积极性，重拾经济活力。2017 财年预算延续了 2016 财年思路，继续以“新三支箭”为导向，致力于“强大经济”、“育儿支援”和“社会保障”。但“新三支箭”是在安倍经济学老“三支箭”政策收效不佳情况下推出的，将施政重点放在鼓励老人、孩子、妇女等弱势群体上，同样未触及劳动力、医疗、农业、债务等结构性问题，政策实施前景并不乐观。

（二）财政整固难有实质进展

2017 财年预算草案声称将“兼顾经济振兴和财政整固”，受央行负利率及国债利率下降影响，国债还本付息支出减少，同时政府采取措施控制社保支出增长、减少国债发行，预期政府债务依存度将从 2016 年的 35.6% 微降至 2017 财年的 35.3%。但日本债台高筑的困境没有改善，虽然国债依存度微降，债务发行总量并未减少，2017 财年负债率预期高达 253%①，远高于其他主要发达国家，如意大利的 133.4%、美国的 108.4%。由于少子老龄化加剧，2016 年首次公布人口出现负增长，对总需求、劳动力供给、通货紧缩及经济竞争力必然产生负面影响，同时加重中长期财政压力。此外，日元升值导致企业预期收益和税收收入下降，加上提高消费税时间将再次延至 2019 年 10 月，税收增速可能放缓，能否达到预期收入有待观察。

（三）社保体系改革迟滞使中长期压力加大

2017 财年预算草案中，社保支出小幅增长。通过降低药品价格、提高收入较高的 70 岁以上老年人高额疗养费的负担上限等措施，预计可将老龄化相关费用控制在 5000 亿日元以内。但由于社保体系制度性改革尚未启动，社保负担过重状况短期难以根本改善。特别需要注意的是，到 2020 年前后，战后“婴儿潮一代”将普遍超过 75 岁，相关针对性医保缴费优惠政策如不调整，可能导致医疗费用大幅度上升，日本社保体系中长期面临着更加严峻的挑战。

（四）需警惕国防支出大幅增长

2017 财年，日本国防支出较上年增长 710 亿日元，在一般性支出中名列前茅，仅次于社保支出增量，占预算支出增长总量的 13.4%。在积极推行财政整固的同

① 2016 年 10 月，IMF“世界经济展望数据库”。

时，国防支出却连年增加，2013、2014、2015、2016、2017 财年分别增长约 0.8%、2.8%、2%、1.5%和 1.4%。安倍自上任以来，政治上坚持“右倾”，力推修改战后和平宪法进程，军事上渲染周边特别是中国的所谓“安全威胁”，根本目标是解禁集体自卫权，摆脱“战后体制”，使日本成为“正常化”国家。我国应高度关注日军费五年连涨动向，适时表达关切，并采取回应措施。

（陈立宏　何璐池）

安倍当政以来经济政策与成效简析*

近期，安倍领导日执政联盟在日本众议院选举中获胜，于11月1日就任日本历史上第98任首相。自2012年再任首相以来，安倍频频推出振兴日本经济政策，推动日本经济逐步向好，成为日本连任首相次数最多的一名政客。有关情况简析如下，供参考：

一、安倍政府经济政策回顾

2012年12月，安倍继2007年辞任首相后再度出任日本首相。随后，安倍分别于2013年4月、2015年9月推出“三支箭”和“新三支箭”政策，旨在使日本经济走出低迷，摆脱长期通缩，打造“更加富有、更加充满活力的日本”。

（一）“三支箭”政策

1. 大胆的货币政策

2013年1月，日本政府和央行联合宣布执行“量化加质化宽松”（QQE）货币政策，将“不设限”地购买债券资产，目标是从2013年起的两年内将基础货币规模增加一倍至270万亿日元，实现2%的通胀目标。

2. 灵活的财政政策

继续实施财政整顿措施，力争到2020年实现财政盈余。2013财年预算中，削减了最低生活保障支出，增加了公共事业投入，包括考虑大地震、海啸等因素增加公共建设支出，预算总额92.6万亿日元，成为当时历史最大规模预算。同时，在2012财年补充预算中安排10.3万亿用于紧急经济对策，包括灾后复兴、支持中小企业和提升地方活力等措施。此外，自2014年4月起将消费税从5%提高到8%。

* 本文写于2017年12月21日。

3. “促进长期增长的结构改革”

制订“日本复兴计划”，目标是2013—2020年间，实际和名义GDP年均分别增长2%和3%。经济增长方面，实施工业振兴计划和市场开发战略，鼓励创新，促进私人投资，提高人力资本质量，积极开发潜在市场，培育新的经济增长点。财政整顿方面，减少财政刺激措施，保障地方税收收入，精简地方政府支出，优化财政支出结构，强化财政可持续性。货币与投资政策方面，日本政府养老金投资基金（GPIF）调整投资组合战略，与日本开发银行（DBJ）等共同投资基础设施建设，建立日本版个人储蓄账户，推出日本版尽职管理守则等。产业政策方面，通过税收减免等措施，鼓励企业并购，推动行业整合，提升国际竞争力。改革就业市场，提高流动性，降低用工成本。通过设立儿童托管中心等措施，鼓励女性就业。贸易政策方面，积极推动TPP、日欧等多双边自贸协定谈判。设立经济特区，吸引海外资金、技术和人才，打造国际一流营商环境。深化体制改革，减少农业补贴，降低进口关税，提高农业生产效率，促进农产品出口；改革医疗服务业；深化零售行业改革；深化公共部门改革，鼓励私营企业参与公共服务，改进电子政务和政府人事管理系统等。

（二）“新三支箭”政策

2015年9月以后，安倍经济政策进入第二个阶段，制订了“日本‘一亿总活跃’计划”，推出“新三支箭”政策措施。

1. 催生希望，打造更强大的经济

目标是GDP总量增长至600万亿日元，打造“战后最大规模经济”，主要措施包括：吸引投资，吸收人才，提高薪酬，增加就业，刺激消费；鼓励女性发挥作用，推进“多样化工作方式”，营造人人活跃的经济社会环境；利用地域特色，激发地方发展活力；加大基础设施投入，打造北陆新干线在内的新交通网络，形成全国规模的巨型经济圈。

2. 编制梦想，强化育儿支持措施

目标是总和生育率恢复到1.8‰，远期逐渐提高到2.08‰。推行幼儿教育无偿化，鼓励三代人共同居住或就近居住；对多子女家庭提供重点支持；对妇女提供生育治疗帮助；推动教育制度多轨化，创立多样化教育场所，便利就学困难的孩童接受教育；增设奖学金，使儿童教育成长免受家庭经济问题影响；加大单亲家庭援助，解决儿童贫困问题。

3. 确保安心，完善社会保障机制

针对高龄人士护理问题，完善护理设施，促进人才培养，目标是实现“护理人员零离职”；针对高龄化和社保负担加重，化负担为机会，提供多样就业机会，构筑高龄就业环境，发挥其知识经验和引领作用，同时增加收入，促进高龄人士生活自立；推进重在预防的医疗制度改革，打造企业参与经营健康、投资健康的社会结构。

二、安倍经济政策成效

安倍新老“三支箭”推出后，日本经济取得了一定成效，但距离政策目标仍有较大差距。

（一）多项经济指标表现向好

2012 年 12 月，安倍当选首相后，日本经济进入温和扩张状态，一些重要经济指标有所改善。GDP 总体温和持续增长，2013—2016 年间，实际 GDP 平均每年增长 1.1%，截至 2017 年 9 月实现连续九个季度增长。财政状况有所改善，目标是 2015 年基础财政收支赤字比 2010 年减半，2010 财年赤字 23.7 万亿日元，2015 财年赤字降低到 13.4 亿日元，减少约 43%，取得了较为显著的成效。股市大幅上涨，到 2017 年 9 月末，日经 225 指数上涨超过一倍，自 1996 年 7 月后首次突破 22000 点，达到 21 年以来最高点。企业盈利状况良好，受放松银根影响，加上海外需求强劲，企业利润从 2012 年 4 季度到 2017 年 2 季度上涨了近 70%，大公司普遍获得创纪录利润，主要制造商信心达到 10 年来最高水平。就业形势向好，有效求人倍率[①]从 2013 年 1 月约 0.84 上升到 2017 年 9 月的 1.52，非农就业人数增长超过 300 万人，劳动力供不应求，失业率降到 20 多年来最低水平。外贸由逆差转为顺差，2013 年日元大幅贬值后，出口下滑开始缓解，贬值效果 2015 年开始显现，当年贸易赤字降至 2.79 万亿日元，2016 年实现贸易顺差超过 6 万亿日元。此外，多双边贸易谈判取得重要进展，日欧自贸协定正式签署。

（二）主要政策目标与实际成效存在差距

安倍新老“三支箭”设立了若干政策目标，目前看大多还没有实现，前景不容乐观。经济增长方面，目标是实际和名义 GDP 分别增长 2% 和 3%，但 2013—2016 年，实际 GDP 增长率分别是 2%、0.3%、1.1% 和 1%，年平均仅 1.1%；名义 GDP 增长率分别是 1.7%、2.1%、3.2% 和 1.3%，年平均仅 2.1%，距离目标有相当差距。物价指数方面，“三支箭”目标是两年内实现 2% 通胀率，但 CPI 从 2013 年低点 -0.9% 回升到 2014 年 3.7%，之后持续走低，2016 年中跌到 -0.5%，2017 年 9 月也仅为 0.7%。财政整顿方面，目标是 2020 年实现盈余，但 2017 财年预算赤字与上年持平（10.8 万亿日元）。据测算，即

---

① 有效求人倍率：有效职位数量与有效求职人数之比。

便 GDP 增长达到目标速度，财政盈余也难以实现。债务负担方面，2017 财年财政赤字同比上升 210 亿日元，债务依存度为 35. 3%，负债率预期为 253%。到 2017 年 6 月，日本政府债务规模 1272. 4 万亿日元，负债率 234. 4%。应对少子高龄化方面，鼓励生育和护理产业，完善养老看护环境，目标是达到 1. 8 的理想生育率目标，但近年来日本总和生育率一直徘徊在 1. 4 左右，2015 年仅为 1. 47，没有明显改善迹象。

三、几点分析

（一）安倍经济政策取得阶段性成效源于多方面因素

安倍政府上台以来，日本经济总体向好，但多大程度受新老“三支箭”影响存在争议。2012 年底安倍上台时正值经济周期谷底，经济下行动能基本释放完毕，在“三支箭”刺激下顺势复苏。同期，美国经济已经平稳复苏，全球经济也大体稳定，为经济复苏提供了良好外部环境。安倍内阁是战后少有的长期执政内阁，各方对其政策更有耐心也更有信心。在经济周期等因素影响下，安倍经济政策取得了阶段性成效，但长期效应还有待观察。

（二）安倍经济政策的实施伴随不稳定因素

一是积极财政政策加重政府债务负担，预算支出约 25% 用于国债还本付息，2017 年一、二季度负债率均超过 230%，在主要发达国家中遥遥领先，支出增加伴随长期债务积累，财政和债务风险不断加大。二是宽松货币政策带来基础货币规模继续膨胀，到十月份规模高达 473. 9 万亿日元，政策退出机制的难度和风险都在加大。三是政府大量动用养老公积金基金（GPIF）投资国内股市，出现投资差错可能引发严重政治风波和社会问题。四是政府推动日元贬值提升大型跨国企业出口和利润，但进口成本上涨对中小企业造成负面影响，出现“日元贬值破产”现象。五是安倍政府计划将再次上调消费税，但 2014 年消费税上调后个人消费陷入低迷，再次上调消费税在复苏脆弱的情况下影响很难预测。

（三）日本经济复兴需经济、社会、文化全方位调整

日本经济陷入低迷直接原因是泡沫破裂，公共和私营部门均债台高筑，债务负担不断积累，经济活动效率低下，根本原因是体制机制僵化，导致发展停滞，集中体现在 20 世纪 90 年代后全要素生产率的大幅下降。日本需要解决政府过度管制、金融体制僵化、企业活力不足、债务负担沉重、少子老龄化等长期难题，改革政府以金融及产业政策引导企业发展的经济体制，改变过度维护产业秩序并限

制竞争的政策调整机制，调整片面强调合作协调的企业文化，激活相对封闭的劳动力市场，遏制日益严重的人口老龄化问题等，需要一场涉及政治、经济、社会、文化等各领域的全方位调整与变革。

（陈立宏）

日本2018财年预算再创历史新高*

12月22日，日本政府公布2018财年①预算草案，预算总额、社保支出、防卫支出等均创历史最高纪录。有关情况及我们的分析如下，供参考。

一、总体情况

2018财年，日本预算总规模为97.71万亿日元，连续第六年增长，再创历史新高。预计2018财年GDP实际增长率1.8%，名义增长率2.5%，CPI增长1.1%，失业率有望继续下降至2.7%。

预计总支出97.71万亿日元，同比增长约0.3%；总收入64.02万亿日元，同比增长1.48%。支出方面，基本支出②74.41万亿日元，同比增加4846亿日元，增长约0.66%；国债还本付息支出23.3万亿日元，同比减少2265亿日元，下降0.96%。收入方面，税收收入59.08万亿日元，同比增加13670亿日元，增长2.37%；其他收入4.94万亿日元，同比减少4313亿日元，下降8.03%。本财年国债发行总额预计33.69万亿日元，同比下降6776亿日元，减少1.97%，国债发行总量和债务依存度自2011年以来连续八年下降。预计2018财年财政赤字为10.39万亿日元，同比减少4511亿日元；债务依存度为34.5%，略低于2017财年水平（35.3%）。见表1。

二、分项支出与变动

2018财年预算支出总额中76.15%为基本支出，约为74.41万亿日元；

* 本文写于2017年12月29日。

① 日本财年起止时间：当年4月1日至次年3月31日。

② 基本支出：包括一般性支出及地方交付税交付金等。中央政府总支出：基本支出＋国债还本付息支出。

表 1　**2014—2018 财年主要经济指标**　单位：万亿日元

	FY2014（实际值）	FY2015（实际值）	FY2016（实际值）	FY2017（估算值）	FY2018（预估值）
名义 GDP 增长率	2.2%	3.0%	1.0%	2.0%	2.5%
名义 GDP	518.5	533.9	539.3	550.3	564.3
实际 GDP 增长率	-0.3%	1.4%	1.2%	1.9%	1.8%
消费价格指数（CPI）	2.9%	0.2%	-0.1%	0.7%	1.1%
失业率	3.5%	3.3%	3.0%	2.8%	2.7%

23.85%为国债还本付息支出，约为23.3万亿日元。基本支出中，社保支出总量最多，为32.97万亿日元，占比最高，占支出总额的33.7%；地方交付税交付金支出15.52万亿日元，占支出总额的15.9%；公共事业支出5.98万亿日元，占支出总额的6.1%；教育和科技支出5.36万亿日元，占支出总额的5.5%；防卫支出5.19万亿日元，占支出总额的5.3%。其中，社保支出同比增量、增速与增长占比均居于首位，增加了4997亿日元，增长1.5%，约占一般性支出增量的93%；防卫费增速仅次于社保支出，增长了1.3%，增加了660亿日元，连续六年增长；两项支出规模均创历史最高纪录。

三、几点分析

第一，在少子老龄化背景下，社保支出达创纪录的33万亿日元，占比升至33.7%，为公共支出最大科目，表明安倍将继续推动其“新三支箭”政策，促进包括老龄和儿童在内的人口“总活跃”政策，推动日本未来“人力资源革命”。但这必将为日本政府带来较沉重的财政负担，也必将使日本政府曾计划在2020年实现财政预算平衡的目标落空。

第二，安倍政府防卫开支连续三年超过5万亿日元，较2017财年增加约660亿日元，增长1.3%，连续第6年创历史新高。日本政府新财年的防卫开支主要用于购买先进战机、远程巡航导弹等，表明日本政府意在区域积极作为的政治和军事野心，相关动向值得关注。

第三，日本本财年官方发展援助支出较上一财年增加11亿日元，增长0.2%，连续三年增加，旨在继续落实安倍“俯瞰地球仪外交”战略，通过开展一系列外交活动，在强化经济合作的同时，积极谋求日本国际地位的提升。此外，受人口老龄化等因素影响，日本经济内需不振，创新与发展动力不足，官方发展援助也肩负着促进日企拓展海外市场、增加日本海外投资回报的重任。

（陈立宏）

《韩国国政运营五年规划》简析*

近日，韩国总统文在寅公布了《韩国国政运营五年规划》（下简称“规划”），勾勒出未来五年（2017—2022 年）韩国经济社会发展蓝图。该施政方案秉承新政府“民主和正义”的核心价值观，试图使改革措施更贴近民生，更顺应民意，因而韩国民众普遍寄予较高期望。但韩国长期积累的政治、经济和社会弊端令改革面临重大考验，能否有效落实仍存在诸多不确定性。现对“规划”主要内容分析如下，供参考。

一、总体情况

“规划”总体部署了韩国政府未来五大施政目标，即实现“国民做主的政府”、“共同富裕的经济”、“普济民生的国家”、“均衡发展的地区”、“和平繁荣的半岛”，具体包括 100 项施政课题。此外，还将集中力量完成“就业经济”、“引领第四次产业革命的创新创业国家”、“避免人口悬崖”、“地方自治与平衡发展”四大综合改革课题。

韩国政府将分三步实施上述改革措施：第一步（2017—2018 年），大力革除积弊、调整权力结构的“攻坚期”；第二步（2019—2020 年），创造就业岗位、应战第四次工业革命、改革财税体制等彰显成效的“跨越期”；第三步（2021—2022 年），梳理可持续改革机制的“稳定期”。预计“规划”总支出高达 178 万亿韩元（约合 1.062 万亿元人民币），其中，2017 年将支出 81.2 万亿韩元（约合 4844 亿元人民币）（详见表 1）。

* 本文写于 2017 年 8 月 18 日。

表 1　韩国国政运营五年规划（2017—2022 年）支出总体安排　单位：万亿韩元

	2017 年	2018—2022 年	年均支出额
合计	81.2	178.0	35.6
共同富裕的经济	17.4	42.3	8.5
普济民生的国家	53.4	77.4	15.5
均衡发展的地区	1.8	7.0	1.4
和平繁荣的半岛	2.7	8.4	1.7
※地方转移支付及制度设计后续推进	5.8	42.9	8.5

二、五大施政目标

（一）共同富裕的经济

为构建共同富裕的经济，实现引领第四次工业革命的创新式增长，韩国政府将支出 42.3 万亿韩元（约合 2524 亿元人民币）。其核心举措为创造就业，预计将增加 81 万个公共部门就业岗位。将实施“增加、缩减、提高”战略，即创造更多就业岗位、缩减劳动时间和非正式职工数量、提高雇员素质，并继续强化就业安全网建设。同时，进一步促进青年人就业，将义务雇用青年比例由 3% 提高到 5%。此外，为遏制韩国家庭负债增加态势，政府将重点改善家庭负债结构并增加国民收入，同时特别注意低收入阶层的违约风险。

（二）普济民生的国家

为打造普济民生的国家，韩国政府将支出 77.4 万亿韩元（约合 4618 亿元人民币），用于为老中青幼各阶段提供福利支持。对儿童，韩国政府将支出 10.3 万亿韩元用于实施儿童津贴制度①，并设立免费托儿所；对青少年，实施高中义务教育、发放促进青年求职津贴；重点支出 23.1 万亿韩元，用于提高国民基础年金以及上调残疾人年金；对老年人，实施痴呆老人国家负责制。从而真正实现国民“从摇篮到坟墓”的终生福利制度。此外，计划支出 15 万亿韩元用于改善低收入阶层居住环境，预计将适时提供 17 万户公租房。政府还将从制度上对食品安全负责，并出台综合治霾举措。

① 向 0—5 岁儿童每月支付儿童津贴 10 万韩元。

（三）均衡发展的地区

韩国政府将支出 7 万亿韩元（约合 418 亿元人民币）用于推动各地区均衡发展，将着力实现“草根式”地方民主自治分权，计划引入地方行政首长参加的第二国务会议机制[①]。特别是，将推行以实现财政自立为目的的高度财政分权，拟将国税与地税分配比例由 7∶3 缩小至 6∶4。此外，还将继续推动教育均衡式发展，加强教育自治，改革公共教育经营方式等。

（四）国民做主的政府

为建设国民做主的政府，韩国年内将制定分离检警侦查权方案，明年设立针对高级公务员的反贪污调查处，实时公布包括总统在内的高层领导人行程，建立开放型政府改革平台，打造透明公开、有能力的政府。

（五）和平繁荣的半岛

韩国政府将支出 8.4 万亿韩元（约合 501 亿元人民币）用于维护半岛和平与稳定，将尽快从美国收回战时指挥权，落实“朝鲜半岛新经济版图”构想，挖掘经济增长新动力。计划建立“东北亚 + 责任共同体”，为地区和平与合作营造条件。

三、四大综合改革课题

为提振国内经济、拉动就业，韩国政府还将集中力量完成“就业经济”、“引领第四次产业革命的创新创业国家”、“避免人口悬崖”、“地方自治与平衡发展”四大综合改革课题。为此，政府将制定并修改 465 项法案，预计在明年内向国会提交其中的 427 项修订方案。

（一）就业经济

目前韩国失业率居高不下，6 月份失业人口高达 106.9 万人，且青年人就业问题尤为突出。因此，韩国政府将解决就业问题摆在突出位置，计划分三个阶段拉动国内就业：第一阶段（2017—2018 年）：构建国家就业安全网，具体包括：一是调整义务雇用青年比例；二是实施新“中年三阶段就业援助计划”，即对在职、换岗与再就业、退休三阶段提供就业援助；三是提出非正式职工转正实施方案；四

① 第二国务会议机制由总统任议长，由国务总理、企划财政部长、17 个市道知事、行政自治部干事等成员构成。

是2018年起将最低工作时薪上调至7530韩元，涨幅达16.6%；五是缩减雇员劳动时间、保障休息权利。第二阶段（2019—2020年）：加强公共部门与私营部门协作，共同为国民提供优质的就业岗位，构筑社会性经济生态系统。重点实施非正式职工转正方案。第三阶段（2021—2022年）：构建“雇用—福祉—发展”良性循环就业体系。实施韩国型失业救助，构建以实际工作需求为基础的培训体系。

（二）引领第四次产业革命的创新创业国家

长久以来，韩国的技术创新主要依赖于大财阀、大企业。而目前韩国将致力于营造一个有利于中小型企业创新创业的生态体系，以实现第四次产业革命，具体分为三个阶段：第一阶段（2017—2018年）：构建推进第四次产业革命基础蓝图。成立总统直属的第四次产业革命委员会，并制订迎战第四次产业革命计划。第二阶段（2019—2020年）：创新产业培育期。一是将用于中小企业的专用研发支出扩大至目前的两倍；二是到2020年，集中培育1200家具有国际实力的小型企业；三是实现5G频率借给和商用化，构建下一代社会保障和智能型政策支持系统。第三阶段（2021—2022年）：新产业成果收获期。到2022年，实现智能信息技术水平达到先进国家90%的目标（2015年为75%）。推广公共部门和私营部门ICT融合型服务，计划到2022年服务内容达到50项。

（三）避免“人口悬崖”

目前，韩国低出生率和人口老龄化问题给国家经济发展带来了严峻的挑战，为有效避免“人口悬崖”问题，韩国计划采取以下措施：第一阶段（2017—2018年）：实施儿童津贴和青年就业津贴制度。上调产假期间工资，缩短育儿期间工作时间。进一步强化老龄社会委员会功能和作用。第二阶段（2019—2020年）：扩大义务青年雇用制实施范围。延长配偶陪产假时间。第三阶段（2021—2022年）：完善“工作和家庭两全援助体系”，摆脱超低出生率，使出生率上升至1.4。

此外，为实现地方自治与平衡发展，韩国政府将引入第二国务会议制度，切实保障地方立法、行政、财政、福利四大自治权。

四、几点思考

（一）施政方案坚持振兴经济与改善民生同步发展

目前，韩国经济增长乏力，预计2016—2020年年均潜在经济增长率为

2.8%—2.9%①，首次低于3%，且失业率居高不下、家庭负债率节节攀升和内需持续疲弱。因此，施政方案将振兴经济和改善民生摆在突出位置，致力于改革财阀经济，创造有利于中小型企业创新创业的生态体系，积极融入第四次产业革命。同时，继续改善民生，缩小社会贫富差距，打造普及民生的国家。具体包括，集中力量完成“就业经济”这一综合改革课题，特别是青年人就业问题，如调整义务雇用青年比例、实施青年人就业津贴等。而且，将出台一系列措施，保障国民“从摇篮到坟墓”的终生福利制度，旨在实现社会性经济生态系统。

（二）施政方案将“革除积弊”放在首位

韩国前总统朴槿惠“亲信干政”丑闻，再次暴露了韩国政商勾结的顽疾，激起民愤。文在寅政府将“革除积弊”放在首位，剑指财阀垄断、政商勾结等社会沉疴。一方面，平复民愤、汇聚人心，稳定国内政局；另一方面，旨在消除产生腐败的体制性根源，而非停留在惩治朴槿惠和崔顺实等个人。长久以来，韩国经济过度依赖大企业、大财阀，韩国十大财阀资产占韩国 GDP 的 85%，不可否认，财阀经济在韩国工业化和现代化过程中发挥过积极作用。但现阶段，财阀经济已严重阻碍了韩国经济转型升级，侵害了中小企业和普通劳工权益，加剧青年人失业和社会贫富差距。因此，根治腐败、改革财阀经济，将成为新一届政府工作的重中之重。

（三）施政方案的推进恐面临诸多阻力

改革财阀经济将在一定程度上影响大财阀、大企业的利益，而韩国财阀垄断等问题根深蒂固、盘根错节，皆为牵一发而动全身的“硬骨头”。面对韩国财阀的巨大影响力，改革势必受到一定阻碍，能否撼动韩国几十年来业已形成的政经结构仍存在不确定性。此外，目前韩国政府面临着“朝小野大”的局面，执政党议员占国会议员席位不到一半，使得新政府改革方案的推进受到掣肘。“规划”中需要制定修改并提交国会批准的法案达到465项，这些法案恐遭到在野党强烈反对，能否在国会顺利通过存在诸多不确定性。

（四）文在寅政府推动中韩关系“破冰”意愿明显

受“萨德”事件影响，中韩关系一度陷入“冰点”。如何推动中韩关系破冰，无疑将成为文在寅外交政策的一大看点。“规划”中强调，将进一步改善中韩关系，促进落实中韩战略合作伙伴关系。尤其是在朝核问题上加强中韩合作，通过强化中韩 FTA，扩大经济合作，加强雾霾应对等问题上的合作。同时，敦促韩国产

---

① 数据来源于韩国央行 7 月份发布的最新《经济展望报告》。

业部通过恢复中韩经济合作和整合东南亚经济合作渠道修复中韩关系，持续扩大中韩 FTA 应用。这一系列举措足见文在寅政府把对华外交放在了非常重要的位置，也表明其打破中韩关系坚冰的决心。当然，解铃还须系铃人，文在寅政府必须采取切实行动，为中韩两国关系特别是经济关系的回暖创造合适的氛围。

（于晓）

韩国经济困局及文在寅政府改革措施简析*

近期，受国内政局动荡以及全球经济增长放缓等因素影响，韩国经济增长乏力，几大企业接连出现重大问题，使韩经济雪上加霜。虽然新任总统文在寅上台后积极推动改革，但韩国长期积累的政治、经济和社会弊端令改革举步维艰，能否有效落实面临重大考验。现对相关问题作简要分析，供参考。

一、韩国经济面临的困局

（一）经济增长乏力、社会两极分化严重

目前，韩国经济增长乏力，预计 2016—2020 年年均潜在经济增长率为 2.8%—2.9%①，首次低于 3%。劳动力市场低迷，失业率创 2000 年以来最高水平，失业人数也创历史新高，特别是青年失业问题尤为突出，9 月份青年人（15—29 岁）失业率高达 9.2%。韩收入不平等程度相当严重，10% 最富裕阶层占国民总收入的 48.95%，70% 中下阶层仅占 18.87%，是经合组织中仅次于美国的财富最不均等国家。同时，家庭负债率节节攀升，内需持续疲弱，家庭负债从 2015 年开始急剧增加，2016 年底达 1566 万亿韩元，为 2007—2014 年平均值的 2 倍以上，占 GDP 比重达 96%，家庭负债大幅超过可支配收入，成为抑制消费的主要原因。此外，2015 和 2016 年韩出口额 58 年来首次连续两年下降。

（二）政治危机拖累经济增长

2016 年 10 月，韩国前总统朴槿惠爆出“亲信干政”丑闻，导致国政经历 6 个

---

* 本文写于 2017 年 12 月 13 日。

① 数据来源于韩国央行 7 月份发布的最新《韩国经济展望报告》。

月空白期，严重拖累韩经济增长。韩政局动荡并非一次单纯的总统丑闻引发的政局突变，其中有朴槿惠政府的政策失误，更多是韩长期存在的深层矛盾所致。民主化未能切断政商勾结顽疾，财阀向政客提供黑金用于竞选和施政，促使政客推行亲财阀政策，韩多届总统及家人都爆出与财阀勾结的丑闻。据韩检方报道，乐天、三星集团等均涉嫌与朴槿惠存在权钱交易。同时，财阀也借助政治庇护在社会上飞扬跋扈。对此，民众愤怒蓄积已久，爆发多次大规模抗议集会，严重影响了正常的社会生产和经济发展。政局动荡导致了金融市场动荡，国内避险情绪陡升，大量资本持续流出，韩股下行压力加大。此外，乐天等大财阀也因与朴槿惠及其亲信之间的利益置换受到韩检方调查，严重影响了企业形象及正常经济活动。

（三）经济结构失衡加剧经济风险

韩国产业结构严重失衡，经济过度依赖大企业、大财阀，影响经济持续稳定发展。一是经济产业过于单一，主要集中于造船、汽车、电子、电器制造等行业，约占工业总产值的80%左右，出口创汇集中于电子产品和汽车出口。二是财阀经济垄断着国民经济大部分领域，目前韩十大财阀资产占韩国 GDP 的85%。如三星的产业链，涵盖电子、金融、机械、化学、医疗、教育等众多领域。韩国将整个国民经济捆绑在少数产业和几家大企业上，无疑增加了整个国家的经济风险。一旦一个产业甚至一个企业出现问题，都会对经济造成严重影响。近期，韩几大企业接连出现问题，三星手机“note7”事故、韩国最大航运公司韩进海运宣布申请破产保护、乐天集团爆出非法集资丑闻、现代集团连续 10 个季度利润下滑等，对韩国经济造成重大打击。其中，仅三星手机事故就导致韩国 2016 年三季度制造业产量环比下降 1 个百分点，电子、电器制造产值同比下滑 4.1%。

（四）社会缺乏公平竞争环境，中小企业创新能力不足

韩国自建国之初推行威权资本主义，特别是朴正熙时代，通过扶植少数大企业扩张实现工业化和经济起飞，形成了三星、现代、LG 等耳熟能详的大财阀。不可否认，财阀经济在韩国工业化和现代化过程中发挥过积极作用。但现阶段，已严重阻碍韩国经济转型升级和持续增长。一方面，导致社会缺乏公平的竞争环境。大财团的畸形发展，使中小企业发展空间受到严重挤压。中小企业本身就缺乏与财阀竞争的实力，再加上政策扶持不足、资金流动偏好等，便形成了“两极分化严重—家庭和中小企业负债严重—内需不振—经济增长缓慢—两极分化严重”的怪圈。另一方面，抑制了中小企业的创新能力。韩国经济发展的动力在于企业大胆创新精神。而多数韩国大财团都存在家族式经营弊端，“一言堂”现象严重，决策体制不具有自我修正能力，员工无法挑战上级，创新能力受到压制。很多家族成员坐享其成，盘踞企业高层，压制了人才选拔。

（五）经济对外依存度较高

韩国经济为出口导向型，20 世纪 70 年代起，韩国提出“贸易立国”战略，鼓励大型企业“走出去”，对外贸易依存度一直高达 90% 左右，2011 和 2012 年曾突破 100%。2016 年韩贸易顺差 898 亿美元，其中出口额 4955 亿美元，同比下降 5.9%，为 58 年来首次连续两年下降，对经济造成巨大冲击。究其原因，主要受全球贸易环境影响，全球经济增长放缓和原材料价格下滑导致全球贸易总额连续两年下滑，创 6 年来新低。此外，韩国主要贸易伙伴经济增长均有所放缓，需求减少也是造成韩国出口减少的重要原因。以中国为例，中国是韩国最大贸易伙伴、最大出口市场，但随着中国经济进入新常态，对韩产品需求也在发生变化。2015 年 7 月以来，韩国对华出口连续 16 个月负增长。

二、文在寅政府改革措施

2017 年 5 月，韩国共同民主党总统候选人文在寅当选新一届韩国总统。文在寅就任之初，对内革除积弊、推行改革，对外积极应对“萨德”危机，设法改善中韩关系。

（一）将“革除积弊”放在首位

韩国前总统朴槿惠“亲信干政”丑闻，再次暴露了韩国政商勾结的顽疾。虽然朴槿惠已遭弹劾，但“亲信干政”内幕调查、宪法法院判决、政经制度改革等深层次问题依旧悬而未决。因此，文在寅政府将“革除积弊”放在首位，剑指财阀垄断、政商勾结等社会沉疴，包括继续推进财阀改革，组建“改革积弊特别调查委员会”、成立国家清廉委员会等机构，建设公平正义的政治与社会环境；限制总统对舞弊财阀企业人的赦免权；承诺加强对财阀不法行为的处罚力度，改革财阀对经济结构的控制与支配格局等。一方面，平复民愤、汇聚人心，稳定国内政局；另一方面，旨在消除产生腐败的体制性根源，而非停留在惩治朴槿惠和崔顺实等个人。

（二）大力推动结构性改革

为提振国内经济、拉动就业，文在寅政府聚力完成“就业经济”、“引领第四次产业革命的创新创业国家”、“避免人口悬崖”、“地方自治与平衡发展”四大综合改革课题，具体包括：一是就将解决就业问题摆在突出位置，构建“雇用—福祉—发展”良性循环就业体系，旨在打造超越以往历届政府的“就业政府”；二是致力于营造有利于中小型企业创新创业的生态体系，改变技术创新过度依赖大财阀的现状，以实现第四次产业革命；三是有效解决韩国低出生率和人口老龄化问题，使出生率上升至1.4；四是为实现地方自治与平衡发展，韩国政府将引入第二国务会议制度，切实保障地方立法、行政、财政、福利等四大自治权。

（三）倡导“以人为本”缓解社会两极分化

目前，韩国社会存在的两极分化问题严重阻碍着韩经济发展与和谐社会建设。为改善这一问题，文在寅政府推进“以人为本”的经济建设模式，大力推动财阀改革，并为实现共享经济成长果实的“收入主导型经济”而努力，营造公正的企业发展氛围和竞争环境，提高企业国际竞争力，以增强国家经济成长潜力。此外，通过创造更多就业岗位和扩大家庭收入促进内需增长，将制定增加就业岗位、缩小贫富差距的有质量的综合就业政策，为个人和企业提供公平、公正竞争的机会。政府将2018年预算的重点放在创造就业岗位、增加国民可支配收入方面，同时在环境和公共安全方面也将扩大预算。这些充分显示，文在寅政府经济政策“以人为本”的执政理念以及将施政重心转向韩国民众和家庭的决心。

（四）推动中韩关系改善意愿强烈

受“萨德”事件等因素影响，中韩关系跌入“冰点”。文在寅就任总统后，选择了对华友好合作，作出了不考虑追加萨德系统、不加入美国反导体系、不发展韩美日三方军事同盟等一系列重要表态，为改善中韩关系奠定了一定基础。随着文在寅总统首次访华，相信韩方将以中韩建交25周年为契机，进一步深化务实互利合作，落实好相关承诺，推动中韩关系重回正轨。

三、几点思考

（一）文在寅政府改革决心大，直面改革难点

文在寅政府秉持“民主和正义”的核心价值观，不回避改革难点，也找到了改革重点，极力扭转朴槿惠执政期间不断蔓延的威权主义，大力改革财阀经济，创造有利于中小企业创新创业的生态体系，积极融入第四次产业革命；同时，继续改善民生，缩小社会贫富差距，打造普及民生的国家，以汇聚人心、稳定国内政局。民众对其集中力量完成“就业经济”这一综合改革课题，特别是青年人就业问题，以及实施保障国民“从摇篮到坟墓”的终生福利制度给予较高肯定和期盼，相信韩国将逐步形成社会性经济生态系统。

（二）改革知易行难，效果有待观察

文在寅政府大力推动结构性改革，抑制大财团的畸形发展，为中小企业营造公平的发展和创新环境。但势必影响大财阀、大企业的利益，必将受到他们的阻挠。面对根深蒂固、盘根错节的财阀垄断，改革能否撼动韩国几十年来业已形成的政经结构仍存在不确定性。同时，韩国在政治、经济上已经形成与财阀“彼此依偎”的局面，一旦财阀经济出现系统性问题，将对韩国经济造成致命打击，这在一定程度上加剧了改革的风险。此外，文在寅政府面临着“朝小野大”的局面，执政党议员占国会议员席位不到一半，使得改革方案推进受到掣肘。文在寅政府的主要施政纲领——《韩国国政运营五年规划》中，需要制定修改并提交国会批准的法案达465项，这些法案恐遭到在野党强烈反对，能否在国会顺利通过存在诸多不确定性。因此，文在寅政府虽然找到了改革的方向和路径，但将面临诸多“难啃”的阻力，改革效果有待进一步观察。

（三）进一步加强经贸合作，推动中韩关系改善

中韩两国是搬不走的近邻，也是天然合作伙伴。虽受“萨德”事件等因素影响，但双方正努力为中韩两国关系特别是经济关系回暖创造合适的氛围。双方应进一步加强经贸合作，使其成为中韩关系发展的战略基石，促进中韩关系的经济、政治、安全“三驾并驱”。同时，应不断促进中韩经济和产业链的全面融合，推进中日韩自贸区谈判，加快 RCEP 建设进程，探讨加快区域一体化发展的路径和举措。

（于晓）

新加坡经济“沉沦”及原因简析*

作为一个城市国家，新加坡自20世纪60年代起借助进口替代战略和出口导向战略，逐渐完成产业结构转型升级，成为“亚洲四小龙”之一。但近年来新加坡经济日渐“沉沦”，具体表现为：经济增速放缓、内需不足、产业不景气、企业盈利下降、劳动力市场低迷、进出口贸易额下降等。现对其原因做以下分析，供参考。

一、新加坡经济“沉沦”现状

（一）经济增速放缓

一是GDP增速下降。受金融危机影响，2009年新加坡全年经济下滑0.6%，2010年短期大幅上升后，再度快速下滑并进入长期下滑区间。其中，2015年GDP增速仅为1.9%，创2009年以来最低水平。2017年一季度GDP环比下降1.9%，预计2017年经济增速在2.5%左右，低于历史平均水平。二是新加坡GDP占东盟比重也呈下降趋势，2016年降至11.62%，且经济总量已被菲律宾超越。三是人均GDP下降。2013年以来，新加坡人均GDP不断下降。其中，2016年降至52962美元。

（二）内需不足

从消费上看，新加坡家庭最终消费支出总量不断减少，占GDP比重呈下降趋势。从投资上看，2013年以后，固定资本形成总额逐渐下降，2016年下降2.5%，增速为金融危机以来最低。内需不足一定程度上导致新加坡国内物价低迷。自2011年以来，新加坡国内消费者物价水平不断下降。其中，2015年、2016年均下

* 本文写于2017年10月13日。

降 0.5%。新加坡房价已连续下跌超过三年，创 1975 年以来最长下跌记录。总体上看，大部分企业对短期内经济走势持谨慎态度，民众消费支出趋于保守。

（三）产业不景气

一是制造业占比不高、产出下降。作为新加坡传统优势产业，2004 年以后，制造业占 GDP 比重呈下降态势。2013 年仅为 18.5%，为 1969 年以来最低水平。2010 年以来，制造业增加值增速放缓，2015 年下降 5.1%，制造业产出下降 5.1%，总固定资产投资下降至 114.9 亿新元，2017 年一季度制造业产出环比下降 6.6%。二是服务业占比畸高，且呈下降趋势。2013—2016 年，新加坡服务业增加值占 GDP 比重由 75.16% 逐渐下降至 73.78%。2010 年以来，除 2013 年出现小幅回升外，增速呈不断下滑态势，2016 年仅为 1.2%。在服务业中，新加坡互联网金融业发展尤为滞后。近些年，北京、上海、伦敦、法兰克福等金融中心金融科技（Fintech）开展得如火如荼，金融服务公司大量出现。而作为亚太地区最主要的金融中心之一，新加坡互联网金融发展仍停留在 20 世纪 90 年代水平。目前，新加坡电子支付方式种类过多，银行系统连接性差，电子付款、数码身份认证系统、数字银行等新兴领域已落后。

（四）企业盈利下降

近年来，新加坡经商环境排名有所下降，企业盈利状况受到影响。作为新加坡最知名国企，淡马锡净资产占新加坡 GDP 的 66%，但近年来出现严重亏损。其中，2016 财年淡马锡净值同比减少 240 亿新元，净利润同比减少 60 亿新元，为自 2009 年以来首次。作为淡马锡参股比例高达 56% 的企业，新加坡航空公司 2017 年第一季度亏损 1.38 亿新元。世界最大的海上钻井平台制造商——吉宝集团、胜科海事集团通过关停产能和裁减员工等方式应对惨淡行情。作为东南亚银行业的龙头，新加坡星展银行净利润出现下滑，其中，2016 年同比下滑 2%。随着债务期限到来，油气企业债务违约风险加剧，新加坡主要银行不良贷款或有所增加，银行业风险敞口将显著扩大，盈利难度加大。

（五）劳动力市场低迷

一是失业率呈现上升趋势。新加坡 2016 年失业率上升至 2.1%，2017 年一季度公民失业率为 3.5%，居民失业率为 3.2%，就业人数环比减少 6800 人。2017 年二季度，新加坡就业人数环比下降 7800 人。尤其是，青年人就业状况不容乐观，自 2002 年以后，新加坡 15—24 岁青年人就业人口占就业总人口比重总体较低，2016 年仅为 36.4%。二是结构性失业问题凸显。受科技快速发展、经济结构转型、年资工资制等结构性因素影响，自 2010 年以来，新加坡企业裁员人数逐年增加，其中，2016 年裁员及提前解除雇佣合同的人数达 1.9 万人，为 2009 年金融危机以来最高水平。此外，长期失业人数占失业总人数比重上升，2016 年升至 20%。

（六）进出口贸易额下降

自 2008 年以来，新加坡进出口贸易总额占 GDP 比重呈现下滑势头，由 4.4 倍下降至 2016 年的 3.2 倍。自 2014 年以来，新加坡贸易总额呈负增长，2014 年、2015 年、2016 年贸易增长率分别为 -0.6%、-8.9%、-4.9%。其中，2016 年新加坡商品和服务出口占 GDP 比重降至 1.7 倍，进口占 GDP 比重降至 1.5 倍，均为金融危机以来最低水平。

二、新加坡经济“沉沦”原因

（一）政策执行力度和效果不够

一是政策偏于保守，政策执行力不够。为实现信息化，从 1980 年至今，新加坡政府制订出一系列发展计划，包括：2000—2003 年实施的“21 世纪信息通信技术计划”，提出创建值得信赖的电子商务中心；2006 年 6 月启动“智慧国 2015 计划”，并要求利用通信技术提升金融服务水平。但政府政策执行力度不够，进度缓慢。近些年，中国 Fintech 行业已呈井喷式发展态势，相关互联网企业纷纷抢滩新加坡市场。但直至 2016 年，新加坡政府才开始加大对 Fintech 行业支持，设置专职机构，为企业提供一站式服务。自 2008 年以来，新加坡便面临数码技术人才短缺的挑战。以上因素一定程度上阻碍了新加坡互联网金融业发展，导致未能赶上互联网经济步伐。若新加坡金融业仍停滞不前，银行投资业务、外贸结算业务等都将受到严重冲击，最终将失去亚洲主要金融中心之一地位。

二是政府鼓励生育和移民政策效果不彰。新加坡人口自然出生率呈下降趋势，人口生育率长期在 1.2 左右徘徊，远低于联合国人口置换率标准水平 2.1。而 65 岁及以上人口占总人口比重呈现不断上升态势，2016 年升至 12.3%，远高于联合国关于人口老龄化的标准 7%。以上因素导致劳动力短缺，一定程度上推动工资上涨。目前，新加坡总体工资水平占 GDP 比重已高达 43%，超过历次经济衰退拐点水平，且工资增速超过经济增速。高工资水平压缩了企业盈利空间，也降低了出口企业产品竞争力。为应对人口老龄化和低生育率问题，新加坡政府一直试图将低效制造业对外转移，造成短期内产业阵痛和 GDP 下滑。

（二）外向型经济脆弱性凸显

一是新加坡经济高度依赖全球经济发展，进出口总额约为 GDP 四倍。然而，短期看，特朗普“孤立主义”内倾政策和英国“脱欧”负面影响将显现；中长期看，新兴经济体复苏疲软、贸易保护主义抬头，世界经济增长不确定性增大。二是受美国页岩气革命影响，国际油价下跌导致原油出口不畅，进一步打击了新加坡的转口贸易，导致贸易对 GDP 贡献率下降。三是新加坡与东盟之间经贸额有所下降。2013 年以后，新加坡与东盟其他国家之间的进出口贸易额呈下降趋势。其中，2016 年已降至 1621.08 亿美元。

（三）战略地位下降

近年来，国际竞争加剧，新加坡在亚太区域的战略地位和影响力下降。一方面，随着中国经济发展，中国上海、深圳等港口日渐崛起，冲击了新加坡的港口吞吐业务。随着中国“一带一路”倡议推进，“中巴经济走廊”建设取得实质性成果，巴基斯坦瓜达尔港口正式启用，中国新的能源安全通道初步成型。此外，连接中亚欧洲的中欧班列也已开启，中国乃至东南亚对马六甲海峡的依赖显著下降。而新加坡战略优势在于扼守马六甲海峡。另一方面，在东南亚国家中，马来西亚皇京港已竣工并将于 2019 年开通，中缅输油管道已经重启，中国、马来西亚东海岸铁路项目也已开工。若中泰克拉运河项目取得实质性进展，新加坡作为国际石油贸易枢纽和炼油中心地位将被进一步削弱，其在西太平洋地区的战略重要性也将大大降低。

（四）放弃“功利主义”路线带来苦果

李光耀主政新加坡期间，坚持“功利主义”执政方针，避开意识形态问题，带领新加坡创造独特的“新加坡模式”。然而，李显龙政府正逐渐背离以往执政方针和模式。首先，随着中国国际影响力不断提高，新加坡自身表现出焦虑情绪，视中国崛起为威胁。丢弃“大国平衡”战略，采取“拉美抑华”的外交政策，牵头并积极鼓吹“TPP”，积极响应美国所谓亚太再平衡战略，插手南海事务等举动引发中国不满。过去一段时间中新政治互信下降也在一定程度上抑制了双边经贸关系发展，2015 年中新货物贸易同比下降 0.11%，2016 年降幅扩大至 11.49%。而中国是新加坡第一大贸易伙伴，中新双边贸易萎缩不利于新加坡总体贸易规模增长。从双向投资流量上看，2016 年中国对新加坡投资同比下降 15.26%，2017 年一季度同比下降 46.7%；2016 年新加坡对中国投资同比下降 12.42%，2017 年一季度同比下降 33.3%。其次，年轻选民不满情绪上升。自李光耀资政去世后，李显龙本人缺乏其父的权威和人格魅力，无力维系一贯的领导地位。人民行动党将更多精力放在应付选举上，而对经济问题不够重视。再加上政策方针失误，执政党威信下降。

三、几点看法

近年来，新加坡经济发展总体呈下滑态势，表面上看是受到外部不利因素影响，本质上却反映出新加坡经济发展模式先天狭隘性。为应对国内外一系列问题，新加坡政府应全面推动结构性改革，促进新加坡经济上形成新的经济增长点，从而推动新加坡走出衰退阴影，重振国际影响力。

（一）进一步推动经济改革

首先，完善人口政策。强化“人才优先”的国家意识，吸引国外优秀人才，并创造条件留住人才。修改移民政策，放开移民流入，缓解劳动力持续减少危机。扩大财政支出，完善国内基础设施建设，并提供相关配套服务。加大鼓励生育政策执行力度，提高总和生育率，应对人口老龄化问题。其次，调整产业结构。顺应全球经济数码化的发展趋势，重视区块链、第三方支付等互联网科技手段。落实“智慧国家2025”计划，实施更多数码科技项目。深化与中国互联网企业合作，推动新加坡制造业实现“互联网+”，升级产业价值链。支持技术密集型产业发展，吸收高端人才就业。寻找新加坡经济新增长点，将新加坡打造成为以“金融、智能和生命科学”为核心竞争力的“硅谷”。最后，扩大低技能劳动者就业。完善职业教育体系，加大低技能劳动者就业再培训力度。推迟退休年龄，扩大老年人口再就业，增强就业市场活力。

（二）对华开展务实合作

作为华人占人口总数70%的国家，新加坡应延续李光耀时期务实的外交战略，增进对华友好。摆正战略位置，重拾“小国大外交战略”，继续发挥协调大国关系的桥梁作用。当今的国际舞台上，特朗普政府奉行“美国优先”战略，日本安倍政府自身问题不断，马来西亚、印度尼西亚等周边国家不断崛起。改善对华关系，有利于新加坡应对复杂国际局势。新加坡应继续贯彻实施“中国战略”，作为海上丝绸之路的重要节点，积极参与中新“南向通道”建设，响应中国“一带一路”倡议①。发挥其独特作用，继续强化中国—东盟协调国角色，推动实现中国“一带一路”倡议与“亚细亚互联互通2025年总体规划”对接。中新携手继续夯实苏州工业园区、中新天津生态城、中新（重庆）战略性互联互通示范项目等政府间合作项目，加快完成中新FTA升级版。促进中新经贸往来，实现中新经济互惠互利、共同发展。

① “中国战略”即大力发展与中国的经贸关系，搭乘“中国经济发展的顺风车”。

（三）更积极融入亚太经济

近些年，新加坡内政措施滞后、外交政策失衡，致使经济发展逐渐落后于时代潮流，在亚太经济发展过程中的地位和作用逐渐下降。美国退出 TPP 后，新加坡应顺应国际形势发展，更加积极地融入亚太经济。一是推动亚太区域合作发展。作为连接亚洲与世界的重要通道，新加坡在经商环境、区域投资合作、旅游、法律仲裁、学术交流等领域具有较大优势，推动贸易自由化和投资便利化有利于充分发挥新加坡比较优势，进一步释放增长潜力。当前，TPP 已“名存实亡”，新加坡应携手中国积极推动区域全面经济伙伴关系协定（RCEP）的尽早达成，并推动亚太自由贸易区（FTAAP）建设。二是促进亚洲基础设施互联互通。基础设施互联互通是推动区域发展的重要条件。当前，亚洲基础设施资金投入缺口很大。而作为东南亚地区金融中心，新加坡拥有强大的融资优势。此外，新加坡可凭借亚投行和亚行成员国身份，推动亚投行等新多边开发机构与亚行等现有多边开发机构合作，为亚洲基础设施建设提供强大资金支持。三是扩大相关国家沟通交流。新加坡可凭借优越的地理位置、良好的城市形象等优势条件，与区域相关国家分享发展理念，推进区域经济的融合发展。

（刘猛）

■ 第三部分

欧洲经济

金融危机后欧盟经济治理框架改革简析*

国际金融危机及欧洲主权债务危机既凸显了欧洲银行业体系的脆弱性，同时也显现出欧洲经济治理框架的弊端。此后十年间，欧盟实施了一系列经济治理改革措施，在推动欧洲经济可持续增长、就业率提升、金融稳定及财政状况的恢复和稳定的同时，也为欧盟经济、金融与财政一体化深化发展提供了制度保障。现从欧盟经济政策协调机制、金融业整合机制以及财政治理机制三方面对危机后的欧盟经济治理框架改革做简要分析，供参考。

一、经济政策协调机制

（一）经济形势监测机制

欧委会①负责监测和评估成员国经济发展情况、预算状况以及结构性改革实施情况，每个季度公布一次经济预测报告，每年秋季公布“一揽子经济观察报告”，包括《年度增长观察》、《预警机制报告》、《联合就业报告》、《欧元区经济政策与财政立场建议》等。其中，《年度增长观察》确定欧盟下一年度经济工作重点并为成员国政府提出有关投资、结构改革和财政整顿的政策方向。《预警机制报告》旨在公布欧委会监测成员国经济失衡风险的结果，欧委会依据测评指标评估成员国是否受经济失衡影响并对有经济失衡风险的成员国进行深度调查。《联合就业报告》则重点分析欧盟整体就业与社会形势并制定改革建议，比如劳动力市场改革建议、人力资本投资方向、税收和福利体系改革建议等。《关于欧元区经济政策和财政立场的建议》是欧委会结合欧元区整体经济发展形势、结构性改革进展、金融市场条件和财政状况为欧元区整体提出的相关政策建议。

---

* 本文写于2017年12月27日。

① 欧委会：European Commission，欧洲委员会，欧盟的常设执行机构，主要负责起草欧洲法律草案和年度预算草案，协调并管理欧盟及成员国各项政策并执行欧洲议会与理事会的决定。

（二）结构性改革协调机制

在公布一揽子报告后，欧委会将测评所有欧盟成员国经济形势、改革进展并分析各领域改革要点，包括财政与税收、金融市场、劳动力市场与教育以及投资等。测评结果将于 2 月份在《国别报告》中公布，同时还公布“深度调查”结果。成员国将根据这些政策要点制订本国结构性改革计划，即《国家改革计划》，并提交至欧委会进行审核。欧委会根据其改革计划及面临的经济风险和挑战为每一个成员国分别制订未来 12—18 个月应实施的具体政策建议，比如劳动力市场改革方向以及推动投资的举措建议等，又称《国别政策建议》。各成员国政府将在欧盟理事会①会议上与欧委会探讨这些建议，并在 6 月份的欧盟峰会上②公布最终结果。

（三）宏观经济失衡防御与纠正机制

全球金融危机表明包括巨额经常账户赤字和房地产泡沫在内的宏观经济失衡具有传播性，若欧盟一成员国出现失衡可能危及其他成员国、整个欧元区乃至整个欧盟经济稳定。因此，依据 2011 年 12 月正式实施的“六项法规”③，欧盟推出了旨在确认、预防和应对宏观经济失衡的“宏观经济失衡程序”。该程序以《预警机制报告》作为起点，欧委会负责对报告所指出的具有宏观经济失衡风险的成员国一一进行“深度调查”并确认其失衡程度。“深度调查”结果可能为不失衡、失衡、过度失衡及需要采取纠正措施的过度失衡。其中，出现失衡和过度失衡的成员国需接受“国别建议”中的有关应对失衡的政策建议并接受欧委会对其执行情况的密切监督，包括要求成员国提供进展报告以及与成员国当局进行对话。被认定过度失衡且需要采取纠正措施的成员国则需启动“过度失衡程序”，欧委会将建议欧盟理事会要求这些成员国提交具体的“纠正失衡行动方案”，包括具体的纠正措施和行动时间表。经欧盟理事会批准后行动方案才可启动，欧委会和理事会负责监督方案实施的全过程及纠正过度失衡的成效，直至程序完成。欧元区成员国若多次提交行动方案均未获得理事会批准，则可能面临制裁甚至罚款。

① 欧盟理事会：是一个由来自欧盟成员国各国政府部长所组成的理事会，是欧盟的主要决策机构之一。主要任务是协调成员国政策，对欧盟法律和法规做出决策。在预算方面，它和欧洲议会共同拥有决策权。

② 欧盟峰会：欧盟领导人会议，欧盟领导人每年共同于 3 月份、6 月份、10 月份和 12 月份举行 4 次正式会议以及 1—2 次非正式会议，欧盟峰会负责对欧盟整体的政策方向和大政方针做出决策，但并非立法机构。

③ 六项法规（Six Packs）：为强化宏观经济治理，欧盟颁布实施了六项法规来改革《稳定与增长公约》并加强对宏观经济风险的监管，其中四项规则关于财政政策，两项关于宏观经济失衡。

二、金融业治理机制

（一）构建银行业联盟

欧债危机表明，欧洲银行业体系需深度整合。为此，欧委会于 2013 年提出构建“银行业联盟”，旨在通过建立统一的银行业体系来打破银行业与公共财政之间的恶性循环。银行业联盟由单一监管机制（Single Supervisory Mechanism，SSM）、单一清算机制（Single Resolution Mechanism，SRM）和存款担保机制（European Deposit Insurance Scheme，EDIS）构成。

根据单一监管机制，欧元区及其他愿意加入银行业联盟的非欧元区成员国的银行需接受欧央行直接监管。而且，当银行面临破产时，单一清算机制可确保清算工作有序开展并减低对纳税人和实体经济的影响。单一监管机制由欧央行和成员国监管机构共同组成，根据单一规则手册，按照统一的规则、标准和决策程序对欧元区银行实施统一监管。其中，欧央行直接监管欧元区成员国最大的 130 家银行，并对全部 6400 多家银行承担最终责任。作为核心监管机构，欧央行还负责统一银行业的监管规则和标准，改革金融体系，为坏账银行制订融资计划并对执行过程进行审核和监督。

单一清算机制由单一清算委员会、单一清算基金以及成员国清算机构共同组成。单一清算委员会是由欧央行、欧元区和成员国政府代表共同组成的独立机构，负责破产清算准备工作，包括制订使用何种清算工具及如何运用清算基金的建议，欧委会则根据其建议做出最后的清算决策，成员国清算机构负责清算计划的具体执行。此外，单一清算委员会负责清算工作的监督和审议，并负责管理由成员国银行自筹设立的单一清算基金。

单一监管机制和单一清算机制的筹建工作已分别于 2014 年 11 月和 2016 年 1 月完成并正式开始运行。欧委会 2017 年 10 月公布的首份单一清算机制评估报告认为，整体看，机制筹建成功并全面运行，为创造公平竞争环境、提升市场信心发挥了有效作用。同时，首个银行破产案已顺利完成，并避免了纳税人为此支付成本。

构建存款担保机制的技术层面工作仍在继续，但政治层面进展有限，欧委会敦促欧洲议会和欧盟理事会尽快于 2018 年启动政治谈判。欧委会主席容克曾在 2017 年国情咨文中强调，风险降低与风险分担齐头并进是银行业联盟有效运行的前提。因此，为完善银行业联盟，欧委会于 2016 年 11 月制订了一系列降低风险和不良贷款的措施和建议。预计这些措施的法律草案最晚将于 2018 年中旬获得通过，预计存款保险机制将于 2025 年完成筹建并正式开始运行。

（二）构建资本市场联盟

国际金融危机后，投资对欧洲经济增长的贡献率一直较低，投资率也一直低于危机前水平，投资持续疲软成为制约经济复苏的显著下行风险。为此，欧委会于 2015 年制订构建资本市场联盟行动计划，旨在去除跨境投资壁垒、降低融资成本、稳固金融体系、深化金融一体化并增加竞争力，为消费者和机构投资者提供多元化的融资渠道及投资机会。资本市场联盟预计于 2019 年底建成，欧委会于 2017 年 6 月公布的《构建资本市场进展报告》指出，欧委会已对 33 项计划措施中的 20 项采取了有效行动，更新了关于风险资本、资产证券化、企业在公共市场筹融资、保险公司投资基础设施项目、金融零售服务、预防性重组，以及提升资本自由流动与金融稳定等多方面的资本市场规则，欧盟理事会与欧洲议会已就其中的部分规则达成一致。为构建资本市场联盟，欧委会还将就推动资本市场监管趋同、优化跨境投资规则、支持区域资本市场发展等方面展开行动。

三、财政治理机制

为加强财政治理并推进财政联盟建设，全球金融危机后欧盟实施了包括加强年度预算监管、构建“欧洲财政委员会”以及简化财政规则等在内的多项治理举措。

（一）协调欧盟成员国中期财政方案

作为落实《稳定与增长公约》的重要举措，欧盟成员国每年需制定旨在维持公共财政和债务负担长期可持续中期预算目标（Medium - term Objective，MTO）。中期预算每 3 年为一个周期，目标制订既应满足实现可持续债务水平的需要，同时也应保证充足的财政空间。每年 4 月，欧元区成员国需向欧委会提交为实现 MTO 而实施的财政计划，其中欧元区国家提交的方案被称为《稳定方案》，其他国家提交的方案被称为《融合方案》。《稳定方案》和《融合方案》需涵盖当前财政年度和未来三年的财政计划，财政计划不仅设定 MTO 以及为实现 MTO 而制订的年度预算目标和政策措施，同时还涉及包括经济增长、就业、通胀等在内的经济预期。在《稳定方案》和《融合方案》执行前后，欧委会均会对其进行测评，从而有效防范财政风险并及时确认过度赤字是否发生。

（二）强化欧元区成员国年度预算监管

为强化成员国财政政策协调，根据2013年生效的“两项法规”[①]，欧元区成员国均需于每年10月将下一年度预算方案提交至欧委会。欧委会负责审核每个成员国的财政方案是否符合《稳定与增长公约》相关义务，评估结果分为“符合”、“基本符合”及“存在不符风险”。同时，以此为依据评估未来一年欧元区财政状况，包括总赤字比率、负债率、结构性财政结余（structural balance）等，同时对欧元区财政政策实施方向提出建议，即《关于欧元区财政政策的建议》，比如，2016年的评估报告曾提出，欧元区2017年财政立场应由“中性”转为“积极”，建议各成员国从财政长期可持续和宏观经济稳定角度有选择地执行，建议具有财政空间的成员国则实施支持性或扩张性财政政策。

（三）设立结构性财政赤字上限

为应对主权债务危机、强化欧盟财政纪律，在德法两国主导下，除英国和捷克以外的欧盟25个成员国于2012年3月初共同签署了《欧洲经济货币联盟稳定、协调和治理公约》，又称《欧盟财政契约》。在《稳定与增长公约》基础上，该契约进一步严格成员国财政纪律并强化了财政约束机制，核心是“自动惩罚机制”。该契约还规定，政府预算应实现平衡或盈余，结构性赤字不得超过GDP的0.5%；一旦超过，欧洲法院将有权对其进行处罚，处罚最高金额不得超过该国GDP的0.1%，罚金均归欧洲稳定机制处置，同时该成员国需向欧委会和欧盟理事会提交改革计划，这两家机构将负责监督计划实施。此外，契约进一步规定，成员国需在契约生效一年后，即2014年1月1日前将平衡预算的内容添加到成员国法律体系中，并在契约生效5年内，将契约相关条款融入欧盟法律体系中。

（四）实施过度赤字程序

根据“两项法规”，当欧盟成员国预算赤字高于GDP的3%或面临高于3%的风险以及政府债务高于GDP的60%的风险时需被纳入“过度赤字程序”。被纳入“过度赤字程序”的成员国限定在6个月之内依据欧委会制订的政策建议进行调整。同时赤字过高的成员国还可能面临GDP 0.2%的处罚。限期过后，欧委会和理事会将评估成员国的政策实施情况和财政调整情况，当赤字或债务低于目标水平后，成员国即可退出“过度赤字程序”。此外，若欧委会认为成员国财政状况明显偏离中期预算目标，则将建议理事会为成员国提出政策措施建议以及时纠正财政

① 两项法规（Two-packs）：两项关于强化欧元区预算制订与执行协调及监管的措施，旨在严格欧元区财政纪律。

状况。

四、几点看法

（一）经济治理框架改革对近年欧洲经济稳定和复苏起到了重要作用

伴随着欧盟经济治理改革的推进，欧洲经济稳步复苏。欧盟和欧元区经济过去4年多均稳步增长，成员国经济增长的同步性显著提升。自2014年第三季度以来，欧盟和欧元区分别新增800万个和550万个就业岗位。2017年9月，欧盟和欧元区失业率分别为8.9%和7.5%，分别为8年和9年以来最低。此外，财政状况显著改善，投资也在缓慢复苏。包括“经济形势监测机制”、“结构性改革方案协调机制”以及“宏观经济失衡防御与纠正机制”在内的宏观经济政策协调框架，为欧洲经济复苏提供了宏观管理框架和评估纠偏机制；银行业联盟、资本市场联盟的构建，为欧洲经济复苏在投融资上提供了便利；财政整顿措施出台，约束了欧盟成员国政府行为并有效防范了主权债务风险。整体而言，欧盟经济治理框架改革有效深化了欧洲经济一体化建设，为危机后纠正欧洲宏观经济失衡、防御财政风险以及促进欧洲经济稳步恢复提供了有效制度保障。

（二）财政联盟构建任重道远

欧元区国家货币主权与财政主权分离导致财政政策缺乏协调是诱发欧债危机的根本原因。欧元区成员国在让渡货币主权的同时，让渡财政主权，将制订欧元区货币财政政策的权利由各成员国央行和财政部让渡至欧洲层面，实现货币主权和财政主权的统一，是有效解决和避免危机发生的最根本保障。欧债危机后，欧元区内部关于构建财政联盟的呼声一度高涨，德、法两国领导人曾多次在不同场合呼吁加快推进财政联盟构建工作。危机后，欧盟特别是欧元区在加强成员国财政政策协调、强化财政纪律、严格预算编制和执行监管等方面取得进展，在一定程度上推动了财政联盟的构建，但是，距离制定和执行统一的财政政策、预算与税收政策，即真正意义上的财政联盟——单一财政部还有很长的路要走。法国总统马克龙自参选以来就一直倡导推动欧元区财政治理改革，包括设立一位欧元区经济与财政部长、统一欧元区公共预算并发行欧元区共同债券，这一想法得到了德国总理默克尔的大力支持。德法联手有助于推动欧元区财政联盟的深化发展。不过，由于财政联盟事关一国核心主权，未来构建任务将十分艰巨。

（三）借鉴欧盟经验推动亚洲区域经济一体化

中国一直是亚洲区域合作和一体化建设的推动者。11月14日结束的“10+3”

领导人会议上，李克强总理强调应坚持以区域一体化为方向，推动东亚共同体的构建，深化区域金融合作。近些年，亚洲区域经济合作取得积极进展，东亚地区已搭建起以东盟为中心、地区国家广泛参与的区域合作架构，打造了多个“10 + 1”、“10 + 3”、“10 + 6”等合作对话平台，涉及外交、财金、能源等不同领域。其中，“10 + 3”财金合作成果显著，“10 + 3”宏观经济研究办公室（AMRO）已升级为国际组织并提升了经济监测能力，清迈倡议多边进程持续取得进展，“10 + 3”财长及央行行长会议成为加强宏观经济政策协调与财金合作的重要平台。然而，尽管合作机制众多，但合作发展程度不一，合作机制也相对碎片化，总体协调机制效能十分有限。欧盟是推动区域一体化发展的全球先驱和标杆，已建立了包括统一的欧元区、银行业联盟、资本市场联盟、能源联盟在内多个区域一体化实体机制，欧洲一体化建设正在日趋成熟和完善。东亚区域合作可在一定程度上借鉴欧盟的经验，推动区域合作进一步向实体化发展。在此过程中，我应趋利避害，加强与其他国家特别是“10 + 3”各方的沟通与协调，把握好推进区域一体化建设的节奏和方向，最大程度服务我国家利益。

（宋馨）

近期欧盟经济向好情况简析*

2016 年下半年以来，欧盟多项经济指标良好。2017 年三季度 GDP 增速升至 2.6%，通胀率整体维持在 1.5% 左右，失业率不断创近年来新低。此外，欧盟多次上调其增长预期，经济呈不断向好态势。现简要分析欧盟经济近期主要表现及原因，供参考。

一、近期欧盟主要经济指标向好

2016 年下半年以来，欧盟经济持续温和复苏，GDP 增速和通胀率等关键指标均创近年来新高。

（一）GDP 增速稳固上升

尽管受英国“脱欧”、地缘政治局势紧张、暴恐事件等诸多内外部不利因素影响，欧盟经济复苏步伐仍不断加快。2016 年三季度至 2017 年三季度，欧盟 GDP 增速分别为 1.6%、1.8%、2.1%、2.2% 和 2.6%；欧元区 GDP 增速分别为 1.7%、1.9%、1.9%、2.1% 和 2.6%。欧盟主要经济体中，德国 2016 年 GDP 增速为 1.9%，高出过去 10 年平均增速 0.5 个百分点，为 5 年来最高；2017 年前三季度 GDP 增速分别高达 2.1%、2.3% 和 2.8%，增长势头保持强劲。英国 2016 年 GDP 增速为 1.8%，较近两年有所下降。2017 年前三季度，英国 GDP 分别环比增长 0.3%、0.3% 和 0.4%，在公投后英国经济整体保持平稳运行。法国 2017 年前三季度 GDP 环比均增长 0.6%，全年增速预计将达到 1.8%，较 2016 年增长 0.7 个百分点。意大利经济同样实现稳固复苏，前三季度 GDP 同比分别增长 1.3%、1.5% 和 1.7%。

* 本文写于 2017 年 12 月 29 日。

（二）通胀率大幅增长

自2011年底以来，由于国际能源价格下降、欧盟成员国普遍实施紧缩财政政策等诸多原因，欧盟通缩压力不断加大，通胀率持续下行。欧央行在前期措施未实现预期效果情况下，于2015年初实施了新一轮量化宽松货币政策，并在2016年4月份加大量宽力度。此后，欧盟通胀率稳固上升，并在2016年底出现大幅反弹。2016年11月至2017年2月，欧盟通胀率分别为0.6%、1.2%、1.7%和2%；欧元区通胀率分别为0.6%、1.1%、1.8%和2%，仅半年左右便达到欧央行“低于但接近2%”的通胀目标。虽然欧盟通胀率在2017年出现波动，但通胀水平仍维持在1.5%以上。欧盟成员国中，德国、英国和西班牙等通胀率均超过2%。

（三）劳动力市场持续改善

自2013年以来，欧盟劳动力市场持续改善，失业率呈稳固缓慢下降态势。“脱欧”公投后，欧盟劳动力市场未受明显负面影响，失业率缓慢下降趋势得以延续，并持续创下近年来新低。2016年7月至2017年10月，欧盟失业率由8.6%下降至7.4%，为2008年11月份以来最低水平；欧元区失业率由10.1%下降至8.8%，为2009年1月份以来最低水平。其中，欧盟和欧元区青年失业率分别下降2.3个百分点和2.4个百分点至16.5%和18.6%。欧盟主要成员国中，德国失业率降至3.6%，就业人口增至4460万人，为德国统一以来新高；英国失业率降至4.3%，为1975年以来最低，就业率为75.1%，创历史新高。此外，西班牙、希腊和意大利等失业率高企的成员国劳动力市场也有不同程度改善。

（四）财政状况进一步改善

国际金融危机爆发后，欧盟政府债务率逐年升高。但近几年，通过实施财政巩固政策，欧盟各成员国财政状况均进一步改善，财政赤字、政府债务率有不同程度下降。在得到财政援助的8个欧盟成员国中，只有希腊仍在执行受援计划，且预计将于2018年中期退出。政府债务方面，截至2017年二季度，欧盟和欧元区政府债务率分别为83.4%和89.1%，同比分别下降0.4个百分点和1.7个百分点，大部分成员国债务率水平已降至100%以下。政府赤字方面，2016年三季度至2017年二季度，欧盟赤字率分别为1.7%、1.2%、1.1%和1.3%，整体呈下降趋势；欧元区赤字率分别为1.6%、1.2%、1%和1.2%。此外，2017年克罗地亚、葡萄牙和希腊赤字率已结束“过度赤字程序”①，欧盟仅剩法国、西班牙和英国处于“过度赤字程序”。

（五）国际贸易与投资水平温和复苏

为解决欧盟投资疲软困境，欧盟于 2014 年 11 月份启动规模为 3150 亿欧元的“欧洲投资计划”；同时，结合简化投资规则、“单一市场战略”、“欧洲学期”等多项措施以移除投资壁垒，创造有利投资环境。为进一步强化投资力度，欧盟在 2016 年底将投资计划期限延长至 2020 年，并将投资规模扩大至 5000 亿欧元，以加强对欠发达地区和过渡地区的支持力度。截至目前，投资计划项目已覆盖 26 个成员国，项目包括小微企业、科研创新、能源、交通设施等，带动投资规模超过 2250 亿欧元，完成原投资目标约 2/3，超过 44.5 万家中小企业因此受益。2017 年 1—10 月，欧盟国际货物贸易额为 30942 亿欧元，同比增长 9%。其中，出口额为 15497 亿欧元，同比增长 8.9%；进口额为 15445 亿欧元，同比增长 9%。欧元区国际货物贸易额为 34373 亿欧元，同比增长 8.9%。其中，出口额为 18126 亿欧元，同比增长 7.5%；进口额为 16247 亿欧元，同比增长 10.4%。欧盟对美国、中国和瑞士等主要贸易伙伴贸易额分别为 5251 亿欧元、4729 亿欧元和 2179 亿欧元，同比分别增长 3.2%、12.1% 和 0.4%。

二、近期欧盟经济向好的主要原因

（一）外部利好因素增多

1. 全球经济复苏势头超预期

2017 年世界经济复苏进程超出预期。一方面，主要经济体经济呈现稳步复苏，分化现象明显改善，经济复苏格局更为平衡。IMF 最新数据显示，2017 年世界经济增速将达到 3.6%，为 2011 年以来最快增速。此外，全球 75% 的经济体经济增速将加快，为近 10 年来最大范围增长。其中，预计美国 2017 年经济增速将达 2.5%，明显高于 2016 年的 1.6%。而中国增长前景更乐观，IMF 2017 年已连续 4 次上调中国经济增长预期。另一方面，全球贸易和投资迅速回暖。国际金融危机导致全球贸易增速由 2007 年的 7.1% 大幅降至 2016 年的 2.4%，自 2012 年以来，贸易增速已连续 5 年低于经济增速，创 19 世纪 80 年代以来全球贸易增长最长停滞

① “过度赤字程序”：若成员国赤字占 GDP 比超过 3%，或公共债务占 GDP 比超过 60%，且不能按要求削减债务率，欧盟将结合各方面因素决定是否对该成员国启动“过度赤字程序”（Excessive Deficit Procedure），并给予罚款处罚。

期。然而，随着2017年世界经济复苏进程加快、总需求扩大，全球贸易增速显著回升。IMF预计2017年全球贸易增速或增至4.2%。此外，全球FDI也将由2016年的-2%逆转为增长5%。

2. 全球大宗商品价格上升

全球经济持续温和复苏、制造业逐渐走强以及基础设施需求旺盛等因素促使全球大宗商品价格一路上行。而商品价格增长导致制造业成本和服务价格等相应上升，进而推动欧盟通胀率增长。其中，美国WIT原油价格由2016年不到30美元/桶快速上升，并于近期突破60美元/桶；黄金价格自2016年下半年以来持续下挫，但2017年黄金价格稳固上涨，当前价为1278.48美元/盎司；铜价由2016年中期的4850.5美元/吨持续上升至7000美元/吨；2017年镍价一度涨至13030美元/吨，创2015年中期以来新高；钢材价格近期升至550美元/吨。

（二）欧盟内部经济潜力不断释放

1. 欧央行量宽政策改善了市场流动性和融资条件

为应对通缩挑战、促进欧盟经济复苏，欧央行于2015年3月份启动量化宽松货币政策，每月购买600亿欧元公共和私营部门债券，向市场注入大量流动性。但此后欧元区通胀率反复震荡，并未进入上升通道。欧央行于2016年4月份将资产购买规模提升至800亿欧元/月，并将存款利率下调0.1个百分点至-0.4%；主要再融资操作利率下调0.05个百分点至0%；贷款利率下降0.05个百分点至0.25%。在欧央行宽松货币政策作用下，欧元区通胀率持续上升，并一度于2017年2月份升至2%。此外，量宽提供了大量流动性并改善了融资条件，有力地支持了消费和投资增长。自2014年5月份以来，银行对非金融企业、家庭和中小企业贷款利率已分别下调约120个基点、100个基点和190个基点。融资条件显著改善有力地刺激了中小企业快速发展，为欧元区私营部门提供了约2/3的就业。

2. "脱欧"促使欧盟内部更加团结

"脱欧"公投结果公布后，欧盟并未出现分裂迹象。相反，欧盟27国表现更加团结。主要表现有以下几方面：一是在英国正式触发《里斯本条约》第50条款后，欧盟快速出台谈判框架，明确了谈判立场和原则。二是在谈判第一阶段，欧盟在6轮谈判中立场坚定，在公民权利、北爱尔兰边境问题和财务清算问题方面不予让步，导致梅政府面临巨大压力。三是就欧洲银行业管理局和欧洲药品管理局两家驻英欧盟机构迁出一事达成一致。四是法国提出将欧元区升级为更加统一的经济同盟，建立统一预算并设立欧元区财长一职，使欧元区财政联盟更加实体化，这一提议得到德国支持。这一提议若实现，将为欧洲经济一体化注入一剂"强心针"。

3. 欧盟结构性改革取得进展

近年来，欧盟结构性改革取得进展，有力支持欧洲经济复苏，主要表现有以下几点：一是企业和家庭债务水平降至可持续水平。欧元区企业债务占总增加值比已降至危机前水平。欧盟债务水平较高的成员国中，西班牙企业债务占总增加值比由 2012 年的 215% 降至 150%；意大利债务率也在五年内下降了约 30%，回到 2007 年中期水平。同时，家庭债务水平已低于 2008 年中期水平。二是劳动力市场改善带动内需增长。当前，欧盟失业率已降至 2008 年 11 月份以来最低，劳动力结构不断优化，劳动参与率较金融危机前上升 2 个百分点。工资和就业率增长不仅有力提振欧盟个人消费水平，而且带动投资水平提高。自 2016 年以来，投资贡献了近 45% 的 GDP 增长，远高于前几年的 30%。三是欧元区整体经济弹性增强。一方面，欧元区成员国多项经济指标收敛性逐步上升，成员国间 GDP 和就业增长离散性创历史新低。另一方面，系统重要性银行资本率自 2015 年以来已增长 170 多个基点，股权回报率由 2015 年底的 4.4% 上升至 7.1%，资产回报率增长，杠杆率也有所下降。此外，自实施宽松货币政策以来，低利率环境并未对银行业造成明显影响，净利息收入仍保持稳定。

三、几点分析

（一）短期内将保持稳步复苏态势

短期看，欧盟将延续当前稳固复苏态势。主要有以下几点原因：一是全球经济已呈现良好复苏趋势，经济、贸易和投资均有超预期表现。短期内，全球经济良好表现将持续为欧盟注入活力，拉动内外部需求，提振私营消费和劳动力市场，进而支持欧盟经济进一步复苏。二是欧盟内部结构性问题持续改善。内需扩张、工资温和增长，以及成员国积极实施结构性改革等因素推动欧盟劳动力市场进一步改善，失业率不断向危机前水平靠拢；得益于全球经济复苏，欧盟成员国财务状况不断改善，赤字率和债务率不断下降。三是欧央行量化宽松政策将继续为市场注入活力。尽管欧央行决定从 2018 年 1 月份起将资产购买规模削减至 300 亿欧元/月，但购买计划将延续至 2018 年 9 月份。因此，市场仍将获得大量流动性，并具备相对宽松的融资环境。但是，随着美联储再度加息和启动“缩表”计划，英国央行多年来首次加息，其他主要经济体或将纷纷启动货币正常化进程，欧央行也正逐步退出量化宽松政策，近期加息可能性不断增大。多年量宽政策留下的后遗症以及其他经济体货币政策正常化对流动性造成的影响将是欧盟退出量化宽松后面临的一大挑战，若无有效应对措施出台，或将对欧盟复苏进程造成一定负面冲击。

（二）中长期挑战依然严峻

从中长期看，欧盟经济要继续稳步复苏，除地缘政治风险、“民粹主义”抬头、难民危机外，还面临以下几方面严峻挑战：一是全球潜在增长率呈下降趋势。除劳动供给对全球经济增长贡献降低外，劳动生产率增长率从1999—2006年期间的年均2.7%一直降至2015年的1.5%。劳动生产率增速下降主要由投资不足和全要素生产率增长缓慢所致。全球全要素生产率增长率从1999—2006年期间的年均0.9%降至2007—2013年的年均0.1%，此后几乎停滞。欧盟同样面临潜在增长率下降问题。二是欧盟人口老龄化严重，不利于劳动供给并带来沉重社会负担。人口老龄化一方面会减少有效劳动供给，不利于提高劳动生产率；另一方面，也会增加老年人福利支出和医疗保健支出。三是欧洲一体化进程趋缓，欧盟经济协同发展难度加大。后危机时代，受逆全球化思潮、恐怖主义威胁、难民问题、“民粹主义”抬头等问题影响，欧洲一体化进程总体趋缓。同时，由于各成员国发展阶段和水平不尽相同，在欧洲经济一体化进程中获得的红利不同，虽然欧盟内部经济增长分化趋势得到一定缓解，但总体仍呈不平衡状态。

（三）受英国“脱欧”影响有限

作为“黑天鹅”事件，短期内，英国“脱欧”公投的确对欧盟经济造成了影响：首先是直接影响，一方面，对欧洲资本市场造成了一定影响，尤其是股市、欧元汇价等恐慌和下跌；另一方面，加重了相关欧洲银行业已存在的系统风险，尤其是意大利、西班牙等国问题严重的银行。其次，导致欧洲民众和投资者的消费和投资需求以及预期下降，下调经济增长预期，并逼迫欧盟继续扩大实施低息和量化宽松的货币政策。同时，英国“脱欧”也造成国际金融市场动荡和全球股指急挫。中长期看，英国“脱欧”对欧盟经济影响的关键点在于谈判过程中的不确定性及“脱欧”后双边经济关系的确定。目前，英欧双方已结束第一阶段“脱欧”谈判，并取得充分进展，第二阶段“脱欧”谈判将聚焦英“脱欧”过渡期和英欧未来关系。面对欧盟内部诸多诉求，第二阶段谈判将更“焦灼”，英欧双方需就过渡期安排、新贸易协定等事项展开博弈，谈判艰难程度将大于第一阶段。而且，作为欧盟第二大经济体，英国离开将使欧盟经济规模总量下降和在世界经济中的影响力下降；同时，英国金融业在欧盟整个经济产业链中处于极为重要地位，“脱欧”将导致欧洲资本市场的监管机构、资产管理及清算业务等进一步向欧洲大陆转移，可能导致欧盟金融业布局重组，并增强欧盟内部金融监管，这将有利于欧盟建立更加完善的资本市场体系。总体而言，欧盟经济受英国“脱欧”影响有限。

（郭昊　胡振虎）

欧盟结构性改革简析*

近期，欧盟发布结构性改革进展报告显示，欧盟在改善投资环境、稳定财政政策、完善劳动力市场与社保体系、提高竞争力等方面取得一定进展。但是，各成员国改革进展并不一致，差异较大，仍需进一步推进改革。现对欧盟结构性改革进展、趋势作简要分析，供参考。

一、欧盟结构性改革取得的进展

（一）改善投资环境

近些年，欧盟成员国实施的结构性改革措施对推动投资发挥了积极作用，具体包括以下几个方面：

1. 降低贸易投资壁垒

多项改革举措均对消除贸易投资壁垒发挥了积极作用，包括意大利、法国的劳动力市场与教育改革，法国、意大利、葡萄牙和斯洛文尼亚的监管与行政管理改革，波兰、葡萄牙和瑞典的政府采购改革、意大利和斯洛伐克的行政管理改革，克罗地亚、意大利和马耳他的司法改革。此外，法国也已开始实施工业与服务业投资的行政程序简化。不过，降低科研创新融资壁垒与特定行业监管壁垒的进展依然缓慢，特别是服务业、网络产业。

2. 降低不良贷款率

除欧元区单一监管机制外，欧盟和各成员国银行业监管均得到强化，对改善不良贷款管理与处置发挥了积极作用。欧盟不良贷款整体呈下降趋势，成员国平均水平于2016年二季度降至5.45%。公共与私人资产管理公司的成立、额外贷款损失准备金的设立以及债务重组措施的强化监管，推动匈牙利、爱尔兰、罗马尼

* 本文写于2017年3月27日。

亚等6国不良贷款下降。不过，大部分成员国如爱尔兰、希腊、意大利、葡萄牙等10国不良贷款仍处于两位数水平。

3. 拓展融资渠道

欧盟成员国已采取行动，改革股权融资并拓展多元化融资形式，如众筹。奥地利已于2015年出台众筹法规，西班牙、荷兰等4国已通过为机构投资者提供机会拓展中小企业融资渠道。不过，融资渠道和行政程序依然是很多成员国增长与投资的显著障碍，特别是中小企业投资。

4. 推动社会投资

欧洲社会基金对推动劳动力市场政策改革、优化服务业条款、提高公共就业服务质量发挥了积极作用，欧洲投资计划为推动投资发挥了积极作用，比如，为1300个波兰小微企业提供了担保。同时，为全面发挥社会投资作用，欧盟还将制订更多政策工具，吸引更多社会资本投资。

（二）稳定财政政策

欧盟和欧元区的整体赤字和债务率预计将缓慢下降。据欧委会最新预测，欧元区财政赤字2017年预计将继续下降，2018年将降至1.4%，公共债务率预计从2016年的91.5%降至2018年的89.2%。欧委会最近发布了一项声明，呼吁欧元区采取温和扩张的财政政策，并进一步优化财政支出，财政仍有空间的成员国应利用财政资源刺激投资和生产潜力，其他成员国则应继续推进财政整顿。

1. 改善国别财政框架

成员国均在继续努力巩固各自的财政框架。奥地利2017年1月份启用了一项新的平等法案，简化各层级政府间转移支付程序。意大利完成了始于2009年的预算程序和结构性改革。芬兰采取了一项针对财政合规性的严格“遵从或解释”原则。荷兰和瑞典建立了专门的工作组来评估现有财政框架并提出建议。

2. 加强养老医疗制度改革

很多成员国的养老金系统改革缓慢，主要原因是会计能力不足、实际退休率和就业率较低。针对医保系统，各国采取了不同改革措施，包括确保全民都能享受及时、高质量的医保服务，从住院治疗转向门诊治疗，投资于保健宣传、基础护理和综合护理，加强医保系统管理，强化公共集中采购及电子医疗等工具。但是，成员国间医保系统改革步伐不一。

（三）完善劳动力市场与社会保障体制

1. 解决劳动力市场分割

为解决劳动力市场分割问题，很多成员国都对就业保护法规进行了改革。丹麦在改革劳动力市场政策的同时出台了一系列“劳有所得”保障措施，波兰则采取措施减少民法合同的过度使用，法国也于 2016 年 8 月份升级了非公平解雇法规。

2. 改善工资形成机制

为更好地体现生产力发展并提供更好生活保障，成员国正改善工资形成机制，芬兰针对贸易部门工资增长而设计的新工资制订模型，将为非贸易部门工资制订提供参考。比利时工资形成机制已能较好地反映商业周期和生产率变化。

3. 降低劳动力税负

部分成员国，如立陶宛、匈牙利和奥地利都降低了针对低收入人群的“税收楔子”①。不过，大部分成员国的“税收楔子”依然较高，特别是欧元区，这既增加了雇佣成本，又减少了劳动力收入，阻碍了劳动力正常的供需平衡。未来，宜以环境税和资产税取代对劳动力直接征税。

4. 支持弱势群体就业

国际金融危机后，特别是大量难民出现后，欧洲弱势群体就业问题尤其凸显。为此，德国、奥地利和瑞典已实施改革帮助难民融入劳动力市场，爱尔兰和斯洛伐克则通过加强儿童保育提高女性就业率。

5. 提高青年就业机会

欧盟越来越多成员国正改进劳动力市场政策与公共就业服务的综合管理，并加强两者协调性，罗马尼亚国家就业局实施了对青年就业加大支持力度的措施，匈牙利正在改进劳动力市场政策，爱沙尼亚已于 2017 年 1 月份全面开展工作能力提升计划。

6. 提高接受教育与培训比率

很多成员国都在提高教育与培训体系的包容性和质量，葡萄牙成功开展一系列行动以改善教育非公平、降低学业失败并提升居民基础技能，部分成员国正在改进职业教育和培训。

7. 改善社会保障体系

部分成员国采取措施完善劳动力市场服务体系，提供充分社会保障与优质社会服务，马耳他为提高妇女就业率实施了一系列重点针对妇女的“劳有所得”改革措施，塞浦路斯推出了最低工资保障制度。

（四）提升竞争力

1. 增强整体竞争力

① “税收楔子”（Tax Wedge）是 OECD 提出的，是可用于定量估算、比较企业劳动力税费负担变化的结构性指标。根据 OECD（2015）定义，“税收楔子”即政府利用税收手段占有雇员收入的份额，包含政府的福利项目在其中取得的现金收益，体现为雇主实际负担的劳动力成本和雇员实际税后工薪所得之间的差额。即使不以税收名义出现的社保费用，在 OECD 定义中也属于税收范围，起到税收作用。

成员国积极采取措施提升竞争力。芬兰于2016年2月份推出一项竞争力法案，希望将芬兰经济的成本竞争力提高5%；罗马尼亚也于2016年6月份推出了一项“实现有竞争力的罗马尼亚”战略，确定了促进本国经济2016—2020年实现可持续发展的措施。

2. 发展协同经济

部分成员国、地区和城市正在构建协同经济发展框架。丹麦目前正在设计一项全面战略，荷兰和英国已建立旅游业与住宿业协同发展框架，而爱沙尼亚和立陶宛已调整本国城市交通业框架，使之更适应新商业模式。

3. 放宽服务业限制

很多成员国的监管限制阻碍了服务业投资。法国对受管制行业放宽了限制，但改革范围有限；卢森堡2015年对建筑师和工程师放宽了持股和投票权要求，2016年对公共合同免征固定税费。

4. 放宽零售业限制

很多成员国都在放宽对零售业的限制，芬兰和丹麦正计划对零售商选择店铺地址和规模放开限制，但各国改革进展不同，一些成员国甚至计划针对食品行业推出新的限制措施，这将影响外国零售商并阻碍零售业单一市场建设。

5. 支持中小企业

尽管很多成员国都采取了一定的支持中小企业发展措施，如卢森堡推出第四次国家行动计划支持中小企业，法国推出全面简化项目，罗马尼亚对高技术和高需求的行业实行特定税收减免，但中小企业创业和发展的环境仍不甚乐观。由于破产程序冗长昂贵，企业家一旦破产便无法再次创业。

6. 支持出口和企业走出去

很多成员国正在通过经济外交和经济伙伴关系等手段给企业“走出去”提供资金支持。瑞典开始实施新的出口战略，意大利推出创业法案和“商业4.0”战略，对创业企业和创新型中小企业的资本投资实行税收减免。

二、欧盟结构性改革未来趋势

（一）继续改善投资环境并加大公共投资力度

为改善整体投资环境并推动欧洲战略投资基金和其他各项基金项目的实施，欧盟成员国应完善重点领域的战略性政策框架及相关欧盟法规，包括政府采购框架、社会融合[①]、劳动力市场、教育与行政绩效等领域。此外，还应强化执政能力建设，提高行政管理部门的专业知识和技能。国际金融危机期间，成员国公共投资显著下降且仍没恢复至国际金融危机前水平。在推动私人投资的同时，欧盟应推动教育、培训、基础设施和科研创新领域的公共投资。

（二）全面提高生产力以解决收入不均问题

为解决收入不均问题，除税收和社保体制外，欧盟成员国还应通过技能与教育投资、技术转移及资源再分配等措施全面提升各企业、部门及各区域生产力。这些措施将不仅有助于增加工资收入，还将有利于为公共财政减负。

（三）消除监管限制以吸引内部市场投资

为吸引内部市场投资成员国相互投资，欧盟实施了一系列消除投资障碍的改革，不过服务业市场改革进展缓慢。服务部门运转影响整体经济，不仅因其规模较大，也由于服务业与其他部门关系紧密。监管限制依然是持续影响众多成员国服务业投资的重要障碍，限制性的监管要求和繁琐的管理程序将影响商业活力和服务业投资，增加了其他行业的经营成本。为此，欧盟应强化相关改革，消除监管壁垒。

（四）进一步开放政府采购市场

近年，欧盟和各成员国已实施一系列政采框架改革，但政府采购单一市场一体化程度依然不足，且存在各种风险。政府采购程序执行不力依然制约着竞争，比如成员国谈判公开程度差异较大，单一报价的政采合同仍屡见不鲜。政府采购市场仍有待进一步开放。

三、几点分析

（一）结构性问题仍是制约欧洲经济复苏的根本因素

事实上，自国际金融危机后尤其是欧债危机以来，欧盟及欧盟成员国采取积极应对措施。欧盟及成员国从周期性角度认识经济下行的根源并寻找经济下行的

① 2003 年，欧盟在关于社会融合的联合报告中对社会融合作出如下定义：社会融合是这样的一个过程，它确保具有风险和社会排斥的群体能够获得必要的机会和资源，通过这些资源和机会，他们能够全面参与经济、社会和文化生活以及享受正常的生活和正常社会福利。社会融合要确保他们能更多地参与关于他们获得基本生活和基本权利方面的决策。

出路，欧元区诉诸货币政策，大开货币龙头，实施多轮量宽及超量宽货币政策，试图降低经济运行成本，并提振市场信心；成员国实行财政整顿，采取压缩财政支出、降低福利水平、减税等措施，但最终收效甚微，成员国经济仍没有真正走出泥潭。正确认识欧洲经济失衡及全球经济失衡，仅从周期性角度和需求端出发，似乎难以找到真正的根源和出路。周期性和短期下行压力的确是欧洲经济面临的挑战，但这不是根本因素。虽然欧盟成员国国情不同、经济发展水平和阶段不同，但都面临全要素生产率、财政可持续等方面的挑战，突出表现在贸易投资、劳动力市场、管制壁垒、创新等领域的矛盾和问题。因此，促进欧洲经济“强劲、可持续、平衡”增长的根本出路仍是深化结构性改革，提高经济活力和韧性。

（二）欧盟应继续落实 G20 结构性改革共识

2010 年以来，G20 围绕结构性改革作出了许多努力。2016 年，中国接任 G20 主席国后，延续结构性改革成果并加以丰富提高，首次将结构性改革与货币政策和财政政策置于同等位置，在结构性改革“顶层设计”方面取得里程碑式成果，明确了结构性改革 9 大优先领域、12 个指标体系和 48 项指导原则。总体而言，欧盟自 2008 年开始实施的结构性改革基本覆盖了 G20 杭州峰会确定的 9 大优先领域，并取得一定进展。虽然欧盟各成员国改革进展差异较大，甚至部分领域改革成效尚未显现，但欧盟不应放弃结构性改革，还应继续坚决落实 G20 杭州峰会结构性改革共识，并根据欧盟成员国国情丰富结构性改革成果，参考 G20 的一系列指导原则，建立一套符合自身实际的指标体系，在考虑各成员国多样性的同时，更好地指导、评估和监测各成员国结构性改革进展。

（三）中欧应共同推动 G20 结构性改革议程

在 G20 机制下，为推动世界经济复苏，各成员国根据自身特点推出国别增长战略，作出货币、财政、贸易和投资等方面政策承诺，其中三分之二为结构性改革措施，并通过成员国间“同行审议”和互评机制对政策承诺的实施进行监督。中国接任 G20 主席国期间推出《深化结构性改革议程》，这仅仅是一个开始，还需进一步完善顶层设计和具体规划。中国、欧盟及其相关 G20 成员同为 G20 重要成员，也是具有全球影响的重要经济体，双方应继续加强宏观经济政策协调，尤其是财金渠道协调，与国际社会一道，既要在双边层面加强沟通和合作，也要加强多边合作，继续提高 G20 的延续性和有效性，继续推进落实 G20 杭州峰会结构性改革成果，积极引领和推进 G20 结构性改革议程，引导 G20 德国峰会及未来 G20 峰会结构性改革议程，这符合中欧双方乃至世界长远利益。

（宋馨　李明慧　胡振虎）

“欧洲投资计划”进展简析*

自2015年中期正式运行以来，“欧洲投资计划”有效推动了欧盟私营部门对实体经济投资，带动了整个欧盟的就业与增长。2016年12月，欧盟提高了该计划整体投资目标，扩大了欧洲战略投资基金（European Fund of Strategic Investment, EFSI）投资领域并改进了相关机制运行方式。截至目前，“欧洲投资计划”基本已完成最初投资目标的三分之二，将继续为提振欧盟经济发挥重要作用。现对“欧洲投资计划”进展做简要分析，供参考。

一、“欧洲投资计划”基本情况

（一）“欧洲投资计划”的三大支柱

“欧洲投资计划”是容克于2014年11月担任欧委会主席后推出的首个重要经济计划，旨在通过小规模公共资金、改善投资环境以及提供咨询和技术服务来带动私营部门投资，从而满足实体经济投资需求，推动欧盟就业与经济可持续增长。“欧洲投资计划”由三大支柱组成：其一为设立“欧洲战略投资基金”（EFSI），其二为设立“欧洲投资咨询中心”（European Investment Advisory Hub，EIAH）和“欧洲投资项目门户网站”（European Investment Project Portal，EIPP），其三为投资环境改善措施。

（二）运行模式

EFSI设立于欧投行（EIB）内部，由EIB负责其运行。EFSI启动资金由欧盟预算和EIB支付，分别出资160亿欧元和50亿欧元，欧盟成员国本着自愿原则为基金出资。EFSI主要支持基础设施投资项目和中小企业高风险融资，通过为EIB

* 本文写于2017年8月29日。

和欧洲投资基金（EIF）提供信用担保来进行融资，由此提高项目风险承受能力，从而带动私营部门对实体经济投资。根据最初设定的目标，EFSI 应在启动后 3 年内，即至 2018 年中期带动总额 3150 亿欧元实体经济投资。

在欧委会推动下，EIB 和其他合作机构共同成立了 EIAH 和 EIPP。EIAH 由 EIB 负责管理，由欧委会和 EIB 共同提供资金支持，通过与其他专业机构建立合作网络，为项目发起人、公共部门及私营部门提供专业技术支持与咨询，从而帮助项目平稳起步、顺利获得资金并有效运行。通过在 EIPP 上发布项目信息，项目发起人可与投资人有效对接。该中心和网站均已于 2015 年 9 月 1 日开始正式运行。

为完善投资环境来推动投资，欧盟与其成员国采取了多项改革举措消除投资壁垒、推动创新并完善相关法规，包括完善单一市场、简化投资规则、完善国际贸易与投资协议以及通过“欧洲学期”机制对成员国提出结构性改革及财政政策建议等。其中，单一市场完善措施不仅涉及“能源联盟”与“资本市场联盟”的构建，还涉及“单一市场战略”“电子单一市场战略”以及“循环经济一揽子措施”的实施。

二、“欧洲投资计划”最新进展

（一）EFSI 进展顺利，目标提升

1. 有效带动对实体经济投资

截至 2017 年 7 月底，“欧洲投资计划”支持项目已覆盖欧盟 26 个成员国，已带动超过 2250 亿欧元对实体经济总投资，完成了原定投资目标的三分之二，超过 44.5 万家中小企业因 EFSI 带来的融资渠道改善而受益。EFSI 以“第一损失担保”方式支持 EIB 和 EIF 的项目投资，有效提高了两部门对高风险项目的投资力度，从而也有效带动了私营部门投资，由此弥补了实体经济的高风险融资需求。EFSI 通过提供信用担保而实现的项目融资额达 437 亿欧元，其中，EIB 批准的投资项目已达 276 个，出资额达 337 亿欧元；EIF 已与 296 家中小企业签订了投资项目合同，出资额达 100 亿欧元；同时，欧盟成员国的一些开发银行（NPBs）对整体投资的支持份额占三分之一。据统计，EFSI 带动的私营部门投资至少占总投资额的 63%。

从部门来看，EFSI 支持的小微企业项目比重最大，占总投资额的 30%，其次是科研创新项目、能源项目、数字项目和交通项目等，投资比重分别为 22%、21%、10% 和 9%。从国别来看，EFSI 对法国的投资带动收效最为明显，EFSI 直接支持下的融资额[①]达 70 亿欧元，共实现对实体经济总投资 398 亿欧元；其次是

① 主要为 EIB 和 EIF 的出资。

意大利，分别为54亿和384亿欧元（详见附件）。

2. 与其他欧洲基金开展联合融资

在EFSI支持的项目中，近三分之一是与成员国的国家开发银行（NPBs）进行的联合投资。同时，欧委会和EIB的研究报告均认为，EFSI与其他计划的资金来源进行联合融资的潜力巨大，比如“连接欧洲基金”① “地平线2020计划”② 等。开展联合投资不仅可以使EFSI在设计上与法律上与其他基金形成互补，也可以扩大EFSI的投资领域，特别是金融欠发达地区与小型项目，同时，还有助于吸引更多私营部门投资。2016年2月，欧委会与EIB发布有效协同EFSI及欧洲结构和投资基金（ESIF）指导原则。之后，欧委会与EIB共同简化了相关的基金经营规则。后续，还将继续推动EFSI与其他欧洲基金联合投资，合作方式不仅将针对项目，也将针对投资平台与融资工具。

3. 整体投资目标获得提升

在EFSI成功运营一年后，欧委会于2016年9月推出了EFSI2.0计划，建议延长EFSI运营期并扩充其融资能力，希望将EFSI时间跨度延长至2020年，将整体投资目标提升至5000亿欧元并加强对欠发达地区的支持力度，希望欧盟预算和EIB的出资额分别增加至260亿欧元和75亿欧元。随后，该计划在欧盟峰会上获得各成员国支持并于2016年12月获得欧洲理事会批准。根据新计划，欧盟还将通过设定气候友好型项目最低目标来提高EFSI对与气候变化相关政治优先事项的重视。

（二）多项改革措施并举，推助投资环境改善

为改善欧盟投资环境，欧盟采取了多项改革措施，主要包括制订公共会计准则指引、简化投资规则，实施“欧洲学期”经济政策协调机制，对成员国提出结构改革、投资及财政政策建议以及完善国际贸易与投资协议。此外，一系列单一市场完善措施的实施为消除投资壁垒、推动创新并改善投资环境发挥成效，具体包括“单一市场战略”“数字单一市场战略”的实施，“能源联盟”、“资本市场联盟”的构建以及“循环经济”的发展。

1. 实施“单一市场战略”

构建欧盟单一市场目标在于实现居民、服务、商品和资本自由流动。“单一市场战略”主要针对服务和商品市场，与“资本市场联盟”“电子单一市场”“能源

① “连接欧洲基金”旨在通过支持欧洲层面基础设施投资来促进投资与就业，包括运输、能源、数字服务。

② “地平线2020计划”是欧盟科研创新项目和融资工具，预计将在2014年至2020年投入800亿欧元的公共投资并带动私营部门投资。

联盟”“劳动力流动性一揽子措施”形成互补，旨在通过完善制度体系，消除欧盟服务和商品市场的营商壁垒。2016 年至今，欧盟实施的重点措施包括通过简化增值税条例、企业法规并提供政策信息服务等措施来消除中小企业和初创企业的经营壁垒，通过实行“服务护照”① 等措施消除专业服务行业和商业服务行业的跨境服务壁垒，通过欧洲标准体系的现代化改革和欧洲知识产权框架整合来减少贸易壁垒。

2. 构建能源联盟

欧盟构建能源联盟旨在确保能源跨境自由流动以及成员国能源供给安全、经济、可持续。自欧盟于 2015 年 2 月推出“能源联盟框架战略”以来，能源联盟的构建在保障能源供应安全、建立一体化能源市场、降低能源需求并提高能率、加强再生能源利用与开发以及加强绿色能源研究与开发五个方面取得积极进展。实施该战略有助于提高投资环境的可预测性，有效推动了能源项目投资，目前欧盟已启动超过 200 个能源基础设施项目并建立了能源联盟进展评估体系，成员国之间签署了多项电网和天然气管道等能源基础设施互联协议，能源项目已成为 EFSI 支持的第二大领域。

3. 构建资本市场联盟

欧盟构建资本市场联盟旨在实现资本在单一市场的自由流动，欧委会于 2015 年推出《资本市场联盟行动计划》，共包含 33 项行动措施，主要围绕拓宽实体经济融资渠道、为投资者创造机遇、提高金融体系弹性及深化金融一体化四个方面，预计将于 2019 年完成。欧委会 2017 年 6 月公布的进展评估报告显示，该计划实施进展顺利，已完成三分之二的行动措施，为应对新挑战，欧委会就强化资本市场、促进欧盟跨境投资等七个方面②提出新的重点行动计划。这些新措施将对强化资本市场以吸引欧盟内外投资以及改善中小企业和初创企业的融资环境，尤其是创新型产业发挥积极作用。

4. 发展循环经济

欧盟发展循环经济旨在推动欧洲经济现代化和可持续发展，并创造更多就业与投资机会。2015 年 2 月，欧委会推出“循环经济一揽子措施”，涵盖了从设计、采购、生产、消费到废物处理和原材料再利用在内的整个产品生命周期。措施公布至今，循环经济发展取得良好进展，有助于推动欧洲经济现代化与可持续发展，对创造就业与投资机会作用显著。2017 年 1 月，欧委会公布了多项循环经济发展

① “服务护照”是由成员国当局颁发的跨境服务资格证书，用于证明该成员国的服务机构满足被服务成员国的相关要求。

② 七个重点行动计划分别为提高监管效率以推进市场一体化、加强规则均衡性以支持首次公开募股和投资公司、充分利用金融科技潜力、通过强化资本市场提高银行贷款能力和稳定性、强化欧盟在可持续投资领域的领导力、促进跨境投资、支持成员国资本市场生态系统发展。

新措施，其中最重要的一项是与 EIB 共同建立“循环经济金融支持平台”，该平台旨在有效对接投资者与创新者，将有助于私营部门扩大对循环经济创新项目投资。

（三）提供专业技术支持，提升投资意愿

私营部门往往因缺乏对项目的全面认知特别是对项目风险及复杂性的有效识别而降低投资意愿，“欧洲投资咨询中心”（EIAH）和“欧洲投资项目门户网站”（EIPP）的成立对该问题解决发挥了积极作用。通过与成员国开发银行及专业机构的合作，EIAH 为项目推动者和投资方提供了必要的技术支持，如进行独立、透明的可行性研究和评估，帮助项目顺利启动和融资。EIPP 则通过有效对接项目推动方与潜在投资方，成为重要的项目投融资平台。截至 2016 年底，“欧洲投资咨询中心”接受了近 289 个技术支持申请，“欧洲投资项目门户网站”上发布的投资项目达 130 个，投资总额达 500 亿欧元，其中 70% 的项目由私营部门发起。

三、几点思考

（一）推动欧洲经济可持续增长需多管齐下

“欧洲投资计划”为因欧债危机受重创的欧洲经济的复苏发挥了积极作用，有效推动了投资、创新与就业，带动了中小企业和新兴产业的发展。各项主要经济数据表明，欧盟经济正显现持续复苏迹象，且失业率已降至 2009 年以来最低，但欧盟经济仍存在国别经济之间不平衡、国别内部经济结构性矛盾，长期经济增长动力依然不足。因此，一方面，欧盟仍需继续通过推动投资来支持就业与增长；另一方面，欧盟更需要通过继续实施结构性改革来实现可持续经济增长，重点包括完善单一市场建设、改善投资环境、完善劳动力市场与社保体系及落实负责任的财政政策。

（二）“英脱欧”将对“欧洲投资计划”带来一定影响

“英脱欧”谈判结束前，“英脱欧”不会对目前英国已参与的“欧洲投资计划”项目运行产生影响，但随着谈判推进，EIB 和欧洲投资基金将会对英国相关项目持更加谨慎的态度，恐影响“欧洲投资计划”对英投资比重。此外，“英国脱欧”还将对 2018 年后欧洲战略投资基金运作产生影响，形势更趋复杂，增添了更多不确定性。英国占 EIB 资金的 16%，但只有欧盟成员国才能成为 EIB 的股东。作为欧洲战略基金的出资方和管理方，在失去英国这位大股东后，EIB 的投资意愿和能力有可能会降低，从而可能影响整体计划的未来走向。

（三）"一带一路"与"欧洲投资计划"对接有利于实现互利共赢

近年来，中国对欧投资虽然增长迅猛，但占欧洲吸引外资存量的比例不到1%，中国对欧投资增长潜力巨大。2015年6月30日，第十七次中欧领导人峰会联合声明决定，支持"一带一路"倡议与"欧洲投资计划"进行对接。2015年9月28日，在第五次中欧经贸高层对话上，中方宣布将向"欧洲投资计划"出资；同时，双方正式签署《互联互通谅解备忘录》并决定成立中欧投资合作联合工作组，加强双方在投资领域的合作。欧洲实体经济投资需求和中国企业赴欧投资意愿增强成为"欧洲投资计划"和"一带一路"对接的重要基础。"欧洲投资计划"重点支持的投资领域与"一带一路"倡议相契合，双方可在基础设施建设、电力能源项目和数字基础设施领域开展合作，这将促进中欧贸易和投资关系的发展，为双方设备制造行业和建设行业带来新的市场机遇并提高国际通信互联互通水平。

（四）中国可借鉴"欧洲投资计划"风险担保做法

作为"欧洲投资计划"核心，EFSI对撬动私营部门投资成效显著。通过为区域性开发机构提供"第一风险担保"，EFSI有效提高了项目的风险承担能力，特别是中小企业和新兴产业等高风险投资项目的风险承担能力，从而也带动了私营部门的投资意愿，最终促进欧洲经济增长与就业。中国可借鉴欧盟的经验，完善PPP相关制度，或可尝试通过提供"风险担保"的形式来调动私营部门投资积极性，继续提高PPP落地率。同时，欧盟推动单一市场建设，消除投资壁垒、经营壁垒，有利于为投资经营降低成本、促进投资经营。中国正在进行"放管服"改革，或可研究并借鉴欧盟简化行政管理的做法，比如简化增值税税率、为小微企业和初创企业提供政策信息服务，降低企业初创期的经营壁垒和成本。

（宋馨）

附件　　截至 2017 年 7 月 EFSI 带动下欧盟成员国对实体经济投资额　单位：亿欧元

欧盟成员国		EFSI 直接支持下的融资额（主要指 EIB 和 EIF 出资额）	EFSI 带动的对实体经济总投资额
1	法　国	70	398
2	意大利	54	384
3	西班牙	47	332
4	德　国	48	266
5	英　国	32	238
6	波　兰	22	99
7	瑞　典	16	74
8	比利时	12	67
9	葡萄牙	17	66
10	荷　兰	14	61
11	希　腊	12	49
12	爱尔兰	7. 34	41. 34
13	奥地利	7. 06	30. 06
14	捷　克	3. 97	23. 97
15	斯洛伐克	4. 72	16. 72
16	丹　麦	3. 38	14. 38
17	保加利亚	2. 07	13. 07
18	罗马尼亚	2. 5	11. 73
19	立陶宛	3. 21	11. 86
20	爱沙尼亚	1. 07	8. 4
21	克罗地亚	1. 85	8. 95
22	匈牙利	0. 26	6. 52
23	拉脱维亚	1. 78	7. 16
24	斯洛文尼亚	0. 59	5. 49
25	卢森堡	0. 87	3. 57
26	马耳他	0. 11	0. 45
27	塞浦路斯	0. 1	0. 38

欧盟涉华“严重市场扭曲”报告内容分析及对策建议*

2017年12月20日，欧盟委员会发布题为《关于中国经济“严重市场扭曲”：应对贸易防御调查》涉华报告，指出中国经济存在“严重市场扭曲”。同时，《欧盟反倾销调查修正案》自20日起正式生效，欧盟将对华实施更多“双反”调查。为避免其他国家效仿欧盟做法，使我在国际贸易体系中处于不利地位，我应据理力争，通过法律等手段维护自身权益。

一、报告核心内容

欧委会在《欧盟反倾销调查修正案》基础上，针对中国发布国别报告，指认中国经济存在明显的市场扭曲行为。

（一）所谓“严重市场扭曲”定义

《欧盟反倾销调查修正案》中定义“严重市场扭曲”如下：受政府实质性干预影响，原材料和能源等要素价格或成本形成并非自由市场力量作用的结果。“严重市场扭曲”评估标准包含以下要素：出口企业由出口国政府机构拥有、控制、监管或指导；政府干预企业产品价格制订和成本控制；政府对国外供应商采取歧视性公共政策或措施；银行破产法、公司法或产权法等法律法规缺失，政府歧视性或不充分执行相关法律；劳动力市场工资成本扭曲；融资机构须完成公共政策目标或缺乏独立性。

（二）中国经济存在“严重市场扭曲”

报告从交叉的市场扭曲、要素的市场扭曲和产业部门的市场扭曲等三个角度

* 本文写于2017年12月27日。

分析中国经济存在扭曲问题。首先，中国政府仍在资源配置和资源定价上继续发挥决定性作用。社会主义市场经济形式、中国共产党在经济发展中的角色、中央与地方关系、国有企业、金融市场、政府采购市场、投资审查系统等主体关联密切，深刻影响中国经济。其次，中国不同类型的生产要素分配和定价很大程度上仍受政府影响，包括土地、能源、资本、矿产投入、劳动力等。最后，经济扭曲源自中国经济自身特征及生产要素特点，体现在钢铁、铝、化工、水泥等大多数经济部门。自乌拉圭回合谈判结束以来，这些部门承受欧盟对华反倾销调查次数最多。

二、我们的分析

（一）贴上“严重市场扭曲”标签成为欧盟开展对华“双反”调查的重要手段

欧盟一贯采用“双反”调查手段应对贸易逆差来源国。根据此次《欧盟反倾销调查修正案》，若欧委会有证据证明某个国家或经济部门存在“严重市场扭曲”，即有权针对该国进行“双反”调查。为此，欧委会将评估某个国家经济部门市场经济状况，撰写、发布、定期更新报告。换言之，给贸易逆差来源国贴上所谓的“严重市场扭曲”标签，能为欧盟开展双反调查提供“合法外衣”。长期以来，中国一直是欧盟最大贸易逆差来源国。其中，2015 年逆差额达 1800 亿欧元，为 2006 年以来最高值，2016 年为 1750 亿欧元，2017 年 1—8 月，欧盟对华贸易逆差 1087 亿欧元。因此，中国成为首个被欧盟认定为“严重市场扭曲”国家，俄罗斯作为欧盟第二大贸易逆差国，将成为下一个被认定国家。

（二）欧美延续对华贸易救济一贯立场

此次通过实施反倾销调查修正案，加入“严重市场扭曲”概念和“替代国”内容，实质上是欧盟对华开展不公平贸易救济措施的延续。按照中国加入 WTO 议定书第 15 条规定，中国入世 15 年，即 2016 年 12 月 11 日后，将自动获得市场经济地位。但是，欧美罔顾法律规定，拒不承认中国市场经济地位。从欧方看，12 月 4 日，欧盟理事会通过反倾销调查修正案，取消了非市场经济国家名单，但在修正案中引入“严重市场扭曲”概念，12 月 20 日，此修正案正式生效，并将中国作为首个符合“市场严重扭曲”标准的国家，名义上是履行了对 WTO 的承诺，实则换汤不换药，否认中国市场经济地位。从美方看，12 月 6 日，美国向 WTO 提交法律申请书，明确表态拒不承认中国市场经济地位。作为同盟关系，欧美此举有前唱后和之嫌，试图操纵国际贸易规则，迫使 WTO 其他成员国服从欧美标准，将对基于规则的世界贸易体系构成严重破坏。

（三）欧盟发布涉华报告也是欧盟应对经济挑战的权宜之计

一方面，欧盟用“市场扭曲”替代“市场经济地位”，是一种贸易保护措施。近年来，欧洲经济呈稳步复苏态势。从中长期看，欧盟经济要继续稳步复苏，除地缘政治风险、“民粹主义”抬头、希腊债务危机、难民危机外，还面临全球潜在增长率呈下降趋势、欧盟人口老龄化日趋严重、欧洲一体化进程趋缓、英国“脱欧”带来不确定性等多方面严峻的中长期挑战。由于全球化红利没有充分惠及低收入群体，欧盟内部反全球化、反自由贸易思潮频现。为继续巩固欧盟复苏态势、促进内部成员国经济平衡增长，欧盟只能升级贸易防护体系，为落后产业提供一时安慰，实际上并不利于增强产业和国家竞争力。另一方面，新概念的提出也可理解为是对国际法和中国的一种折中与妥协。中国作为欧洲产品销售市场和欧洲企业经营基地的重要性，远大于意识形态上的分歧，中国经济的结构性调整也给欧洲的技术和消费品提供了新机会。欧盟需要获得中方的支持，更期待中国扩大对基础设施项目的投资，以重振投资者对欧洲市场的信心，维持稳定的经济复苏。

三、我们的建议

（一）积极利用 WTO 争端解决机制维权

WTO 反倾销规则中并没有“严重市场扭曲”概念，也没有环境、劳工倾销条款。欧盟单方面提出“市场扭曲”概念，在针对的国家、行业以及“扭曲状况”等方面均具有很大主观随意性，缺乏 WTO 规则的严谨性和客观性。此举或对 WTO 反倾销法律体系造成破坏，增大其法律适用的不确定性。同时，欧盟把所谓“市场扭曲”的标准强加于人、误导企业的做法也有违其法治精神和国际信誉。为此，我应积极利用 WTO 相关法规和贸易争端解决机制，坚决反对欧美对我不公正做法，采取必要应对措施维护我合法权益。

（二）以沟通促合作

中国与欧盟是全面战略伙伴，多年来中欧各领域合作不断深化拓展，双方利益融合、相互依存的程度不断加深。当前，中欧双边经贸关系发展势头良好，且正在从传统货物贸易向服务贸易、双向投资和第三方合作快速发展延伸。在这一转型升级过程中，出现一些分歧摩擦是正常的，应客观理性看待。此外，当前后危机时代的阴霾尚未完全消散，在美国显现单边主义和保护主义倾向的形势下，中欧作为全球最主要经济体，理应更加坚定维护自由贸易和全球化，这对中欧乃至全球意义重大。为此，我应加强与欧盟沟通与交流，利用多双边平台，推进务实合作，以沟通促合作，以合作化分歧。中欧需相向而行，通过谈判协商和正常博弈化解分歧，维护中欧经贸合作的良好势头和中欧经贸合作关系的大局，坚定不移发展自由贸易和全球化。

（三）进一步推动市场化改革

我应继续加快完善社会主义市场经济体制，进一步推动市场化改革，不给欧美对我不公正待遇口实。为此，应进一步理清政府与市场关系，减少政府对市场干预，真正让市场在资源配置中起决定性作用。继续在政府职能、简政放权、商务立法、市场开放和放松管制等重点领域深化改革，推进形成全面开放新局面。其一，推动价格机制改革，形成市场化要素价格形成机制，减少要素价格扭曲。其二，调整产业结构，以市场化、法制化方式处置僵尸企业，推动化解过剩产能。其三，推动国企改革，完善现代企业制度，改进国企法人治理结构。其四，落实产权保护政策，进一步扩大市场开放领域，吸引更多欧美高科技企业投资。

（四）积极推动 WTO 改革

以 WTO 及其前身关贸总协定为代表的多边贸易体制在推动全球贸易自由化便利化、促进各国贸易经济增长等方面发挥了不可替代的重要作用。WTO 是处理当今各国贸易关系的唯一全球性国际组织。WTO 规则为包括中欧、中美等在内的经贸关系发展提供了稳定和强劲的制度保障。为维护中欧、中美经贸关系和双方经济利益，各方都应遵守 WTO 相关规则。我应积极推动 WTO 改革：一是坚定支持以 WTO 为核心、以规则为基础的多边贸易体制；二是维护世贸规则权威性，联合其他成员国继续巩固 WTO 在全球经济治理中的重要地位；三是推动 WTO 机构改革，提高组织效率，加强决策力和执行力；四是赋予上诉机构以审查权，提高争端解决机制效率。

（李明慧　刘猛　郭昊　胡振虎）

英国“脱欧路线图”简析*

2017年1月17日，英国首相特里莎·梅正式公布英国“脱欧路线图”，明确指出英国将脱离欧洲单一市场，力争在两年内完成“脱欧”法律程序，实现“硬脱欧”。同时，英将通过与欧盟建立全新自由贸易协定以促进英欧互利共赢。英国“脱欧路线图”主要内容及相关分析如下，供参考。

一、“脱欧路线图”主要内容

英国“脱欧路线图”共包括12条优先条款，涵盖“脱欧”谈判、司法体系、贸易、安全合作等多个领域，旨在确保英国与欧盟达成符合双方利益的全面自由贸易协定，并在多个领域深化合作伙伴关系。

（一）确保“脱欧”谈判确定性

英国将减少“脱欧”谈判进程中的不确定性，最大程度向企业、公共部门和公众提供确切信息。在废除《欧洲共同体法案》后，英国将以本国法律取代现行欧盟法律条款。

（二）打造更强大的英国

英国将通过以下措施打造更强大的英国。其一，英国将收回司法管辖权，重新控制本国法律体系和事务。其二，加强英格兰与苏格兰、威尔士和北爱尔兰间联系，包括“脱欧”在内的国际事务将由四方共同参与决策，国内市场将建立统一标准和框架。其三，保留英国与爱尔兰共同旅游区。既保留共同旅游区，又维护英国移民系统完整性。其四，建立更平等的英国，确保英国国民得到公平对待。其五，对欧洲移民实施更严格管控，但对高知识、高技术国际人才保持开放。其

* 本文写于2017年1月25日。

六，确保定居英国的欧洲公民及定居欧洲英国公民的权益。其七，基于欧盟法律进一步改善劳工相关法律，保护劳动者权益。

（三）增强英国国际化程度

脱离欧洲单一市场后，英国将趁势将本国打造成全球化程度更高的国家，通过建立全新自由贸易协定加强与欧盟及其他国家贸易合作，并在科研和反恐方面加强与全球其他国家合作。

1. 与欧盟建立全新自由贸易协定

英国将脱离欧洲单一市场，并通过与欧盟建立全新自由贸易协定，使英国最大程度进入单一市场，确保双边货物和服务贸易更加自由。该协定将涵盖部分欧洲单一市场现有条款，如车辆出口和跨境金融服务等领域。脱离欧洲单一市场意味着英国无需像过去那样向欧盟预算上缴大量资金。不过，英国将积极参与特定欧洲项目，并对欧洲经济作出贡献。

2. 推动与非欧盟国家自由贸易

自加入欧盟以来，英国贸易占 GDP 比停滞不前。因此，在确保与欧盟贸易伙伴关系的同时，英国将大力推动与非欧盟国家自由贸易，特别是出口高速增长国家。当前，英国正与澳大利亚、新西兰和印度等国探讨贸易合作相关问题。保持欧洲关税联盟成员身份将阻碍英国与其他国家进行贸易协定谈判，为此，英国将脱离欧洲关税联盟，但将探寻其他途径移除贸易壁垒和达成免税贸易协定，如与欧盟签订关税协定等。

3. 打造科研强国

为将英国打造成全球最佳科研基地，发挥自身科技和学术优势，英国将继续与欧洲合作伙伴就科研与创新开展合作，涉及领域包括空间探索、清洁能源和医疗技术等。

4. 深化反恐和打击犯罪合作

为应对挑战，英国将继续就打击犯罪、恐怖主义与欧盟展开合作，包括执法和情报共享等方面。

（四）有序完成“脱欧程序”

长期处于过渡状态不利于英国和欧盟经济发展，英国将致力于在两年内完成《里斯本条约》第 50 条款程序，并就全新伙伴关系与欧盟达成一致。英国将与欧盟分阶段进行磋商，内容包括移民管制、海关体制、金融服务法律监管框架、刑事司法合作形式等。

（五）建立新型伙伴关系

“脱欧”后，英国与欧洲将达成新战略关系和条约，全新英欧自贸协定将扩大英欧贸易并创造更多就业岗位和财富，同时，安全合作也十分必要，英国武装力量将是欧盟共同防御的重要组成部分。对英国设置惩罚性交易关税的提议将对欧洲其他国家造成严重负面影响。英国可与欧洲在全球范围内自由贸易，英国具有竞争力的税率和政策将吸引全球最好的公司和投资者到英国投资。若英国被欧盟单一市场排除在外，英国可以改变其经济模式的基础。但欧盟将损害其公司在英国超过万亿英镑投资。这意味着欧盟公司不再享有伦敦金融中心的服务，使欧盟每年出口伦敦的2900亿欧元资产置于风险之中，危及许多欧盟公司赖以生存的供应链条，欧盟经济其他重要方面也将受到损害。同时，英国在能源、食品、饮料、化学、医药、农业等方面是欧洲重要出口市场，欧盟经济与英国经济相互依赖，产业合作程度较高。为此，达成互利共赢的合作关系符合英国和欧洲的共同利益。

二、各方反应

英国发布“脱欧路线图”后，市场与官方均出现较大反应。其中，金融市场方面，英镑在公布前日出现大幅下跌后逆转而上，英镑兑美元涨幅超过2.5%。官方渠道方面，美国新任总统特朗普及欧盟领导人也表达了各自看法。

（一）当日英镑兑美元大幅飙升

自2016年6月公投以来，由于梅政府迟迟未出台明确的“脱欧”计划，大量不确定性造成市场信心下挫，英镑持续贬值，截至梅首相公布“路线图”前，英镑兑美元已累计下跌近20%。但此次公布的“路线图”则对市场提供了诸多明确信息：一是英国将完全脱离欧盟，即所谓的“硬脱欧”，退出欧洲单一市场和关税联盟；二是英国将通过全新贸易协定加深与欧盟贸易伙伴关系，并努力与其他国家签订自由贸易协议；三是“脱欧”决议需通过英国上下两院投票通过才能最终生效。“路线图”对市场提供的大量确定性很大程度上增强了市场对英国经济前景的信心，当日英镑兑美元大幅飙升，涨幅接近3%，汇率重回1.24。

（二）欧盟领导人态度不一

欧盟领导人对梅政府计划表示谨慎欢迎。欧洲理事会主席图斯克认为，该计划比以往更“务实”。欧盟与英国谈判的首席谈判官、欧委会前副主席米歇尔·巴尼耶同样对梅首相讲话表示欢迎，承诺将为欧盟争取权益，称“有序退出将是今后伙伴关系的先决条件”。然而，也有部分欧盟成员国态度强硬。默克尔首席经济顾问称欧盟不可能与英国达成梅首相期待的那种协议，将阻止英国试图选择性地获得对己有利的利益，比如尽最大可能进入欧洲单一市场。欧盟对英国必须强硬，以避免其他成员国也仿效英国退出欧盟。欧洲议会议员、比利时前首相居伊·费尔霍夫施塔特警告，如果英国离开欧盟后比留在欧盟过得更好，欧盟绝对不会接受这样的协议。

（三）特朗普支持英国“脱欧路线图”

美国总统特朗普明确表示，支持英国“脱欧”，并认为“脱欧”是“伟大的事件”，美将在英“脱欧”后加速与英达成贸易协定。特朗普于 1 月 23 日签署行政命令，正式宣布美国退出 TPP，这或许意味着特朗普将兑现竞选承诺，使美国贸易政策由多边贸易转向更注重双边贸易，这将有利于英美加强贸易合作。当前，美国政府已准备着手制订美英贸易协定框架，梅首相也将在短期内访问美国白宫，就相关英美经贸关系等重大事项与特朗普会谈。

三、几点分析

（一）“脱欧路线图”对内意在稳固保守党执政地位

自梅首相宣布英国将于 2017 年 3 月底前启动《里斯本条约》第 50 条款以来，一直未就如何“脱欧”阐明清晰政策立场和详细实施计划，在欧洲单一市场和移民等核心问题上也含糊其辞。此外，英国国内“脱欧派”与“留欧派”展开激烈争论，而围绕如何“脱欧”英国内部也存在明显分歧。英国金融界主张以“软脱欧”方式离开欧盟，即在“脱欧”后以放弃部分边界管辖权、有条件允许欧洲移民为代价，尽量保留英国在欧洲共同市场的地位，以继续享有零关税带来的好处。而持“硬脱欧”态度的梅政府则主张，不再以欧盟成员国身份进入欧洲单一市场，同时作为新的平等、独立一方与欧盟重新进行贸易协定谈判。这意味着英欧谈判将在较长时期处于不确定性状态，势必造成本已摇摆不定的市场更加充满不确定性，英国民众不满情绪继续增加，必将对执政党造成不小压力。因此，梅首相适时宣布“脱欧路线图”，一方面是为了减少因不确定性带来的社会分歧及由此引发的不稳定性；另一方面是为了向市场释放英国将与各方加强自由贸易的强烈信号。其核心是通过稳定市场情绪、安抚各方势力，最终稳固其作为保守党领袖的执政地位。

（二）“脱欧路线图”对外意在为英国增加谈判筹码

“脱欧路线图”既包括“脱欧”、脱离欧洲单一市场、不再缴纳欧盟预算、收回司法权等一系列“硬”措施，也有建立全新自由贸易协定、深化科研和反恐合作等“软”措施，让外界对英国“脱欧”计划有了清晰了解。一方面，英国政府认为，若欧盟对英国设置惩罚性交易关税，英国将凭借其低税率和政策将优质公司和投资从欧盟吸引至英国。而且，英国在能源、食品、饮料、化学、医药、农业等方面是欧洲重要出口市场。另一方面，英国是欧洲仅有的两个拥核国家之一，意在彰显其军事实力强大，突出其一直以来在欧洲反恐中的重要作用。英国软硬并施，除向市场提供确定性以外，更多地还是希望通过此举向欧盟施加压力，增加谈判筹码，为英国谋求更多利益。

（三）“脱欧路线图”实施前景仍存在较大不确定性

尽管梅首相公布的“路线图”得到美总统特朗普及市场的部分支持，但最终能否切实地得到贯彻落实仍存在诸多不确定性，有以下两点主要原因：一是英国最高法院最新裁定，梅政府需获得英国议会投票通过方可实施“脱欧程序”，若未获议会投票通过，梅政府将不能与欧盟展开谈判，这意味着主动权在英议会而不是梅政府。二是欧盟或难以接受“路线图”中部分条款，谈判过程将变得十分艰难。梅政府既想脱离欧盟，又试图最大程度进入欧洲单一市场。欧盟势必不会让英国轻易兼得鱼和熊掌，英欧必将展开激烈博弈，谈判进程和结果也将存在较大不确定性。

（四）“脱欧路线图”反映出欧盟当前问题和挑战

梅首相的“脱欧路线图”不仅表明了英国“脱欧”谈判的12项优先条款，也明确指出“脱欧”的主要原因，这些原因也从侧面反映出欧盟当前存在的问题和挑战：一是为追求一致性，欧盟在处理成员国的多样性、维护各国利益上有失灵活性。英国前首相卡梅伦曾尝试通过谈判解决该问题，但在重大事件处理上，英国政府仍未获得与其系统重要性相匹配的权力。二是在欧盟预算方面，失去英国这一主要经济体，欧盟将面临预算缺口问题，这将导致预算相关事项受阻。若欧盟希望维持当前预算规模，其余27个成员国将不得不上缴更多资金以弥补英国的缺口，造成一定财政负担。三是若英国顺利“脱欧”，且与其他国家顺利达成贸易协定，并最终对经济产生正面影响，这或将对欧洲国家传递“脱欧不会对本国经济造成负面影响”信号。这或许会助长德、法等国右翼势力的“士气”，最终演变成“脱欧”多米诺骨牌效应，对欧洲经济一体化进程造成难以估计的冲击。

（郭昊　宋馨）

英国财政部谈英国经济、财政状况及结构性改革*

2016 年 12 月 2 日，财政部国际财经中心周强武主任一行在英国伦敦访问了英国财政部，与英国财政部国际司司长马修·泰勒（Matthew Taylor）以及经济司等相关司局代表举行了会谈，就英国宏观经济形势、英国财政状况、英国结构性改革等问题进行了深入交流。会谈情况如下：

一、英国宏观经济形势

（一）经济增长短期向好，中期趋缓，长期回暖

2015 年，英国 GDP 增速为 2.2%。2016 年前三季度英国 GDP 同比增长 2.3%，英国财政部预计，英国经济 2016 年将成为全球增速最快的发达经济体之一，未来两年呈放缓趋势，未来五年将继续向好。

（二）经济增长动力较强

总体上，英国消费和投资充满活力。从消费看，“英国公投”后消费者信心指数降至低点，但已开始回升并达到历史平均水平，住房消费支出已从 2015 年的 2.5% 增长至 2016 年二季度的 2.9%；从投资看，投资信心景气指数趋好，最新数据显示投资正呈强劲上升趋势，尤其是铁路投资连续好几年增长。

（三）通胀率回升

由于英国实际收入增长和住房消费支出增长，加上原油价格反弹和英镑贬值，

* 本文写于 2017 年 1 月 17 日。

英国通胀率 2016 年下半年上升至接近 1%。英国财政部预计，英国通胀率将在 2017 和 2018 年超过 2% 的目标，并持续至 2019 年底。

（四）劳动力市场表现活跃

英国劳动力市场表现非常活跃，就业率保持在较高水平，2016 年 7—9 月份就业率保持在 74.5%；失业率降至近 11 年最低点，2016 年 7—9 月份降至 4.8%，基本达到充分就业水平。

（五）贸易投资下降，经常账户赤字扩大

英国财政部预计，英国贸易投资将下降，同时经常账户赤字将呈扩大趋势。英国财政部预计，贸易投资将在 2017—2019 年持续下跌。经常账户赤字近年不断扩大，2015 年占 GDP 比重为 5.4%，2016 年二季度增至 5.9%。由于英镑 2017—2018 年将继续贬值，英经常账户赤字也将持续扩大。

二、英国财政状况

（一）财政收支基本情况

虽然英国目前财政状况远强于 2010 年，然而由于 2016 财年上半年税收收入减少以及地方政府支出、公共部门和福利支出增加，2016 财年英财政状况日趋严峻。2016 财年，英国财政支出规模约为 7720 亿英镑，财政收入规模约为 7160 亿英镑。

由于收支失衡压力较大，近些年英国政府采取多种措施平衡财政收支。在税收政策上，英国主要采取了以下两方面措施：一方面，自 2010 年开始，英国将增值税税率提高至 20%，并将消费税税率从 28% 降至 20%，这是英国政府增加财政收入的主要来源；另一方面，英国提高个人所得税起征点，由之前的年收入 6500 英镑提高到现在的年收入 11000 英镑。此外，英国还采取措施促进税收公平、扩大税基和打击逃税和避税。

同时，英国还采取措施优化财政支出结构。英国政府将财政支出部分主要集中在福利、优抚支出上，占总支出比将近三分之一；同时，公共医疗也是主要政府支出，例如新的公共医疗计划，这部分今后将成为公共财政支出重点，并有望得到很大发展。此外，英国联邦财政支出占比高于地方占比，但英国也设置了很多地方支出服务项目，投入地方建设，如地方学校建设，该支出占英国 GDP 的 15%。

（二）公共债务率将提高，赤字率将降低

2016 年，英国公共部门净债务超出历年平均水平，2017—2018 年英国公共部门净债务占 GDP 比将超过 90%。2009—2010 年，英国财政赤字曾一度达到第二次世界大战后最高峰值，占 GDP 比为 10.1%。此后这种趋势一直难以扭转，原因在于英国长期存在大量公共债务。由于采取了一些有效措施，比如将政府支出、福利保障系统支出等财政支出控制在合理范围内，英国财政赤字得到改善，2015 年英国财政赤字降至 4%。英国还将继续采取压缩项目支出等措施使财政收支大约在 2020—2025 年间达到平衡，预计 2020 年底降低至 0.7%，为公路、铁路、科研和住房投资创造空间。

（三）近期相关税收改革计划

英国政府承诺将提高个人免税额，2017 年春季起提高国家最低生活工资和国家最低工资；2020 年削减企业税至 17%，划拨 4 亿英镑用于创新企业投资；建立可持续的公平税收体系，打击逃避税者；2017 年 6 月 1 日起将保险费税提高 2%。

三、英国结构性改革

目前，英国依然存在劳动生产率低、基础设施老化、财政赤字较高、收入不平等、人口老龄化等结构性问题，导致英国经济缺乏长期增长动力。

（一）关于劳动生产率

英国劳动生产率存在两个最大阻碍：一个是生产率差距，另一个是“生产率之谜”。关于生产率差距，主要表现为：英国与其他主要发达经济体之间存在较大的生产率差距，第二次世界大战期间与美国拉开了差距，20 世纪五六十年代又与法、德等国拉开了差距。产生这一问题的原因很多，主要原因是：20 世纪五六十年代，英国政府干预新经济发展，支持国有企业低效率生产，同时对生产效率提高的政策和资金支持不到位。关于“生产率之谜”，指的是英国短期或近期出现生产率提高受阻的状况，却没有很好地应对。出现这种现象有以下几方面主要原因：首先，低成本劳动力的拖累；其次，美国利用价格优势，对英国市场形成打击，特别是在农产品方面对英国的打击较大；最后，英国统计 GDP 的标准没能准确反映生产率变化。随着数字经济发展，英国现有的 GDP 统计标准逐渐变得无效。实际上，出现“生产率之谜”的原因还包括英国自身原因。一方面，由于投资不足，导致创新和技术进步没能推动生产率提高；另一方面，由于规划过于严格、准入标准和要求过高，使商业活动成本变得非常高，同时也使很多企业失去尝试新技

术的机会，拖累整个行业和经济发展。因此，英国虽然有很大发展潜力，但商业和科技却落后于其他发达国家。

英国要有效应对以上问题，切实提高劳动生产率，首先要满足一些前提条件，比如完善经济结构，同时还要继续做好以下几方面工作：

关于教育公平、技能培训等问题。英国拥有先进的教育体系，著名大学研究和创新能力很强，对提高劳动生产率意义重大，但英国民众并没有平等地从中获益，尤其是欠缺高质量的劳动技能培训。英国劳动技能严重缺乏，如不加以重视将导致劳动力市场乃至整个社会不稳定。实际上，英国政府一直在致力于提高教育水平。目前有很多毕业生依然没有足够的知识和技能，文化程度也不够高，他们所拥有的技能与实际工作所需不匹配。直接进入技术类学校而没有上大学的学生需要中等技能，却没有得到很好的培训。原因是很多培训都需要大量投入，而目前这部分投入还存在较大缺口。英国政府一直在致力于高质量的技能培训和学徒培训，但财政投入压力较大。如果公司愿意在技能培训或学徒培训上投资的话，那将在很大程度上缓解政府压力。同时，英国目前存在各式各样的资格考试，庞杂的考试体系令人非常困惑。因此，英国政府将对整个资格考试系统进行大力清理，并开始从源头上梳理整个资格审核体系。

关于就业结构。在英国，很多高技术企业和高端服务业企业难以找到合适的人才。建筑业虽然能吸收很多劳动力，但只能吸纳低技能工人，而金融服务业需要吸纳受过良好金融知识教育的高级人才。因此，英国应继续发展能够吸纳更多高技术人才的高端服务业，而不是一般的服务业。

关于工资制度。英国应设计合理的工资制度，工资水平要与劳动生产率相匹配，工资水平过高不利于提高劳动生产率。

关于营商环境。英国政府一直致力于促进营造更加自由的营商环境。实际上，由于拥有完善的管理团队，很多英国大型公司自身在公司经营和管理方面做得很好。但是，在改善私有投资环境方面，英国依然比其他发达国家做得差些。

关于科技创新。英国一直致力于提高对创新的资金支持，主要针对商业化的科技产品，同时着力引进投资，并特设了科技投资基金。

（二）关于基础设施

英国基础设施，特别是交通设施较为老旧，需要大面积升级改造。英国增加基础设施建设、提高公共产品供应将有助于提高效率、减少浪费，进而提高劳动生产率和促进经济增长。同时，英国也需要制订基础设施建设规划。中国的“一带一路”倡议是一个很好的倡议，能促进沿线国家增加跨境、跨区域基础设施建设，英国政府应借鉴中国做法，制订相应的基础设施建设规划。

从道路、港口等基础设施看，英国地方居民普遍认为，投资于城市中心地段的基础设施建设易造成交通拥堵。因此，应将有限的资金投入地方基础设施建设。今后，英国中央政府将做好以下两方面工作：一方面是为当地政府提供资金，加强地方基础设施建设；另一方面是确保公共部门能吸引私营部门投资，减缓公共部门资金压力。英国政府拓展了很多投融资渠道，确保地方政府可以从中央政府借到一定的资金，然后投入到具有较高价值的地方基础设施建设。

从住房建设看，英国政府近年取得了较大进展，住房供给增加、价格趋稳。自 2010 年以来，英国政府采取多项措施增加住房供给，增加了 70 万套住房，其中包括 27 万套保障房。2015—2016 年，英国住房供给提高了 11%，规模达 189650 套，为近 8 年来最高值。同时，英国住房价格将趋稳。2016 年 9 月，英格兰住房价格同比上涨 8.3%。英国财政部预计，英国住房价格将温和增长，2017 年有望降至 4%。此外，近期英国政府继续加大对住房市场支持力度，比如，2016 年 10 月，英国政府向房地产开发商提供 30 亿英镑住房建设基金（Home Building Fund）用于新房开发；未来 5 年，英国政府将投入 80 亿英镑用于保障房建设；英国财政部最新数据显示，英国政府将新增 53 亿英镑资金用于住房建设。

（三）关于财政赤字

2010 年以来财政赤字居高不下，迫于各方压力，英国政府不得不降低财政赤字。因为税收增加和政府福利支出减少都必须经过议会决议通过，而减少支出不需要议会投票，英国政府最终选择通过主要依靠优化财政支出降低财政赤字，税收手段只是降低赤字的一个辅助手段。从支出看，主要有三个组成部分：比较小的一部分是资本投资，比较大的两部分是日常支出、公共服务系统支出以及福利体系支出。福利方面已略微下降，资本投资方面之前也轻微下降了，但之后又出现回升。因此，英国政府主要聚焦在日常支出和公共服务上，新增了一些促进学校发展的项目。公共服务支出比重增加，而福利和资本投资等小幅下降，公共交通、国内航空服务等领域将大大缩减，并且这些支出也将回归中央政府管理，用于福利的预算也将大大缩减。2015 年，英国税务管理部门有 20 万公务员从事管理工作，2016 年英国税务管理只有 5 万公务员。为提高工作效率，税收管理工作更多是通过书信、电话、网络等大众移动传媒，在减少很多支出的同时也减少了避税行为。此外，由于英国政府一直比较保守地认为，提高税率是非常困难的，公众也一直回避提高税收问题。因此，出于政治选举原因，英国政府决定将其他公共服务领域腾挪出的财政资金优先用于教育和医疗体系支出，也包括国际发展。

（四）继续推动落实 G20 杭州峰会关于结构性改革的共识

英国财政部官员表示，英国高度评价中国 G20 杭州峰会取得的丰硕成果，赞扬中国对推动 G20 议程作出的重要贡献，尤其是结构性改革领域取得的共识。英国将继续支持德国在任 G20 主席国期间推动落实杭州峰会相关成果，并愿意与 OECD 等国际组织合作，将结构性改革这一进程不断往前推进。

（胡振虎　贾静航）

英国智库谈英国脱欧及影响*

2016 年 12 月 1—2 日，财政部国际财经中心周强武主任一行三人在英国伦敦拜会了英国财政部、英中贸易协会和英国皇家国际事务研究所（Chatham House），分别与财政部相关官员、英中贸易协会副主席汤姆爵士、国际货币金融机构官方论坛（OMFIF）研究部主任戴安娜、普华永道会计师事务所合伙人巴里・墨菲、德勤会计师事务所合伙人理查德・唐纳德等 10 余位英国企业代表，以及 Chatham House 国际经济研究室主任宝拉・苏巴齐（Paola Subacchi）等专家就英国脱欧及影响进行了交流。相关情况如下，供参考。

一、脱欧程序

（一）启动脱欧

英方介绍，英国国内特别是政府和议会间对脱欧仍存不同意见，各方围绕谁能最终决定脱欧展开辩论。根据欧盟相关规定，英国脱欧公投成功后，英国政府需向欧盟正式提出脱欧申请，启动《里斯本条约》第 50 项条款①，并将有两年过渡期以便与欧盟展开相关协定谈判。近日，英“留欧派”人士向英国高等法院申诉，表示“公投”仅反映英国人民的意志，其结果不具有法律效力，英国脱欧需

* 本文写于 2017 年 1 月 17 日。

① 《里斯本条约》第 50 项条款规定，任一欧盟成员国均可根据自己国家的宪法条款决定退出欧盟；决定退出欧盟的成员国应就退出意愿通知欧洲理事会，在欧洲理事会的指导方针下，根据《欧洲联盟运行条约》第 218 条第 3 款，欧盟应与该成员国谈判并达成退出协定，协定涉及退出安排及考虑该成员国与欧盟未来关系。该协定在获得欧洲议会同意后，须经特定多数的理事会成员通过才能有效（所谓“特定多数”，是指根据《里斯本条约》中“双重多数表决机制”的规定，英国脱欧需要得到 55% 以上成员国的同意，并且这些同意的成员国需包含 65% 以上的欧盟人口）；自退出协定生效之日起或正式宣布脱欧两年后，里斯本条约将不再适用于脱欧成员国，除非欧洲理事会与该成员国一致决定延长这一期限；脱欧成员国不得参与欧洲理事会的讨论或相关决策。

得到议会授权后才可启动程序。英国高等法院于 11 月 3 日裁定，政府在正式启动“脱欧”程序前需经英国议会批准。随后，英国政府向英国最高法院提出上诉。12 月 5—8 日，英国最高法院就如何启动脱欧程序，特别是启动脱欧程序是否需要议会批准开庭审理，预计将于 2017 年 1 月份作出终审裁决。最终裁决结果将对英国脱欧进程产生重要影响。

如果英国最高法院维持 11 月 3 日的裁决不变，英政府需在议会批准脱欧法案后才能够触发第 50 条款。由于大多数国会议员支持留欧，一旦议会获得脱欧程序话语权，议员可能通过投票等方式阻挠政府启动脱欧程序，英上下两院议员可能会在脱欧谈判启动时间与谈判条件上产生分歧，从而推迟启动脱欧程序。不过，英国财政部表示，即使政府败诉，议会也应该尊重公投结果。

如果英国高院认定脱欧公投的结果已经赋予了英国政府启动脱欧进程的权力，英政府将有望绕开议会，在 2017 年 3 月底正式启动脱欧程序，从而全面展开与欧盟及欧盟国家的谈判。

（二）利益纷争

英专家表示，无论裁决最终结果怎样，英国脱欧恐已无法避免。因此，政府与议会之间争论的实质是“硬脱欧”还是“软脱欧”。“硬脱欧”是指英国彻底从欧盟退出来，英与欧盟通过谈判重新确立双方间的政治和经济关系，包括在 WTO 规则下的贸易关系。“软脱欧”是指通过在移民等问题上的让步，换取英国继续留在欧盟单一市场。如果议会获得脱欧主导权，有可能推动现任首相在谈判时采取“软脱欧”的立场。

反对欧盟内劳动力自由流动是脱欧的主要动机之一，而人员自由流动是单一市场存在的重要前提。12 月 15 日，欧洲理事会主席图斯克重申脱欧谈判三大原则，即四项自由不可分割、权利与义务对等以及“不接到通知不启动脱欧谈判”的原则。欧盟的四项自由包括人员、货物、资本和服务流动自由。专家认为，英国不会同意人口自由流动，欧盟也不会就此妥协，因此英国脱出欧盟单一市场可能性较大。

英专家表示，在与欧盟今后谈判中，英国希望既保持与欧盟成员国的贸易利益，又禁止欧盟移民进入、拒绝承认欧盟法院的权力，即：英拿回权力，又继续享受欧洲一体化好处。对此，欧盟领导人态度较为强硬，表示英国必须允许人员自由流动，才能在贸易方面享有一定自由度。

考虑到目前欧盟尚没有国家启动过第 50 条款，无前例可循，且英国还没提出脱欧申请，英国脱欧将是一个缓慢的过程。

（三）英财政部在脱欧进程中的作用

英财政部表示，无论高等法院如何裁决，财政部都将在 2017 年 3 月底前启动脱欧相关工作。首先，英国政府不同部门正在为与欧盟协商谈判做准备，其中财政部承担了大量分析、研究以及制定谈判策略等工作。其次，英财政部需为英国脱欧提前制定有关劳动力市场、贸易、预算、海关等方面的政策安排。与其他政府部门相比，财政部拥有更多分析专家，他们将为脱欧谈判提供最严密的分析与数据支持。

二、脱欧影响

（一）对英国经济与贸易将产生巨大负面影响

是否退出欧洲单一市场是英国脱欧谈判最核心问题。据初步测算，在最坏情形下，英国 2017 年 GDP 有可能下降 0.8%，失业率或升至 6%。

第一，如果英国决定退出欧洲单一市场，全球贸易格局将发生重大改变。欧盟是英国最大的出口目的地和进口来源地。英国对欧盟其他国家的出口占英国总出口的 44%，从欧盟其他国家的进口占英国总进口的 54%，退出欧洲单一市场将使英国近一半的进出口贸易面临新的壁垒风险，英国需与欧盟各国就贸易配额和市场准入进行谈判。此前，欧盟与 58 个 WTO 国家签订了 36 份合约，退出单一市场会让英国失去进入这些市场的资格，英国还需与 WTO 其他 161 个成员国就关税和产品出口配额等进行重新谈判。不过，英政府表示将致力于达成更多双边贸易协定，这意味着英国很有可能将加强与中国和印度的双边贸易合作，并尽快把建设双边自由贸易区提上日程。

第二，退出欧洲单一市场将对英国金融服务业产生负面影响。根据欧盟现行金融管理制度，位于伦敦的银行机构可向欧盟所有成员国客户无差别地出售金融产品和服务，仅此一项年营业额就达 200 亿英镑，对欧盟实现金融服务顺差 160 亿英镑。退出欧洲单一市场后，部分外资银行很可能不得不重新在欧盟其他成员国设立子公司或分支机构。

第三，脱离欧盟需支付高额财务成本。根据欧盟相关财政规定，英国如果脱离欧盟，有超过 3000 亿欧元的共同支付责任需清算，包括英国以前承诺支付的欧盟预算、各种贷款担保、欧盟在英国境内的各种投资项目、英国先前承诺承担的欧盟委员会 2500 个员工养老金份额约 420 亿欧元等。英国很有可能支付高额费用作为离开欧盟的“分手费”。

第四，退出关税同盟将增加英国商品生产成本，改变商品供应链分工。英国在国外的供应链占最终产品价值的40%，若英国退出关税同盟，将面临产品成本的大幅上涨。以空中客车为例，空客飞机机翼和机轮的制造组装在英国完成，而机身在德国，一旦英国退出关税同盟，这一国际分工方式可能会被颠覆。

（二）对中国与中国企业在英投资可能形成利好

脱欧或将为中国企业在英投资带来利好。中国企业的投资项目主要集中在房地产和基础设施建设领域。英国政府预计，英基础设施缺口高达5000亿英镑，且有加大的趋势。英国政府高度重视基建，最新秋季预算报告显示，基建享有预算分配的优先权。交通设施、英国北部地区基建和数字基础设施是下一步基建的重点。未来一段时期内，将有大批基础设施项目陆续投产，这些项目需要大量专业技术工人参与建设。如果人员自由流动受限，英国基础设施相关领域，特别是建筑行业将面临很大的劳工缺口，基建项目实施或将成为“纸上谈兵”。因此，在英投资的中国公司需从自己的供应链中提供劳动力，以弥补劳动力短缺。

近期，英国政府推出了一系列大规模基础设施建设项目，预计总价高达5000亿英镑，其中包括英国高速铁路2号即HS2项目，其竞标额达118亿英镑，将对中资开放。目前低利率的环境也有利于基础设施项目贷款。

房地产方面，英宏观经济基本面显示近一段时间内英房地产市场仍将处于低迷状态。脱欧将矫正英国房市长期以来的高估值，使其价格回归正常水平，加上英镑贬值因素，中国投资者将迎来英国房地产投资的绝佳时机。

英中贸易协会表示，该协会一直致力于促进英国加强与中国的全方位合作，包括促进英中两国基础设施建设的合作，如为“一带一路”沿线基建项目提供技术支持等，该协会将竭力进行游说工作。

（贾静航　胡振虎）

瑞典学者谈瑞典经济改革*

2017 年 9 月 26 日，国际财经中心周强武主任一行在瑞典斯德哥尔摩会见了瑞典财政政策委员会主席哈利·福莱姆（Harry Flam）、斯德哥尔摩大学国际经济研究所教授约翰·哈斯勒（John Hassler）、斯德哥尔摩经济学院经济转型研究所所长托恩·贝克（Torbjorn Becker）、经济学教授托尔·艾林森（Tore Ellingsen），双方就瑞典经济改革等问题交换了看法。主要情况如下，供参考。

一、20 世纪 90 年代初瑞典宏观经济改革

1870—1970 年，瑞典经济进入高速增长阶段，从欧洲最贫穷国家之一转变为世界上最富裕国家之一，GDP 增速长期维持全球前列。20 世纪 70 年代，瑞典人均 GDP 比 OECD 国家高 25%，比欧盟 15 国高 10%。20 世纪 70 年代和 80 年代，由于瑞典的福利国家模式快速扩张，社会保障不断扩大覆盖范围，劳动力市场僵化，瑞典经济在 90 年代初遭遇严重危机，结构性问题凸显。主要表现为通胀率高企，失业率攀升，边际税率居高不下，营商环境恶化，房地产价格迅速上升，货币加剧贬值，财政赤字不断攀升，公共财政体系几乎崩溃。

瑞典政府与社会公众一致认为，瑞典需要全方面改革以应对危机。1993 年 3 月，瑞典政府任命瑞典著名经济学家林德贝克（Lindbeck）领导成立“林德贝克委员会”（Lindbeck Commission），旨在研究经济改革措施，帮助瑞典经济重回正轨。该委员会提出了 113 项改革计划，涵盖财政、税收、金融、社会保障等诸多方面。

（一）财政政策和货币政策

为有效降低财政赤字，瑞典实施了财政整顿措施，确立了新的财政预算框架，财政预算编制流程由自下而上改为自上而下，赋予议会更多预算决定权。中央政

* 本文写于 2017 年 12 月 20 日。

府和地方政府需设定年度公共预算盈余目标，大幅削减政府开支，并为国家财政支出规定了三年的时限，以确保财政可持续性。瑞典中央银行于 1999 年获得独立地位，以维护币值稳定为首要目标，并设立目标通胀率，以有效应对高通胀。

改革后，政府行为受到了必要约束，为进一步推进市场化改革创造了良好的宏观经济环境和政策环境。

（二）税制改革

1991 年起，瑞典开始实施全面的税制改革，在拓宽税基的同时大幅降低税率，纠正了旧税制造成的诸多扭曲。新税制的主要内容包括：将个人所得税边际税率第一档税率从 90% 下调至 50%，并为个人收入提供税收减免；下调企业税税率一半左右，以减轻企业税收负担；废除赠与税和遗产税。新税制致力于降低纳税人和纳税企业的税负，促进就业，提高企业生产经营积极性，为经济增长增添新动能。

（三）劳动力市场改革

高度组织化的工会和集体工资谈判曾是瑞典福利国家体制的重要部分，这套人为压缩工资空间的僵硬安排扭曲了劳动力市场，限制了私营部门提供就业机会的能力，为公共财政造成巨大压力。改革计划将工资形成机制分散化，最低工资水平通过集体谈判达成，高于最低水平的工资议价与劳动合同的其他细节由雇佣企业与其所属工会协商后确定。同时，改革计划确立了出口行业的优先地位，即企业工资水平不能大幅高于出口行业劳动者工资水平。分散化的工资谈判机制拉大了工资差异，使劳动者收入更容易反映出市场对不同工作技能的需求，劳动力市场的活力重新迸发。

（四）产业政策与公共部门改革

20 世纪 90 年代初的经济危机爆发后，瑞典政府逐步解除了对垄断行业的管制措施，允许出租车、铁路运输、航空、电信、邮政、电力等行业实行私有化。1993 年，瑞典还颁布了新的竞争法，促进公平竞争成为政府的重要职责，为营造竞争市场环境提供了法律基础。与其他欧盟成员国相比，瑞典的产业竞争政策改革较为彻底，私有化程度更高。目前，多数欧盟成员国仍保留对邮政业的部分垄断，约半数的欧洲国家尚未开放电力市场，出租车行业管制仍很普遍。

公共部门改革方面有两项值得关注。一是自 1990 年起政府允许私营部门参与提供公共服务；二是中小学教育改革。政府将教育经费以消费券的方式发放给学生家长，允许家长对学校教育自由选择，促进了公立与私立学校间的自由竞争。

显而易见，20 世纪 90 年代以来，瑞典沿着更加自由化和市场化的方向持续不断进行改革，市场机制成为社会福利体制得以有效运转的前提和基础。

二、瑞典经济改革的成效

20世纪90年代初的改革为瑞典经济强劲增长奠定良好基础，2008年全球金融危机后瑞典经济复苏强劲，增长指标迅速恢复至危机前水平。1994—2007年，瑞典经济增速一直保持在2%—4%，2008年有所下降，2009年开始企稳回升，2014—2016年，瑞典GDP增速连续3年保持在3%左右；失业率从9.5%逐步降至6.5%，其中外来移民失业率约为16%，本国劳动力失业率仅为4%。瑞典是小型开放经济体，2016年出口占GDP比重为44.3%。2016年，瑞典贸易顺差增长4.4%，顺差占GDP的1%左右，货物和服务业出口均表现良好。较为充分的竞争市场环境、发达的信息通信技术和制造业以及更具包容性的福利制度成为瑞典未来可持续增长的主要动力。预计未来瑞典经济增速仍能维持在3%左右。

瑞典历届政府坚定奉行财政平衡政策，坚持“不累积高负债，不把债务压力留给下一代”的准则，在2009年前就实现了财政盈余，并维持至今。2016年瑞典公共财政收入增加近400亿克朗，其中税收收入增加990亿克朗，资本利得税和企业所得税收入大幅增长。目前，瑞典的债务率处于较低水平，公共债务率仅为35%，财政前景良好。

在欧洲国家普遍实行量化宽松政策的背景下，瑞典也实行了扩张性的货币政策和财政政策，包括降低利率、减税、增加信贷等。瑞典经济持续增长主要得益于三方面：一是宏观经济政策致力于营造充满活力的商业环境，鼓励国际竞争，推崇创新，确保经济的开放性和稳定性；二是不断调整与完善劳动力市场结构，提供有效的失业保险，努力为劳动者增加培训与就业机会；三是为民众提供高质量的公共福利服务，包括教育、医疗、养老等。

三、瑞典经济面临的结构性问题

尽管瑞典经济在发达国家中表现亮眼，但也面临一定挑战。一是失业率仍处高位。瑞典的失业率在金融危机时升至10%，目前已经降至7%以下，其中瑞典人失业率已降至3%—4%，而外来移民的失业率仍保持在15%—16%。瑞典的移民主要来自东欧、中东等地区，以难民为主，他们教育水平普遍较低，难以快速融入瑞典劳动力市场。目前，瑞典政府在为难民提供生活保障和住房补贴外，还提供更多受教育机会，以帮助难民提升技能，促进就业。

二是基础教育质量下降。随着私有化进程的推进，瑞典政府放松了对教育系统的监管，导致教育质量显著下滑，教师的收入与社会地位日益下降。瑞典学者普遍认为，政府应立即进行教育体系改革，出台相关政策来提高教育水平，否则瑞典的长期增长将遭遇阻碍。

三是房地产价格增速过快。过去10年中，受移民人口红利增加与福利制度日趋完善等因素影响，瑞典房地产价格上涨超过两倍。如何进一步规范房地产市场，避免房地产价格泡沫，帮助住房价格回归合理水平也是亟待解决的问题。

四是税制结构有待完善。瑞典需进一步完善税制结构，增强税收体系透明度，有序推进私有化进程，以确保经济长期、稳定增长。

（贾静航 周波）

瑞典政府高官谈瑞典养老金体系*

2017 年 9 月 26 日，国际财经中心周强武主任一行在瑞典财政部会见了瑞典财政部、瑞典企业与创新部、瑞典卫生与社会保障部等部委的官员，双方就瑞典养老保障制度等问题深入交换了看法。主要观点如下，供参考。

一、瑞典现行养老金体系

2001 年，瑞典改革后的养老保险制度正式实施，瑞典养老金体系以“缴费确定型”（Defined Contribution）① 为基础，实行现收现付（pay - as - you - go）与部分累积相结合的筹资模式。新养老金体系主要包括三种形式：保证性养老金、收入型养老金（名义缴费确定型个人账户与基金累积制个人账户）、职业年金。

（一）保证性养老金

保证性养老金主要面向无收入和低收入老年群体，通过地方政府税收收入（85%）和国家财政补贴（15%）筹资。凡满 65 周岁、在瑞居住满 40 年者，均可领取全额养老金；居住不满 40 年者，按每年 1/40 比例递减。

（二）收入型养老金

收入型养老金以社会保障税形式征缴，总缴费率为参保人工资和津贴性收入的 17.21%，其中雇主承担 10.21%，雇员承担 7%。收入型养老金由名义个人账户和基金累积制个人账户两部分组成：名义个人账户由社会保险管理局负责将缴

---

* 本文写于 2017 年 12 月 20 日。

① 缴费确定型模式是结合未来的养老负担、基金的保值增值、通货膨胀率、企业的合理负担、现行劳动力市场和工资水平等因素，经过预测，确定一个相当长时期内比较稳定的缴费比例或标准，再根据这个缴费标准来筹集养老保险金，并完全或部分地存入劳动者的个人账户，在劳动者失去劳动能力后，其个人账户中的金额作为养老保险金或养老保险金的一部分。这种模式实质上是“以收定支”。

费额的16%计入其中，作为退休时个人领取养老金的依据，并按照记账利率计息，财务模式上实行现收现付制；基金累积制个人账户由养老基金管理局负责将缴费额的2.5%计入其中，采取政府集中管理与个人选择相结合的管理方式，投资于不同基金以实现保值增值。

为应对人口老龄化的负面影响，瑞典还于2001年构建了自动平衡机制，当预计未来养老金支出低于积累额时，以社会平均工资增长率作为记账利率；当预计未来支出高于积累额时，按照收支缺口比例适度下调记账利率，防止养老金账户出现亏空。

（三）职业年金

瑞典的职业年金和商业保险较为发达，职业年金不具法律强制性，一般由工会与雇主通过集体谈判决定，费率取决于就职行业和参保人年龄，平均费率为工资总额的3%—5%；商业保险则属于个人自愿行为。目前，90%以上的瑞典在职居民参加了职业年金，对高收入者而言，职业年金可以提供较为充裕的退休给付，使职业年金的重要性基本等同于收入型养老金。

（四）退休年龄

瑞典实行弹性退休制，法定退休年龄为65岁，劳动者可以选择在61—70岁之间的任何时间退休。参保人从61岁起可以领取收入型养老金，延迟领取将提高待遇水平。一般情况下，66岁退休领取的养老金比65岁高出9%，67岁退休比65岁高出20%。瑞典还允许参保人在超过法定退休年龄后选择半工半退模式，即每周工作17小时以上，但比退休前至少减少5小时，这样既可以获得全额养老金的一定比例，也可以提高完全退休时经重新计算的养老金水平。这样的激励机制使瑞典的老年人就业率高于大多数欧洲国家。

二、瑞典养老金体系改革

第二次世界大战以后，瑞典实行高税收、高福利的福利国家模式，在一段时间内促进了经济社会的发展。20世纪70年代末，瑞典经济增速明显放缓，人口老龄化问题开始显现，原有养老金制度弊端凸显。高税收严重降低劳动者的工作积极性，高福利造成全社会过度消费并诱发道德风险，福利欺诈和福利依赖现象突出，严重损害了瑞典经济的增长潜力。为此，90年代中后期，瑞典政府对养老保障体系进行了彻底改革，大幅度削减福利水平，由过去的“待遇确定型”改为“缴费确定型”，养老金筹资模式调整为现收现付与部分积累相结合，强化个人缴费责任和义务，并建立个人账户制度，将雇主和雇员缴费全部计入个人账户，实现养老金待遇与缴费完全挂钩，真正做到多缴多得。改革后的养老金体系更加稳定，更具可持续性，人口结构变化和经济波动对于养老金体系的影响大幅降低，民众进入劳动力市场的意愿和储蓄的积极性也随之提高。同时，瑞典政府负担大幅减轻，财政支出更加可持续，经济发展也逐渐回归正轨。

瑞典养老金改革始于 1991 年，瑞典议会成立养老金改革小组，就各政党提出的不同方案进行研判分析，协商制定出一系列养老金改革指导原则，包括以工作对社会的贡献程度为基础、设置相同贡献率、养老金回报与经济增速挂钩、考虑民众寿命变化等。1992 年，瑞典政府推出养老金改革框架，1994 年通过改革细则提案，1998 年通过新《养老金法》，1999 年通过了《养老保险改革法案》，2001 年正式实施新的养老保险制度。

除养老金体系外，瑞典政府为民众提供 50 多种不同类型的福利和津贴，涵盖医疗、失业、生育、育儿等多个方面。较高的就业率而非高税率是瑞典福利体系完善的主要原因。金融危机后至今，瑞典的社会生产力水平有所下降，人口老龄化程度呈逐年上升趋势，考虑到现行税率已处于较高水平，养老金体系的可持续性是瑞典政府首要关注的问题。

三、瑞典养老保险体系的重要作用

瑞典是福利国家的典型代表，是发达国家中健全社会保障体系的楷模。其养老保险制度从诞生至今已有 100 多年的历史，在消除“老年贫困”、促进经济增长方面发挥了重要作用。通过不断改革，瑞典养老金体系基本兼顾了公平与效率，一方面能够确保养老保险发展水平与经济增长相协调，养老金支出得以可持续；另一方面将劳动者的养老金收入与其工资水平挂钩，实现了养老体系的公平性。这样较为完善的养老保险体系有助于促进社会和谐和公平正义，增强社会活力，实现经济包容性增长。

（贾静航　周波）

挪威学者谈挪威宏观经济*

2017 年 9 月 28—29 日，国际财经中心周强武主任一行在奥斯陆会见了挪威国际问题研究所高级研究员阿尔讷·马尔奇奥（Arne Melchior）、奥斯陆大学经济系主任哈沃·马卢姆（Halvor Mehlum）和挪威央行董事会成员谢蒂尔·斯托雷斯莱登（Kjetil Storesletten），就挪威宏观经济等问题深入交换了看法。主要情况如下，供参考。

一、挪威经济总体情况

挪威经济是高度发达的开放型市场经济，是世界上最富裕的发达国家之一，人均 GDP 达 70934 美元，长期位居世界前三。挪威以高福利、高物价和发达的石油经济而著称。

挪威经济很大程度上依赖于自身的自然资源和自然条件。石油天然气产业、航运业、渔业是挪前三位支柱产业。在石油工业兴起之前，挪威靠着先进的航海技术和丰富的渔业、森林和水利资源等优势成为一个中等发达国家。

挪威长期奉行社会民主主义政策，全民信奉平抑贫富差距、消除贫困，构建高税收、高福利国家的理念，国民经济的公有化程度极高。

2011—2016 年，挪威 GDP 增长率稳定在 1%—3% 区间内。2014 年以来，国际油价大幅下跌，挪威经济也经历了大起大落。近年来，挪威政府采取了扩张的货币政策和积极的财政政策；挪威国家石油公司在油价低迷的情况下积极调整经营策略，经历了艰难的转型。当前，挪威经济已从危机中逐渐复苏。综合来看，宏观调控政策在应对危机方面起到了积极成效。近年来国际油价暴跌和剧烈震荡波及挪威国内私人消费需求，导致挪威经济增长降低了约 1%。近期，随着经济复苏趋稳，乐观预期升温，消费需求提振的同时也有利于降低失业率，稳定经济复苏态势。

---

* 本文写于 2017 年 12 月 20 日。

二、挪威经济面临的结构性问题

（一）高福利导致的“逆向选择”

20 世纪初，挪威曾是西欧最穷的国家之一；随着海上油田等资源的陆续开发，到 20 世纪七八十年代，挪威已经成为最富裕的国家之一，同时也是物价水平最高的国家之一。目前挪威最低工资标准是每小时 20 美元，同时工资上限维持在较高水平。

在挪威，高税收伴随着高福利。在挪威，由于社会保障水平极高，很多人宁愿选择不就业。这种鼓励“懒人”的激励制度，不能有效调动受过良好教育群体的积极性，不能有效地“奖勤罚懒”，易导致“逆向选择”和道德风险。因此政府在保障失业人员福利方面的支出往往承担很大压力，各界对此存有争议。

政治上，各政党为了争取选票，增加财政支出、保持（至少不是减少）现有的高福利和保障水平是所有政党的一致选择。如近期的议会选举中，所有政党一致提出政府要提高在公共医疗、教育等方面的支出，没有党派谋求调整易导致“逆向选择”的社保制度，或私有化改革以提升效率。挪威政府即使降低养老金福利水平（如三分之一）也难以有效解决激励问题和人口老龄化的挑战。因此，在挪威，当前政府面临的一大挑战是如何提高公共财政的支出绩效，即如何提高公共部门的劳动生产率。

（二）人口结构问题

过去十几年，挪威人口增长率高于欧盟的水平。主要原因是挪威接收了大量移民。2004 年以来，挪威的移民人数显著增加，约占人口增长的 70%。2009 年挪威的人口增长为 1.98%，近年来有所下降，约为 1.71%。挪威女性普遍生育较晚，选择生两个孩子的家庭比较普遍，但通常不愿意生第三个孩子。2009 年以来的人口下降部分原因是由于经济危机所致，但这一因素的影响并不显著。挪威国家统计局预测，未来挪威将维持较高的人口增长率，高于欧洲的 1.6% 和世界平均水平。

挪威正面临人口老龄化的挑战。若维持现有移民的规模且移民政策不变，预测 2060 年挪威 80 岁及以上人口的数量将增至目前水平的 3 倍。此外，农村地区的人口老龄化现象比城市严重得多。快速的人口老龄化给挪威带来严峻挑战：一是危及养老金的可持续性，二是大幅增加医疗健康方面的财政支出。

挪威的养老金制度也经历了改革，从收付实现制改为现行制度。如继续维持现行养老金水平，当人口老龄化日益严重时，政府要么动用石油基金，要么提高税率。

（周波　贾静航）

挪威政府高官谈挪威石油基金*

2017 年 9 月 28—29 日，国际财经中心周强武主任一行在奥斯陆会见了挪威财政部国务秘书布莱格·布莱特林（Brage Bratlien），与挪威财政部经济政策司、资产管理司、国际经济合作司等部门的司局级官员进行了工作会谈，双方就挪威主权财富基金等问题深入交换了看法。主要内容如下，供参考。

一、挪威石油基金的基本情况

挪威海上油气产业产值占 GDP 比重超过五分之一，原油和天然气出口占挪威货物出口“半壁江山”，油气行业投资占总投资约 30%，为挪威政府贡献近三分之一的财政收入。近海石油工业已成为其国民经济主要支柱。

1969 年以来，挪威在北海先后发现了多处油气资源。由于经济结构、油价下行等因素影响，挪威于 1970 年和 1986 年两次陷入经济危机。为熨平经济波动、为财政赤字融资，更好地管理国家的石油收入，1990 年挪威酝酿设立“石油基金”。挪威财政部表示，作为全球最大的主权财富基金，2017 年 9 月份石油基金资产总额首次超过 1 万亿美元，约为挪威 GDP 的三倍，为世界最大的主权财富基金。

（一）收支管理政策

石油基金有两大收入来源：一是石油出口相关收入，二是基金对外投资所得。挪威财政部是石油基金的所有者，但具体运营由挪威中央银行负责。财政部负责编制石油基金的预算、确定石油基金的投资原则，并提交议会审批。议会负责批复石油基金的预算和石油基金的投资战略。支出方面，石油基金用于弥补财政赤字等预算支出的支出上限是基金总额的 4%。①

* 本文写于 2017 年 12 月 20 日。

① 4% 是石油基金的预期报酬率。最近该支出上限由 4% 调降至 3%。

石油基金的投资全部投向挪威境外。按区域分，约42%在北美、36%在欧洲、18%在亚洲；按资产类别分，62.5%为境外上市公司股票[①]，35%为固定收益资产[②]，2.5%投向未上市的房地产等[③]。石油基金是海外许多上市公司最大的股东。目前持有全球近9000家上市公司的股票，占全球股市市值的1.3%。2016年成为石油基金发展的拐点：基金投资所得超出挪威石油产业工业增加值。过去20年，除2008—2009年外，基金年平均投资回报率在4%左右。预测2017年基金的投资回报率为3%—4%。

近期，财政部出台新规，把非上市房地产投资项目和私募股权投资也纳入了石油基金投资范围。目前，挪威石油基金在中国的投资主要由股票和政府债券构成。

（二）监管和运营制度

挪威议会颁布条例，授权挪威财政部负责基金的管理和运转。财政部每年向议会提交年度报告，并且为挪威央行制定风险管理的相关规定。根据相关法规，石油基金在挪威将永久存在。

为更好管理石油收入，为养老金支出提供资金支持，挪威政府设立石油基金之初制定了相关财政准则，规范石油基金的使用。考虑到宏观经济的周期性，法律规定，经济形势好的年份，石油基金应减少投入；经济形势低迷的年份则可视情况增加开支。当前，挪威财政赤字规模约为GDP的8%，石油基金投资所得可用于弥补财政赤字。挪威财政部负责大部分政策制定和投资决策工作，央行等机构负责政策的具体操作和落实。央行在基金管理方面不具有决定权。

基金运营坚持公开透明的原则，相关管理信息会适时在网上公开发布。根据规定，基金管理要考虑长期可持续性，并适应国际规则。基金的日常管理主要关注所有权、标准制定和风险管理等方面内容。另外，道德委员会负责监管石油基金的资产使用，并向挪威央行提出政策建议。

二、经验借鉴

奉行社会民主主义理念的挪威政府居安思危，有计划地利用油气资源，统筹规划使用当下的巨额石油收益，在储备了能源出口收益的同时，也维持了国内的低通胀和低失业。石油基金的收益不仅在维持挪威高福利社会方面发挥了重要作

① 1998年时股票占比升至40%，2007年升至60%。该份额计划提升至70%。

② 70%为政府债券，30%为公司债券。

③ 2011年第一次投资非上市房地产项目，并规定房地产市场投资占比上限为5%。

用，也为发展后石油时代的新产业奠定了坚实基础。

石油基金的资本金主要来自石油收入。挪威政府制定了严格、理性的投资策略和支出计划。基金主要用作有利于未来发展的投资，每年只允许动用基金总额的4%用于政府支出。4%也是基金的年均回报率，也就是说，政府支出只消费利息，不动用本金。正是因为挪威持有大量投资的本金，当金融海啸使世界股市大跌之后，挪威乘机“抄底”，购买到巨额低价优质股票，让挪威主权基金大幅增值。

以平等、高税收、高福利为核心的社会民主主义理念在挪威各界深入人心。而实现这些理念必须拥有强大的国有经济部门，确保全社会都能享受到相似的生活水平。在确保实现这一目标方面，挪威国有企业发挥了独特的作用。挪威国家石油公司是一家国有企业，挪威建立的石油基金，把巨额石油财富进行长期、理性的投资，使财富可以在未来由全社会分享。

（周波　贾静航）

■ 第四部分

美洲经济

美国在全球经济中的角色：纽带、政策和溢出效应*

近日，世界银行发布题为《美国在全球经济中的角色：纽带、政策和溢出效应》的报告，深入分析了美国与全球经济的关联性、与其他经济体经济周期的同步性、对世界经济的溢出效应，以及世界经济对美国经济的影响等问题。

报告主要内容如下，供参考。

一、美国与世界经济的联系

美国是世界第一大经济体，人口排名全球第三。据估算，美国 2016 年名义 GDP 超过 18 万亿美元，占全球 GDP 的 25%；贸易总额占全球贸易的 11%，银行对外债权占全球对外债权总额的 12%，股市市值总额占全球股市总额的 35%①。20 世纪 80 年代以来，世界其他主要发达经济体在全球产出和贸易中所占份额逐渐减少，美国却始终保持稳定。同时，由于美国持有最多外国资产、外债与国外净资产头寸，美国成为全球最大的债权国和债务国。

美国与世界其他发达经济体、新兴经济体之间的贸易和金融一体化进程日益深化，特别是拉丁美洲和加勒比地区。美国经济发展对与其经贸关系密切的国家具有直接影响。另外，贸易和金融领域高度开放的国家，也间接受到美国经济的影响。

（一）贸易

2015 年，美国贸易总额占 GDP 的 28%，大幅低于世界其他发达经济体的平均

* 本文写于 2017 年 4 月 5 日。

① 在购买力平价的条件下，2015 年美国 GDP 占世界 GDP 的 16%，是世界第二大经济体，而中国是最大经济体，占世界 GDP 的 17%。

水平（70%），但远高于其20世纪80年代的水平（18%）。从2010—2015年贸易额的平均值来看，美国货物进口额占全球货物进口总额的14%，劳务进口额占全球的9%，是世界上最大的货物、劳务贸易国和商业服务贸易国。

进口工业品占比自2000年来稳步下降，但仍占美国进口额的四分之三，其中最突出的是汽车、IT产品和药品。美国超过三分之二的进口制成品来自中国（24%）、欧盟（20%）、墨西哥和加拿大（24%）。

美国是世界最大的出口目的地，全球五分之一的国家将其作为出口对象国。美国是过半拉丁美洲和加勒比海地区新兴经济体最大的出口市场，也是南亚和东亚等新兴经济体的主要出口市场。此外，墨西哥、哥伦比亚、厄瓜多尔和中美洲新兴经济体的经济发展也高度依赖向美国出口。

在贸易自由化时代，美国和其他国家之间的贸易纽带正不断强化。1948年签署的关贸总协定（GATT）和1995年成立的世界贸易组织（WTO）为这一进程提供了多边框架。美国的贸易大部分是在最惠国（MFN）制度下进行的，平均关税税率为3.5%（农产品关税税率5.2%）。除多边协议外，美国还与20个合作伙伴国签订了14项双边或区域贸易协定，涵盖了其32%的进口商品和服务。协定规模最大的是1994年起生效的北美自由贸易协定（NATFA）。美国还通过覆盖其进口33%的普惠制（GSP）和《非洲增长机会法案》（AGOA）为部分新兴经济体提供单方面优惠。

（二）金融市场

美国金融市场与全球市场高度融合。经过2010—2014年的迅速扩张，美国国际收支平衡表规模达GDP的3倍，与其他发达经济体持平。美国仍是外国直接投资（FDI）的最大来源地和接受国。2015年，美国的FDI流入和流出额占世界FDI流量的四分之一。欧盟、日本、加拿大和瑞士为美国FDI的主要来源地，共持有美国FDI资产的90%。欧盟和加拿大则是美国对外投资的最大目的地。拉丁美洲和加勒比地区最易受到美国FDI流入影响，特别是巴西、智利和墨西哥。美国在投资于新兴经济体的资产组合中占有三分之一的份额，这反映了其金融市场的规模和深度。

美元是世界贸易和金融市场上使用最为广泛的货币，也是全球主要储备货币。超过80%的新兴市场债券和50%的跨国银行资金流动以美元计价，除欧洲和中亚地区外，美元是新兴市场跨国银行的第一大流通货币。厄瓜多尔、萨尔瓦多和巴拿马以美元为法定货币；另有其他30多个发展中经济体实施盯住美元的汇率制度。此外，美元也在官方外汇储备中占有很大的份额（63%）。国际贸易和经常账户交易广泛使用美元，占欧洲商品和服务贸易的三分之一、亚洲的三分之二。

（三）大宗商品市场

美国是大宗商品生产和消费大国。近年来，美国再次成为最大的石油和天然气生产国，占全球石油产量的13%。与俄罗斯和沙特等产油国不同的是，美国的石油和天然气产量较为平衡。美国页岩油产能增长较快，2009—2014年产量增长了3倍；美国也成为一个高度灵活的全球石油供应源，可迅速应对价格变化。

同时，美国还是全球最大的生物燃料生产国，产量占全球的42%。出台可再生能源标准（RFS）加速了玉米基燃料生产，这符合2005年颁布的能源政策法和2007年的《能源独立安全法案》要求。

历史上，美国一直是农产品、能源和金属产品的主要消费国。然而，随着中国、印度等新兴经济体的崛起，美国这一地位正在下降。但作为石油和天然气消费量占全球五分之一的国家，美国依旧是这类商品的最大消费国。它还是铝、铜、铅和咖啡等商品第二大消费国。

二、美国和世界经济周期的同步性

（一）经济周期的同步性

美国与其他发达经济体，以及新兴经济体的经济周期高度同步。这部分反映了美国与其他经济体在贸易和金融方面的紧密联系，也反映了全球性波动在同一时期给众多经济体造成相似的经济效应。

由于美国与发达经济体的一体化程度相对更高，美国与发达经济体间经济周期的同步性，比美国与新兴经济体间的同步性体现得更为明显。

（二）周期转折点的一致性

当美国经济处于衰退期时，世界经济周期的同步性尤为明显。但总体上，其他经济体GDP的走势与美国经济周期高度关联。例如，发达经济体与新兴经济体在美国经济扩张时期的平均经济增长率，明显高于其在美国经济衰退时期的增长率。更重要的是，尽管自1960年以来的四次世界经济危机均由各经济体自身问题引起，但都与美国经济衰退时期重叠。

具体来看，1975年的全球经济衰退与美国漫长滞胀时期的开端几乎同步；1982年的世界经济危机中，应对通胀的货币政策引发失业率陡增，美国和部分发达经济体迅速进入衰退；1990年7月，美国经济再次出现下滑，房地产市场萧条，信贷紧缩；2009年的全球金融危机，正是源于美国的次贷危机。这四次美国经济衰退与全球经济危机在时间上基本相符。

美国在2001年和2009年两次经济衰退的研究表明，美国经济周期拐点与包括新兴经济体在内的其他经济体的经济周期拐点基本同步。2008年的金融危机对美国打击尤为严重，而2001年美国经济的温和衰退则是由1999年IT产业泡沫破裂导致。在这两次经济衰退发生的前一年，其他发达经济体与新兴经济体GDP增速也出现0.5%—4%不等的周期性下滑。

高度一致的数据表明，美国经济周期与其他经济体的经济周期高度同步。其中，商业周期的重叠率高达80%，高于金融周期。金融周期主要包括信贷、房地产和证券价格走势的同步性。尽管难以测算美国是否能够主导其他主要经济体的经济周期出现拐点，但最新研究表明，美国经济能够对部分主要经济体出现经济衰退的时点和时长产生实际影响。

三、美国经济对世界经济的溢出效应

总的来看，美国国内经济政策可通过商品市场和金融市场对世界经济产生广泛的溢出效应。例如，增加进口需求和提高生产率可直接和间接地促进贸易伙伴的经济增长。鉴于美国在全球市场占有的份额，美国经济增长将直接拉动全球需求，提高物价水平，进而缓解大宗商品出口国的国际收支压力。而美国金融市场高度发达，对全球金融体系产生的影响更为深远。

除美国国内经济政策、经济增长和金融市场外，美国企业和消费者信心的提振也对全球经济产生广泛影响，成为影响全球经济周期波动的关键因素。反之，美国经济政策的不确定性将影响投资方和消费者预期，进而对全球经济增长产生负面冲击。

（一）经济增长的溢出效应

美国经济增长对世界经济有深远影响。数据表明，美国GDP每增长1%，将在1年后带动发达经济体GDP增长0.8%、新兴经济体GDP增长0.6%以及全球经济增长0.7%。美国投资增长对全球经济增长的拉动效应更大，约为经济增长溢出效应的两倍。北美自由贸易协定成员国加拿大和墨西哥，能够从美国贸易增长的溢出效应中获得巨大利益。

（二）金融市场的溢出效应

美国具有全球规模最大、流动性最高的债券市场和股票市场，美国主权债券利率走势直接反映了全球其他金融市场的状况。此外，美国股票市场溢出效应明显，这使得美联储货币政策和投资者信心成为影响全球金融市场的重要因素。

由于美元在全球贸易和金融交易中的广泛应用，美元汇率走势也对全球经济有显著影响，近几次美元走强都正值全球银行业去杠杆、金融市场收缩、金融危机风险增加，以及新兴经济体增长放缓。自1990年来，尽管以美元计价的私人债务和公共债务规模缩减，但新兴经济体汇率风险仍然较高，尤其是大宗商品出口国，以及金融危机后国际资本大量流入的国家。一旦美元显著走强，持有大量短期美债的发展中经济体将面临巨大的债务、汇率和流动性风险。

（三）货币政策的溢出效应

美联储货币政策对美国经济和全球金融市场都具有明显的溢出效应。金融危机后，发达经济体实行宽松货币政策，资本加速流入新兴经济体。但近期，美联储加息使这一趋势有所减弱，全球利率水平有所提高。美联储收紧货币政策对资本流动的影响也取决于其他主要发达经济体对长期收益率波动的反应，尤其是对货币政策预期的调整。当美国、欧元区、日本和英国国债长期收益率同时升高时，美国收紧货币政策的影响将会扩大。数据显示，美国长期债券收益率每提高1%，将减少新兴经济体资本流入20%—45%，特别是当这些经济体长期收益率同时上升时，发展中国家资本流入将减少约45%。

（四）财政政策的溢出效应

美国财政政策主要通过影响美国进口需求、汇率水平和借贷规模影响全球经济。数据显示，实施规模为GDP的1%的财政刺激，能够在两年后拉动美国经济增长0.7%—1.5%。但是，财政政策的有效性一定程度上也取决于政策实施的环境。

不同财政刺激措施对经济的影响也不同，如减税、增加政府支出或加大基础设施投资等。减税政策的乘数效应取决于减税结构和税式支出的融资来源，企业所得税减税的短期财政乘数略小于1；个人所得税减税的财政乘数在0.3—1.5之间。公共基础设施投资对美国经济短期增长有较大拉动作用，财政乘数在0.4—2.2之间，这是因为公共投资提升了总需求水平，有利于刺激私人部门扩大投资规模和提高生产率。同时，宽松财政政策能在短期内提高进口需求，推动主要贸易伙伴和全球经济加速增长。

对于持有美元债务的经济体来说，美国宽松财政政策引发的美元升值会增加该国金融市场的不稳定因素。此外，财政刺激措施也可能降低美元汇率，特别是财政扩张或导致未来长期美国国债规模增加，推高全球利率水平，阻碍全球经济增长。

（五）市场波动与政策不确定性的溢出效应

金融市场波动和政策不确定性将影响全球投资者对经济形势的判断和长期投

资决策，削弱投资积极性，对经济增长产生负面效应。研究显示，美国股票市场波动性指数每增长 10%，新兴经济体经济增速降低 0.2%，1 年后投资增速降低 0.6%。对发达经济体也有类似影响。

尽管金融市场波动性和政策不确定性不具有相关性，但都将对投资产生不利影响。数据表明，经济政策不确定性指数（EPU）每增长 10%，1 年后将使美国 GDP 增速降低 0.15%，使新兴经济体 GDP 增速降低 0.2%，投资增速降低 0.6%。

四、世界经济对美国经济的溢出效应

在美国经济对全球经济产生重要影响的同时，美国经济也受到其他国家的影响。数据显示，1985—2015 年间，美国经济增长波动的 40% 可归因于全球因素。其他经济体，特别是发达经济体经济增长对美国的经济活动有显著影响。此外，海外资本赴美投资也越来越受到全球经济形势的影响。全球经济对美国经济的溢出效应，主要表现在以下几个方面：

（一）贸易

提振美国出口。2015 年，美国贸易总额占 GDP 的 28%，制造业产出略约为 GDP 的 22%。而美国出口最多的是制造业产品（占美国出口商品总数的 87%），其次是农产品（4%）和石油、天然气、矿产品（2%）。美国大多数商品和服务出口的目的地是加拿大、欧盟、墨西哥和中国，占美国出口总额的 60% 以上。

美国出口密集型产业往往比非出口密集型产业具有更高的生产效率和工资水平。数据显示，1989—2009 年间，出口密集型产业全要素生产率提高了 51%；劳动生产率提高了 10%；工资水平提高了 17%。

（二）全球价值链

深度参与全球价值链。美国公司的出口产品往往带有美国元素并体现“美国制造”的附加值，这与中国、加拿大和墨西哥在化学制品、商业服务和电子产品等领域的贸易合作中尤为突出。2014 年美国出口产品中的进口元器件仅占 13%，远低于其他发达经济体 27% 的平均水平。部分行业中进口产品占生产投入的 20% 以上，包括服装和皮革制品、汽车、电脑和电子产品。

（三）跨国企业

促进美跨国企业高速发展。许多参与全球价值链的活动是通过美国跨国公司在国外进行的。事实上，美国最大的出口企业便是跨国公司，美国约 43% 的贸易活动发生在跨国公司。全球金融危机以来，全球贸易增速放缓，但公司内贸易继续保持强劲增长。

虽然美国跨国公司占美国公司总数的比例不到 1%，但自 1990 年以来，跨国公司贡献了超过三分之一的美国 GDP 增长和超过二分之一劳动生产率增长。数据显示，美国跨国公司在海外直接投资增长 10% 将带动美国国内投资增长 2. 6%。而 2010—2013 年间，在美国经营的外国跨国公司也为美国创造了约 10% 的就业岗位和 19% 的美国出口总额。

（四）金融

双向影响美国金融体系。在过去十年中，美国和其他国家的金融纽带迅速加强，这可能导致双向的溢出效应。其他地区的金融市场变化都会传导至美国金融系统。例如，一些主要经济体风险溢价和产出缺口每提高 1%，会使美国产出缺口扩大 0. 1%—0. 35%。

由于其他主要经济体货币政策仍非常宽松，而美联储已进入加息进程，美元或进一步升值，美元升值不仅将削弱全球其他地区的增长前景，也可能给美国经济增长带来负面影响。例如，如果主要经济体货币政策维持不变，经过贸易加权的美元升值 10%，会在 3 年内将美国 GDP 拉低 1% 以上。

（五）消费与就业

推动美国消费增长。美国大约有三分之一的消费是商品消费，其中约六分之一的消费对象是进口商品。特别是耐用品消费上，进口商品所占份额更大（约 29%），包括家用用品、汽车、休闲用品、服装和鞋类等。此外，美国拥有世界上最多的移民，主要来自墨西哥、中国和印度等地。2015 年，移民为美国贡献了 17% 的劳动力，这一比例在部分地区超过 25%。

五、结论

本文全面阐述了美国在全球经济中所扮演的角色，对美国经济增长、财政政策和货币政策，金融市场和经济政策的不确定性对全球经济的溢出效应进行了定性和定量研究。第一，美国是全球第一大经济体，鉴于其巨大的经济总量及其与全球经济的关系，美国经济主要通过贸易、金融和大宗商品市场等渠道影响全球经济增长。第二，美国商业周期与全球经济周期高度同步。其他国家的经济增速往往在美国经济扩张时期处于较高水平，在美国经济紧缩时期处于较低水平，全球经济自 1960 年以来的四次萧条都正值美国经济严重衰退。第三，美国经济增长、财政政策和货币政策，金融市场和政策不确定性，都将对全球经济产生巨大的溢出效应。美国经济增长 1%，将在 1 年后带动其他发达经济体经济增长 0. 8%，新兴经济体经济增长 0.6%。相反，美国经济政策的不确定性每增长 10%，将使 1 年后美国经济产出减少 0.15%，新兴经济体产出减少 0.2%。第四，美国处在全球贸易和金融体系的中心，美国与其贸易伙伴共同构成了全球范围的供应链。随着美国与其他国家联系日益紧密，双向溢出效应显著增加。

（王虎　贾静航　姚令凯　刘元杰）

从葛底斯堡宣言看特朗普百日新政*

特朗普正式就任美国总统至今已近百日。从上任伊始宣布冻结奥巴马医改、退出 TPP 到颁布“禁穆令”、放松能源和金融管制，特朗普为兑现竞选承诺做了一系列尝试，目前看进展有限。2016 年 10 月在葛底斯堡提出的“对内大刀阔斧推改革、对外有所作为争权益”的百日宣言，大多没能落实。特朗普似正从充满不确定性的“非主流”总统，向着传统的华盛顿政治精英转变。

一、去“奥巴马”化是特朗普执政百日的重要特征

新官上任三把火，特朗普的“三把火”明确指向前任奥巴马的政治遗产。上任首日，特朗普便签署行政令冻结“奥巴马医改”，3 天后又宣布退出 TPP，将奥巴马两大政治遗产彻底废除。金融监管方面，特朗普要求重审华尔街监管规则，宣布将修订《多德—弗兰克法案》这一大萧条以来最全面、最严格的金融监管法案。在气候变化领域，特朗普宣布废除奥巴马关于清洁能源发展和减少碳排放的相关行政令，扩大煤炭等化石能源的开采和使用，并在新财年的预算框架中大幅削减了环保部门支出和对全球气候变化项目的资助。此外，特朗普推出的新政还包括降低监管成本，“每出台一项新监管措施，需废除两条原有监管措施”；重启奥巴马任内否决的石油管道建设；加快基础设施项目的评估和审批；动员福特、英特尔、沃尔玛等大企业加大向美国市场投资等。

二、从组阁到医改，葛底斯堡宣言几无进展

特朗普秉持“商而优则仕”的组阁思路，看重商人的务实主义和谈判能力，强调核心团队的决断力和执行力。但直到其就职一个多月后，15 位需参议院批准

---

* 本文写于 2017 年 4 月 27 日。

的部长级人选才全部通过，创下第二次世界大战以来组阁耗时最长纪录。其中，为使财政部长和卫生部长提名人选获得通过，共和党甚至修改参议院投票规则，而教育部长、劳工部长、陆军部长的提名人选则在重重阻力下主动放弃提名。特朗普非但没能像其在竞选中宣称的促进党派团结，弥合政治裂痕，反而使政局更为分裂，党派对立加剧。

在葛底斯堡宣言中，特朗普宣称将遣返超过 200 万非法移民，暂停从有恐怖主义倾向的国家接收移民。1 月 27 日，特朗普签署“禁穆令”，半年内禁止所有难民进入美国并暂停来自 7 个穆斯林国家的签证发放，激起美国国内和国际社会强烈反响。2 月 9 日，联邦上诉法庭正式宣布支持冻结“禁穆令”。尽管特朗普对“禁穆令”做出了部分修改，但仅有得克萨斯州等共和党主导的 13 个州宣布支持，在全美范围内落实受阻。

宣言中，特朗普明确表示要废除奥巴马医改法案。尽管在上任伊始就宣布冻结奥巴马医改，但替换方案在提交国会表决前因无法在共和党内部获得足够支持而不得不撤回，既暴露出特朗普医改提案思虑不周，也将共和党派系分歧公之于众。美国主流媒体将医改提案被迫撤回定性为特朗普执政以来遭遇的最大挫折。

而特朗普在葛底斯堡主推的税改计划和大规模基础设施投资计划，则更是一拖再拖，至今无任何公开细节。2 月份，特朗普即宣称将在几周内提出“里根时代以来最大的”税改计划，后改口称将在 8 月份推出具体税改方案。基建方面，特朗普仅在国会演讲中提及要求国会支持规模约 1 万亿美元的基础设施投资，但在白宫提交的 2018 财年预算框架中，并无有关基建支出的实施细节。

三、特朗普日趋灵活务实，有回归“正常总统”之势

从雄心勃勃希望大展拳脚，到诸多新政频频遇阻，特朗普不仅要面对来自民主党的压力，还要弥合共和党内部纷争。尽管在国会取得了建党以来最大的多数优势，但共和党内保守派和自由派等不同派系的对立加剧，特朗普本人和主要内阁成员缺乏华盛顿政治经验的劣势逐步暴露。

面对重重压力，商人出身的特朗普展现出较强的适应性与灵活性，不仅开始淡化在移民、全球贸易等领域与共和党主流观点不一致的表态，“反建制”、“反精英”以及首席战略师班农主推的“极端民粹主义”口号也不再提。无论是对俄关系、对北约的态度，还是对美元汇率、进出口银行和美联储货币政策，其立场都较竞选时期有了明显转变，语言和行事风格也日趋正统和务实。特别是在与习近平主席的会晤中，特朗普不再批评中国操纵汇率，并愿在解决朝核问题和促进中美经贸合作中寻找某种平衡，这与其在竞选中强硬抨击中国的立场大相径庭。美国主流媒体普遍认为，特朗普就职一百天来，“已越来越像美国总统”。

四、近期政策出台速度可能加快，不排除为转移国内压力而剑走偏锋

从特朗普胜选开始，美国资本市场的“特朗普行情”不断升温，民意支持率也在1月份就任时达到59%的高点。但随着“禁穆令”等政策引发争议和经济领域进展有限，“特朗普行情”开始退潮，支持率也出现明显下跌，首月支持率仅为42%，执政百日支持率为41%，均为第二次世界大战以来历任总统最低，更远低于其前任奥巴马的64%和63%。

面对竞选承诺与实际进展的巨大反差，特朗普亟须在近期有所动作，既提振士气，又能兑现承诺。特朗普已表示近期将把新的医改方案提交国会投票，财长努钦也表示白宫已非常接近提出税改框架，特朗普或在近期宣布税改原则、税率和初步构想，具体方案争取在年底前获得国会通过。

除了医改和税改，其他潜在的政策选择包括推动一些两党共识较大、阻力较小的政策措施，如在对外贸易方面争取更多权益，以保护美国国内市场和就业。近期副总统彭斯在访韩期间明确表达出修改韩美自贸协定意愿，并称“美国优先”同样适用于韩美自贸协定。或就分歧较大的问题采取折衷方案，如在两党争议较大的扩大基建支出和控制赤字规模上，考虑运用PPP模式动员私人资本，减轻公共支出压力。再如在减税问题上，兼顾白宫、参议院和众议院三方诉求，在白宫和参议院未提出完整方案的情况下或以众议院税改方案为蓝本，加以完善后尽快对外公布。

同时，不排除特朗普在国内复杂政局和民意压力下剑走偏锋，对外有所动作。4月份以来，特朗普已先后在叙利亚和阿富汗发起军事行动，并持续对朝施压。从中东和亚太地缘政治入手，特朗普“对外示强”在一定程度上缓解了内政受阻带来的压力，其民意支持率也在空袭叙利亚后有所回升。在近期提交的2018财年联邦预算案框架中，特朗普不惜削减多个政府部门预算及数百个项目预算来保障国防支出增长，540亿美元的年度增幅创近10年来新高。鉴此，特朗普或将继续坚持对外强硬立场，甚至不排除通过军事行动，为国内推行改革新政争取空间。

五、“稳中向好”的中美关系已成特朗普对外政策最大亮点

尽管在竞选过程中大打中国牌，抨击中国贸易和汇率政策，威胁把中国定为汇率操纵国并施以45%的惩罚性关税，但正式就职以来，特朗普对华立场明显转向，特别是在同习近平主席会晤后，沟通与合作成为特朗普对华政策的主流，两国关系开始步入新的阶段：不仅领导人之间形成了良好的工作关系和个人友谊，还建立了外交安全对话、全面经济对话等四个高级别对话机制，双方在经贸和重

大国际地区问题上的沟通不断深入，中美“百日计划”悄然启动。这种“稳中向好”的中美关系即便放在历任总统上任初期也并不多见。随着元首会晤成果逐步落实和各层级对话陆续展开，结合特朗普年内即将访华，未来双方即使有分歧和摩擦，也很难改变对话与合作的大势。百日以来，中美关系正和特朗普的行事风格一道，从“不确定”转向“确定”，并有望形成更多务实成果，造福两国与世界。

（王虎）

特朗普为何吓唬不了中国*

2月9日，IMF前首席经济学家、哈佛大学教授肯尼斯·罗格夫在报业辛迪加（Project Syndicate）发表题为“特朗普为何吓唬不了中国（Why Trump Can't Bully China）”一文，称中国的命运及其在世界的地位掌握在中国人和中国领导人手中。如果特朗普政府与中国打贸易战，或将加速中国经济和军事发展。与中国打交道最好办法是推出对华更加开放的贸易政策。

美国总统特朗普对战后全球经济秩序稳定性的破坏让许多国家屏息而视。众多评论家都在阐释他对现代自由民主制度中传统领导力和宽容规范的颠覆。

但有些人认为，在混乱和咆哮之下，一个经济逻辑解释了特朗普政府逆全球化的行为。根据这一观点，美国将赋予中国更多优势，将有一天美国人会因此而后悔。经济学家倾向于认为美国放弃全球领导者的角色将是一个历史性的错误。

美国反全球化运动的根基远比被剥夺权利的蓝领阶层要深。例如，一些经济学家反对跨太平洋伙伴关系协定（TPP），认为其将损害美国工人阶层利益。事实上，TPP对日本市场的开放程度及影响远超美国。拒绝TPP只会加大中国在太平洋地区的经济主导地位。

美国的民粹主义者灵感或许来自于汤玛斯·皮克提（Thomas Piketty）的著作①，似乎对于全球化已经使中国和印度亿万赤贫人口融入全球中产阶级的事实无动于衷。自由主义观点认为亚洲的崛起使得世界更加公平和正义，在这里一个个体的经济命运不再依赖于他们的出生地。

一个更加愤世嫉俗的观点认为，过度坚持全球化为美国播下了对其自身政治和经济造成破坏的种子。特朗普主义正是利用这种观念。一些人认为特朗普推动

---

* 本文写于2017年2月10日。

① 汤玛斯·皮克提，法国经济学家，巴黎经济学院教授，专注于研究收入与贫富不均问题。他在其2013年的畅销书《21世纪资本论》（Capital in the Twenty - First Century）中讨论了对过去250年的财富集中与分布的研究。他认为由于发达国家的资本回报率始终高于经济增长率，这将导致财富不均逐步扩大。因此提出通过征收全球性财产税来进行财富再分配以解决这个问题。

新政，目的不仅仅是将就业带回美国，而是创建一个能延续美国统治地位的体系。特朗普的口号是“我们应关注我们自己”。不幸的是，这样的态度，很难看出美国将如何维护使美国在几十年来受益颇多的世界秩序。毫无疑问，美国是现代秩序大赢家：世界上没有哪个大国像美国一样富有，也没有哪个国家的中产阶级像美国一样富足。

民主党总统候选人桑德斯的观点是对的，丹麦是一个宜居之地，丹麦政府做了很多正确的事情。然而，丹麦是一个仅仅拥有560万人口且同质化程度很高的国家，对移民的容忍度很低。不管是好是坏，全球化的“火车”早已启程，有人认为可以将其掉头的想法过于天真。目前，特朗普政府与中国只有些许争吵，其贸易保护主义的言论更多用在墨西哥身上。虽然特朗普指责北美自贸协定，但其可能对美国贸易和就业只有适度影响。特朗普一直试图羞辱墨西哥，要求墨西哥支付修建边境墙的费用，犹如墨西哥是美国的殖民地。

美国破坏与其拉美邻居的关系的做法是不明智的。短期内，墨西哥当局会十分强硬，但长期看，特朗普主义通过鼓励反美情绪将削弱其他领导人对美国利益的支持。

如果特朗普政府尝试对中国使用类似粗暴的策略，必将遭遇不测。中国拥有金融武器，包括数万亿美元美国国债。破坏美中贸易可能导致诸如沃尔玛等美国民众惯以依赖的超市价格大幅上涨。

美国无法赢得对中国的贸易战，任何胜利都将得不偿失。美国需努力与中国谈判，保护美国在亚洲的盟国，并与中国共同应对朝鲜问题。获得这些筹码的最佳办法是，特朗普推出对华更加开放的贸易政策，而不是破坏性的贸易战。

（彭慧）

美新任财长努钦主要政策主张简析*

2月14日，史蒂文·努钦（Steven Mnuchin）宣誓就任美国第77届财长。作为特朗普核心幕僚，努钦将从推动税制改革、放松金融监管、加强基础设施建设等方面入手，全方位服务于特朗普“美国优先”（America First）的政策目标，力争使美国再次伟大。努钦主要经济政策主张及我们的分析如下，供参考。

一、努钦其人

努钦现年55岁，出生于纽约，拥有耶鲁大学经济学学士学位。曾任职高盛集团17年，是高盛集团的合伙人。后创建沙丘资本（Dune Capital），任主席兼首席执行官。曾参与创建OneWest银行集团，任集团主席和首席执行官。在债券市场、货币市场、债券交易等方面具有广泛和丰富的经验。在特朗普竞选总统期间，任竞选团队金融委员会主席和高级经济顾问，是特朗普竞选团队的核心成员。

二、主要政策主张

努钦近期，特别是在其提名听证会上，较系统地概述了其主要政策主张，指出未来美国的经济政策重点将是创造就业，减少税赋，放松管制，加强基建，强化贸易，支持美元走强，促进美国家庭富裕，最终实现使美国再次伟大的目标。

（一）推动税制改革

将继续由美国国内收入署（IRS）负责税赋收缴工作，美财政部将加强对IRS工作的监管；强化对海外美国企业的征税工作；简化税制，提高税收政策的有效性；将公司税从30%降到15%，阻止美国公司将利润转移至海外；减免小微企业

* 本文写于2017年2月15日。

不必要的税赋，促进其发展；降低中产阶级税负。强调将尽可能避免因减税而增加财政负担，并控制财政赤字规模。

（二）放松金融监管

放松金融管制，加强金融市场信息建设，营造一个安全的金融市场运行环境。努钦认为《多德—弗兰克法案》过于复杂，阻碍了银行信贷，将废除法案部分内容。努钦支持沃克尔规则①，但要对沃克尔规则进行更详细的定义，使银行更清楚什么能做、什么不能做。

（三）建立基建银行

特朗普政府将推出美国版的“四万亿”美元计划，以支持基础设施建设。努钦将全力协助落实特朗普基建计划，包括推动筹建专业的基础设施建设银行。

（四）支持美元走强

努钦认为，美元走强是大趋势。长期而言，强势美元非常重要，可以提升美元购买力；但短期而言，强势美元或将对贸易造成负面影响。

（五）转向双边贸易

美国贸易重点将从多边转向双边；相关贸易政策将充分反映“美国优先”的政策目标；将积极与主要贸易伙伴展开双边谈判和合作。将重新与墨西哥商议北美自由贸易协定（NAFTA）的有关条款，实现两国贸易双赢。

（六）打击汇率操纵

美将与国际货币基金组织（IMF）、七国集团和二十国集团等多边机制合作，严厉打击汇率操纵行为；将在必要时改变财政部评估汇率的步骤；将认真审视中国操纵汇率问题；努钦指出 IMF 等机构并未有效阻止各国操纵本币汇率。

（七）加强与中国合作

将从贸易、经济、国家安全等全局角度看待中国；加强与中国的合作，进一步深化美中双边合作关系。

① 沃克尔规则以美联储前主席沃克尔命名，是《多德—弗兰克法案》三大核心内容之一。

三、几点思考

（一）美新财长面临多重挑战

努钦是特朗普最重要的内阁成员之一，是特朗普政府在税制改革、金融监管等国内外经济政策制定中的关键人物。作为新一任财长，努钦将面临多重挑战。短期看，美国政府债务上限将于 3 月 15 日到期，或将引发新一轮违约风险，需加强与参众两院的沟通协调，避免违约发生；特朗普一些贸易政策与 G20 有关反对贸易保护主义的共识极不相称，努钦需在 3 月份德国 G20 财长会议期间为美相关政策辩解。中期而言，将面临协助特朗普如何全面展开新政、如何处理遭废弃的奥巴马政府相关政策和法案等挑战；其如何推动新的税改和医改等也将面临前所未有的困难。

（二）仍不完全排除将中国列为“汇率操纵国”可能

美财政部认定一国是否为“汇率操纵国”有三个条件：对美贸易顺差超过 200 亿美元、经常账户顺差超过 GDP 的 3% 和持续干预外汇市场。以此标准，中国目前只符合其中一项，似乎将中国列为“汇率操纵国”的可能性并不大。但努钦表示，在必要时将改变财政部评估外国汇率问题的步骤和方法，我仍有可能被列为“汇率操控国”。因此，我相关部门仍需提前做好预案，妥拟反制措施。

（三）加强与美新财长的沟通

中美是世界最大的两个经济体，加强两国财政部门的交流与合作，就两国、区域和全球层面的经济政策展开协调，不仅有益于两国，也有益于区域和世界。中美两国财政部门自 1979 年开启中美经济联委会（JEC）对话机制以来，对话的广度和深度不断得到加强，对话的渠道也得到拓宽，特别是近 10 年开展的战略经济对话，已成为两国加强合作、管控分歧的有效机制，为中美关系的整体改善和发展做出了积极贡献。尽管特朗普上台为两国经济对话带来了新的不确定性和困难，但两国财政部门仍需迎难而上，积极探讨构建新的对话管道，在双边和多边领域开展务实合作，助力中美关系的发展。

（陈霞　彭慧　姚令恺）

耶伦谈美联储货币政策取向*

2017 年 1 月和 2 月，美联储主席耶伦分别在加州联邦俱乐部和斯坦福大学演讲，并出席参议院金融委员会听证会，较系统地介绍了美联储的货币政策目标和已取得的成果。耶伦认为，2017 年美国经济将温和扩张，货币政策将适度宽松，强调货币政策没有预设模式，联邦公开市场委员会将针对未来各种不确定性，做出最适宜的货币政策决策，渐进式加息仍是审慎合理选项。

一、美联储已接近实现就业和通胀双重目标

近年来，美联储在实现就业和通胀双目标上成果显著。

第一，劳动力市场显著改善，处于或接近充分就业。美国近 7 年来新增工作岗位约 1550 万个，2016 年平均月增就业人口 18 万人，高于长期可持续就业人口增速 7.5 万—12.5 万人/月阈值。2017 年 1 月份失业率 4.8%，比 2010 年的最高值低 5 个百分点，处于联邦公开市场委员会预测的长期正常水平范围。工时利用率指标显著提高。薪酬增速有所改善。尽管劳动参与率和就业率仍低于 10 年前，但周期性不利因素已大幅消失，目前主要是人口老龄化等长期因素影响就业市场。美国失业率已接近长期正常水平。

第二，劳动力市场的持续改善伴随着经济活动进一步温和扩张。2016 年美国实际 GDP 年增长率 1.9%，与 2015 年持平。随着收入稳步增加，家庭金融资产和房产增值，在低利率的支持下，消费者支出继续健康增长。尽管 2016 年商业投资较疲软，但近期商业投资意愿明显提高。房地产业近季度继续温和上涨。

第三，通胀率接近 2% 目标值。2016 年个人消费支出（PCE）物价指数同比增长 1.6%，核心 PCE 同比增长 1.75%，接近美联储的 2% 通胀目标；CPI 同比增长 2%，核心 CPI 通胀率 2.25%。早期能源价格和非能源进口商品价格大幅下跌对通

* 本文写于 2017 年 3 月 3 日。

胀的不利影响正在消退。除非未来油价和美元汇率大幅波动，否则在强劲就业市场支持下，通胀率将在 10 年内超过 2%。

二、货币政策仍将适度宽松

美国经济并未过热，预计 2017 年货币政策仍将适度宽松。

首先，劳动力市场并未过热。原因一，某些岗位人才紧缺是健康的劳动力市场正常表现，市场整体并未出现用工短缺。原因二，小时薪酬的平均增幅仍较小，且劳动力市场增速明显放缓。例如，失业率在 2014—2015 年下降 1.75%，而 2016 年仅下降 0.25%。原因三，尽管就业市场紧缩会带来工资上涨压力，推高核心通胀率，但当失业率低于长期正常水平时，核心通胀率只小幅上扬。原因四，随着各国货币政策逐渐收紧，美国出口将持续减少，经济增长不会大范围明显提速。

其次，整体经济并未过热。制造业资本利用率仍低于历史平均水平。更重要的是，尽管核心通胀率逐渐从低点回升，但其诱因主要是美元从弱势回归，而非资本利用率提高。美国的劳动生产率增长仍很缓慢。近 6 年劳动生产率平均增速 0.5%，近 10 年平均增速 1.25%，而金融危机前 30 年平均增速超过 2%。生产率增长对美国经济发展意义重大，每年 2% 的生产率增速意味着生活水平每 35 年翻一番，即儿女们的生活水平可以比父母提高一倍。而每年 1% 的生产率增速意味着生活水平翻倍需要 70 年。生产率增速下滑的原因尚无定论，可能由于科技进步和转化为生产力的速度变慢、高校毕业生增速降低、企业创新减少等原因。

因此，受缓慢的生产率增长以及海外市场等诸多不利因素拖累，美国经济将温和扩张。美联储货币政策仍将适度宽松，以确保美国经济强劲增长经得起未来不确定因素的冲击。而且，当前通胀率低于 2% 目标值，劳动力市场也有改善空间。预计未来美联储将逐步加息，至 2019 年末使联邦基准利率接近 3% 的中性利率水平。

三、面对各种不确定性，美联储将尽可能做出适宜决策

美货币政策将逐渐转向中性，即当经济达到潜在增长水平时，联邦基准利率为中性利率，既不扩张也不紧缩，既不给经济踩油门加速也不踩刹车减速。中性利率的数值尚无法直接估算。当前美联储将 3% 定为长期中性利率，比 3 年前的估值低 1 个百分点，反映出生产率增速缓慢，全球经济增长疲软，以及对长期国债等安全资产的旺盛需求。生产率增速低会拉低中性利率：生产率缓慢增长，企业投资将减少，个人储蓄增加，而利率的机制是要调节社会资金的供给和需求，使两者接近平衡。因此，更多的储蓄和较少的借贷意味着较低的中性利率。美联储预

测，未来这些抑制因素将逐渐消失，中性利率会有提高，但以历史标准衡量仍偏低。

面对各种不确定性，货币政策没有预设路径。例如，生产率增长是确定中性利率的关键指标，而重拾生产率增速的时间有高度不确定性；全球经济增长也将通过贸易和金融渠道对中性利率产生重要影响，这其中的突发事件也很多。此外，货币政策回归中性路径的规模、时间、工具组合等也都不确定。重视决策中的有限不确定性，并随时评估和更新判断非常重要。联邦公开市场委员会基于大量数据进行分析，包括金融市场和信贷投放量、劳动力市场状况和整体经济活动情况、薪酬增长以及国际经济形势等，还会评估一系列经济模型，预测未来经济的主要风险，模拟不同货币政策可能产生的结果。委员们也会提出个人的判断和见解。联邦公开市场委员会综合以上各因素，尽可能作出最适宜的货币政策决策。

四、渐进式加息是审慎合理的

随着就业和通胀双目标的实现，美联储若一直维持当前宽松货币政策，必将导致实际通胀率高涨和金融失衡，最后不得不快速加息，影响金融市场稳定，甚至使经济再次陷入衰退。因此，成熟的做法是渐进加息，保证经济平稳可持续增长。

联邦公开市场委员会委员们认为，尽管经济展望受制于很多不确定因素，目前来看，渐进的加息仍然是适宜的，有利于美联储实现就业和通胀双目标。如果未来经济形势与委员会判断不符或经济展望明显改变，美联储需采取与当前不同的政策路径，则前瞻指引需及时调整。相关风险包括：特朗普政府出台大规模扩张性财政政策带来经济上行风险，通胀快速上升的压力，伴随美元大幅贬值的经济下行风险等。如果劳动力市场和通胀率数据符合甚至强于当前预期，或超过美联储最大就业和通胀目标的风险增加，则“很快”执行再次加息是适宜的。预计未来经济数据将进一步证明，渐进提高联邦基准利率有利于美联储就业和通胀双重目标的实现。

（乔慧）

美国智库谈特朗普内外政策及中美经济关系*

2016 年 12 月 5—6 日，财政部国际财经中心周强武主任一行分别会见了美国企业研究所（AEI）① 高级研究员史剑道（Derek Scissors）、美国战略与国际问题研究中心（CSIS）② 亚洲经济高级顾问马修·古德曼（Matthew Goodman）③ 等专家，双方就特朗普内外经济政策、中美经济关系等问题深入交换了看法。各方主要观点如下，供参考。

一、特朗普对内政策充满不确定性

（一）美国内对特朗普经济政策总体持乐观态度

根据特朗普过渡团队公布的政策纲要，特朗普在对内政策方面主要提出了降低个人所得税和公司所得税税负、废除奥巴马医改、促进医疗服务市场竞争等主张。但特朗普团队目前尚无明确计划，未来政策仍充满不确定性。鉴于美国政治制度固有的复杂性与现存的政策分歧，总统与参众两院、共和党与民主党之间将就诸多政策展开激烈辩论与博弈。从市场角度看，美国股市在特朗普胜选当日大跌，次日凌晨一点即回复平静，或表明市场对特朗普当选和未来经济政策持乐观态度。

* 本文写于 2017 年 1 月 17 日。

① AEI 是美国保守派的重要政策研究机构，与共和党渊源较深，许多共和党重要官员卸任后成为该所研究员，被称为共和党的“影子内阁”。

② CSIS 是美国国内规模最大、具有保守色彩的重要战略和政策研究机构，是对共和党政府具有重大影响力的思想库之一。目前，该机构已有多名研究员入选特朗普内阁担任要职。

③ 马修·古德曼曾担任白宫 APEC 事务协调人、美国国家安全委员会国际经济研究专家，他还曾在美国财政部、国务院等部门担任要职。

（二）税制改革与医疗改革

AEI 表示，税制改革和医疗改革是特朗普政府将要重点关注和落实的两大结构性改革。由于重要性十分明显，两项改革都将落实的可能性非常大。同时，由于复杂性，两项改革不可能同步进行，但特朗普政府目前并没有明确的优先计划。税制改革对当前美国和国际社会具有更加深远意义，公司税改革将对国际贸易产生连锁反应，并对经济产生立竿见影的影响。过去几年，美国税制改革的重点是降低税率和增加税收减免，导致财政收入大幅缩水。因此，特朗普政府很有可能提高进口关税，以缓解财政压力。实际上，特朗普已宣布，对工厂外迁的美国企业征收 35% 的进口关税。其团队预计，提高进口关税每年将为美国带来 1.2 万亿美元的额外收入。

CSIS 认为，美国医疗改革对美国社会影响更为深远，但推进过程将较税制改革更加缓慢；同时，叫停《平价医疗法案》（ACA）将为美国提供更多财政空间。AEI 则表示，医疗改革须重点考虑财政支出压力。特朗普可能面临两个政策选择：一是推出一个不强制购买、但更受民众欢迎的医疗保险替代措施，这将加重财政负担；二是不采用任何替代措施，尽管特朗普是否将叫停 ACA 并寻找替代方案仍是未知数，但财政负担应被纳入优先考虑范畴。

（三）基础设施建设

CSIS 认为，虽然特朗普宣布将加大基础设施投入，但未来总统和国会在基础设施建设方面的意见不一。国会议员担心财政如何能够负担更多基础设施建设项目。考虑到目前多数国会议员倾向于财政保守主义，他们可能会削减其他方面的支出以保证基础设施建设项目顺利实施，不排除有削减老年和残障健康保险（Medicare）的可能性。

AEI 则认为，特朗普任期内，共和党占多数的国会难以批准高达万亿美元的外债。失去了这一主要收入来源，特朗普政府将面临严峻的资金缺口。PPP 项目或成为特朗普政府进行基础设施建设的主要方式，特朗普很有可能欢迎中国企业参与到美国的 PPP 项目中，以扩大资金来源。如果特朗普放弃 ACA，这将意味着美国将损失很大一部分税收，美国会对外国企业提供税收减免，中国很有可能仍是美国寻求资金来源的主要对象。

（四）贸易政策与制造业

CSIS 表示，虽然特朗普已经明确表示，将退出 TPP 谈判，并推动达成更多双边贸易协定，但这并非易事。美日两国在 TPP 谈判中都做出了很大让步，这在双边贸易谈判中或难以实现。关于北美自由贸易协定（NAFTA），特朗普称将重新进行谈判，将存续甚至获得升级。随着特朗普团队对多边贸易机制的认知不断加深，或将在更大程度上重视多边机制，但这需要至少一年时间。AEI 则认为，美国对中国的贸易赤字并不能代表美国受损。如果特朗普政府提高关税，以破坏美国贸易伙伴关系为代价使制造业重回美国本土，将会为美国带来严重的负面影响。

AEI 认为，制造业方面，美国在能源成本上具有优势，并将使这一优势继续扩大；个人所得税和公司税改革也将使美国劳工成本降低，并在制造业领域创造更多就业机会。

（五）移民政策

AEI 表示，特朗普在移民问题上的主张是其赢得总统选举的重要原因之一，虽然其具体行动仍不明朗，但特朗普一定会在打击非法移民方面做出努力，美国国内团体会持续就非法移民问题向特朗普政府施压。此外，打击墨西哥移民或影响 NAFTA 的重新谈判进展，美墨或就这一问题达成协议，如若墨西哥承诺治理非法移民问题，美国将升级 NAFTA 等。

二、特朗普对外政策可能出现分化

（一）美日关系短期平平，中长期将更加紧密

CSIS 认为，特朗普将自己的外交政策核心思想归纳为“美国第一”，即将美国人民和美国安全的利益放在首位。关于美日关系，特朗普似乎认为日本并不是一个十分称职的盟友，这主要是由于特朗普团队尚未对此建立正确认识。事实上，日本是美国重要的贸易伙伴之一。在充分了解情况后，特朗普将与日本保持良好关系。特别是考虑到中国因素，日本仍将是美国参与亚太事务的有力杠杆，美日关系未来或将更加紧密。

（二）美欧经济关系将继续紧密，战略关系将面临挑战

AEI 表示，TTIP 本来就很难达成，尽管美欧经贸关系非常紧密，但在特定商品的监管政策与标准方面存在很大差异，包括食品、药品等，这使得 TTIP 很难达成。同时，特朗普也抨击了北约盟国，认为美国为其承担过多军费，很多欧洲成员国并未达到将 GDP 的 2% 用于国防开支的标准，且未尽到对美国的责任。

（三）美英关系短期内难有重大进展

CSIS 认为，美英具有天然良好的关系，美将保持与英国的密切合作，但脱欧将牵扯英国政府大量精力，短期内美英关系很难有重大实质性进展。AEI 认为，美

英传统的特殊盟友关系将得到维持，甚至加强。

（四）美以、美印关系将大幅加强

AEI 表示，美国将加强与以色列的关系。特朗普及其团队的部分言论显示，未来的美以关系将会比现在更“牢靠”，特别是特朗普表示“要撕毁与伊朗签署的核协议”，令以色列对于特朗普的巴以政策十分期待，或将更加符合以色列的利益关切。由于印度长期对美贸易逆差，且特朗普对印度总理莫迪高度评价，并称“会让美国和印度成为‘最好的朋友’”，美印关系有可能大幅加强。

三、中美关系短期内或堪忧，中国不应对特朗普言行反应过度

（一）中美关系短期内堪忧

AEI 和 CSIS 均认为，中美关系将在短期内面临较为严峻态势，但随着时间推移，特朗普政府对华政策将回归正常。一方面，特朗普在竞选时就宣称，将对中国采取较为强硬的态度，特别是经济方面，包括汇率和贸易。因此，特朗普需要在上任伊始兑现部分承诺。尽管仍需在上任后与财政部门进行协调，但特朗普本人已在社交媒体上发布中国是汇率操纵国的言论。同时，他也提出要从中国进口的货物收取 45% 的关税、加强关注网络安全等强硬政策；另一方面，特朗普新任命的主要财经高官也是贸易保护主义的支持者。考虑到他的做事风格、个人性格以及上任时间点与全球环境，中美关系或在短期内进入相对紧张的状态。

CSIS 表示，尽管现阶段，全球经济治理并非特朗普政府的优先领域，但随着时间推移，新政府或将意识到全球经济治理与宏观政策协调的重要性，从而将缓和对华政策。此外，有分析人士认为，特朗普擅长做交易，这种交易逻辑也将在他的外交政策中有所体现。但外交政策框架应以双赢为目的，而非零和交易。

（二）中美间现存的经济对话机制或将面临调整，中国不应对特朗普的现有言行反应过度

AEI 和 CSIS 均表示，即使特朗普败选，美国国内对于奥巴马时期的建立的中美战略与经济对话（S&ED）等中美间对话机制的成效也持怀疑态度。有观点甚至认为，筹备对话投入大量时间和成本，涉及多部门协调，但收效甚微。CSIS 还表示，中美间对话机制应由两国领导人授权高层官员牵头，领导人应明确表明致力于推进两国关系，并进行诚恳对话；同时，由于中美经济联合委员会（JEC）成立最早，更专注于经济领域和宏观政策协调和合作，如果经营得当，或能够较 S&ED 发挥更大作用，未来也许成为中美间最主要对话机制。

CSIS 建议，中国应耐心等待，直到特朗普政府确定其负责中国事务的内阁成员及对华政策明朗后，应针对该人选与相关政策随机应变，制定相关应对策略。目前尚无像前财长保尔森那样了解中国的资深人士入选内阁。对中国来说，无论对中国的评价正面与否，只要是具有影响力的人负责中国事务，中美关系就能继续推进。中国应保持战略自信，无需对特朗普政府关于中国的负面评价过度担忧，也不应对特朗普的现在言行过度反应，因为他仍是当选总统而非美国总统。

（三）中美投资协定（BIT）或进展缓慢

AEI 和 CSIS 均表示，当前美国主流意见认为，中美经贸关系并不平衡，美国希望中国在更大程度上开放市场，为美国出口商扩大市场准入，并期待在看到改革实际成效后再加强合作，包括继续推进 BIT 谈判，加强货币政策协调等。AEI 则认为，BIT 将会暂时冻结，但未来将重启进程。

（四）中美经济合作前景乐观

AEI 和 CSIS 均表示，未来中美合作空间广阔，包括在基础设施、金融、教育、医疗、国际发展合作等诸多领域。CSIS 认为，美国外资安全审查机制仅限于国家安全，并非针对中国。考虑到两国经济利益，中国可选择包括基础设施在内的非敏感领域与美国进行合作。此外，特朗普在能源政策方面更青睐化石燃料，这对中国也形成利好。

（贾静航　胡振虎）

美国联邦政府 2018 财年预算案简析*

5 月 23 日，美国总统特朗普向国会提交了 2018 财年预算案，并对未来十年联邦政府收支趋势作出预测。预算案秉持“纳税人第一”的理念，计划在未来 10 年内减支 3.6 万亿美元，以实现财政收支平衡。该预算案主要内容及我们的分析如下，供参考。

一、预算案总体情况

2018 财年，美国联邦政府预算支出 4.094 万亿美元，预算收入总额 3.654 万亿美元，预算赤字 4400 亿美元，赤字率 2.2%。为改善联邦财政状况，预算案拟通过推进医疗改革、税制改革、移民改革、削减开支、福利改革和教育改革等措施，在未来十年削减 3.6 万亿美元财政支出。该案预测，2018—2027 财年美国政府债务率将逐年下降，2018 财年债务率为 76.7%，2027 年进一步降至 59.8%；赤字率方面，2019 年将小幅升至 2.5%，此后逐年下降，到 2027 年实现财政盈余 0.1%。

（一）预算支出情况

2018 财年，联邦政府预算支出 4.094 万亿美元。其中 2.535 万亿美元为强制性支出，包括社会保障、医疗保险、医疗救助及其他强制性支出项目；1.244 万亿美元为自主性支出，包括 6430 亿美元国防支出和 6010 亿美元非国防支出。按事项划分，国防和非国防支出、社会保障、医疗保险、医疗救助以及其他强制性支出占美国预算支出的 92.31%。其中，国防支出占预算支出总额的 15.7%（占 GDP 的 3.2%），较 2017 财年上升 0.1 个百分点；社会保障支出 1.005 万亿美元，占预算支出总额的 24.55%（占 GDP 的 5%），较 2017 财年上升 0.1 个百分点；医疗保险支出 5820 亿美元，占预算支出总额的 14.22%（占 GDP 的 2.9%），较 2017 财

* 本文写于 2017 年 6 月 13 日。

年下降0.2个百分点；医疗救助支出4040亿美元，占支出总额的9.87%（占GDP的2%），与2017财年持平。见图1。

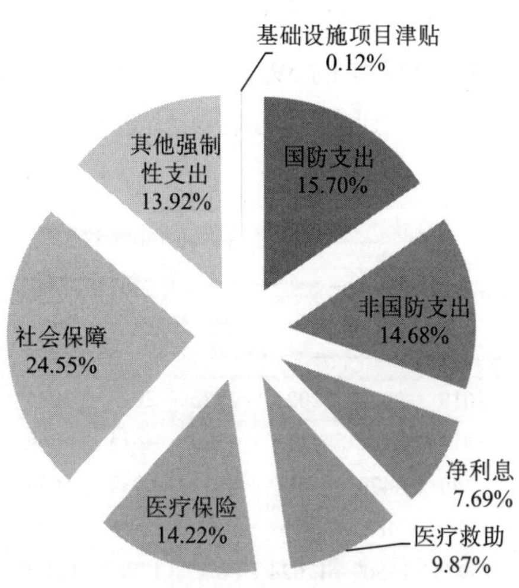

图1　美国联邦政府2018财年预算支出结构（按项目）

从部门预算看，国防部（总支出占比53.94%），退伍军人事务部（占比7.4%），卫生与公众服务部（占比6.13%）及教育部（占比5.54%）支出位列前列。与2017财年相比，国防部、国土安全部、退伍军人事务部等部门支出上调，而国务院、农业部、商务部、卫生与公众服务部、劳工部等部门预算下降。见图2。

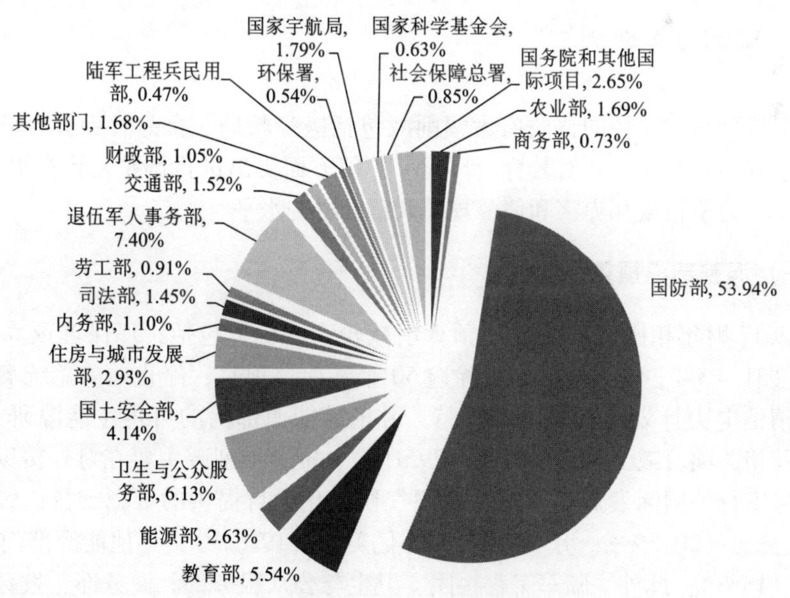

图2　美国联邦政府部门2018财年预算支出结构（按部门）

（二）2018—2027 财年美国联邦政府预算收支变化趋势

根据该案，美国 2018 财年公共债务为 15.35 万亿美元，约占美国 GDP 的 76.7%，此后将逐年下降到 2027 年的 59.8%。赤字率方面，除 2019 年将达 2.5% 以外，其余年份都将平稳下降，到 2027 年将实现 0.1% 的财政盈余。见图 3。

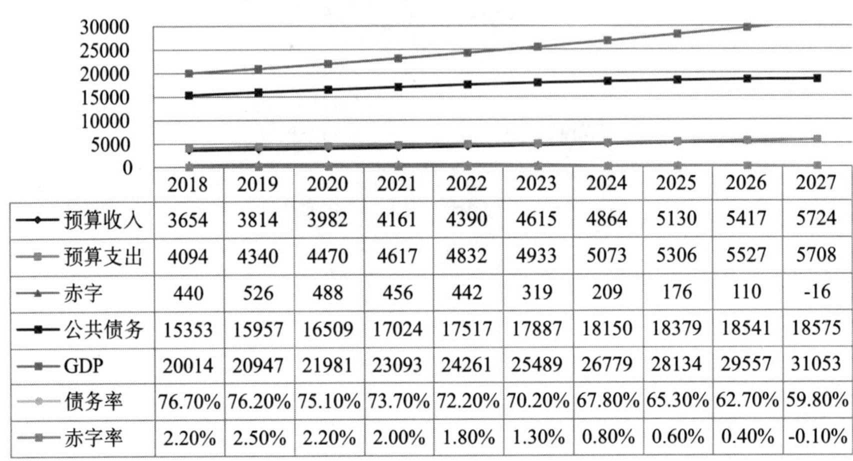

	2018	2019	2020	2021	2022	2023	2024	2025	2026	2027
预算收入	3654	3814	3982	4161	4390	4615	4864	5130	5417	5724
预算支出	4094	4340	4470	4617	4832	4933	5073	5306	5527	5708
赤字	440	526	488	456	442	319	209	176	110	-16
公共债务	15353	15957	16509	17024	17517	17887	18150	18379	18541	18575
GDP	20014	20947	21981	23093	24261	25489	26779	28134	29557	31053
债务率	76.70%	76.20%	75.10%	73.70%	72.20%	70.20%	67.80%	65.30%	62.70%	59.80%
赤字率	2.20%	2.50%	2.20%	2.00%	1.80%	1.30%	0.80%	0.60%	0.40%	-0.10%

图3　2018—2027 财年美国联邦政府收支、赤字、债务变化趋势（单位：10 亿美元）

二、预算案主要内容

根据该预算案，特朗普政府大幅削减包括医疗救助、食品补助券和联邦学生贷款等福利项目支出，并对教育、环境保护等方面支出进行调整，旨在提振就业、刺激出口，力争将联邦赤字和债务规模调整至可控水平。

（一）调整部门预算

与 2017 财年相比，2018 财年预算削减较高的机构包括：环保署预算减少 26 亿美元（31.4%）。特朗普提议废除逾 50 个环保署项目，停止向前总统奥巴马签署的《清洁电力计划》提供资金支持，并削减能源部门的可再生能源研究项目；国务院及相关项目减少 115 亿美元（29.1%），资金的削减主要在对外援助上，包括对世界银行等国际发展机构及联合国气候变化项目提供的资金支持；农业部减少 46 亿美元（20.5%）；劳工部减少 24 亿美元（19.8%）；其他能源部门减少 31 亿美元（18%）；此外，陆军工程兵团、卫生与公众服务部、商务部、教育部等部门预算也出现削减。而退伍军人事务部、国土安全部、国防部 2018 财年预算均出现大幅增长，分别为5.8%、6.8%和10.1%。

（二）控制联邦支出

根据该案，未来10年将削减联邦支出3.6万亿美元，将预算赤字降至5.6万亿美元，实现收支平衡。10年后公共债务将降至GDP的59.3%。

具体措施包括：（1）废除奥巴马医改并以新医改方案代替。预计将减少2500亿美元赤字。（2）改革“医疗救助”计划。预计这一改革将在未来十年削减支出6100亿美元。（3）支持生物医学研发。改革美国国立卫生研究院（NIH）以提高研发效率。（4）推进福利改革。鼓励依赖政府救助人群重返工作岗位。改革“补助营养援助计划”（食品券制度），计划至2020年逐年削减相关补助的10%，到2023年削减25%。（5）改革联邦雇员退休福利保障制度。（6）提高联邦政府效率，加强美国公民安全保障。2018年降低非国防类自主性支出540亿美元。为到2027年实现预算平衡，计划每年降低非国防预算2%。（7）简化税制，提供税收减免。降低个人所得税税率，提高标准扣除额；废除奥巴马医改中对资本收益征收3.8%的附加费；废除遗产税。降低美国企业税率，创造就业，提振经济增长。（8）签署行政令实施监管改革，在各部门建立监管改革工作组，以提高联邦政府各部门效率、最大程度释放经济发展潜力。包括改革金融监管。预算案为金融监管改革提供350亿美元资金以预防金融紧急救助，并增加美国家庭的信贷途径。对根据《多德—弗兰克法案》成立的金融消费者保护局进行调整，限制其2018财年的资金。建议取消根据《多德—弗兰克法案》成立的证券交易委员会储备基金。（9）改革移民政策。

（三）预算优先支出领域

（1）增加国防部预算520亿美元至6390亿美元，以增强军力。（2）增强边境安全基础设施建设。投资26亿美元加强边境安全，修建边境墙，加强技术防护。（3）执法。增资15亿美元以保障移民法的执行，处理非法移民。增加司法部预算。（4）投资网络安全。（5）支持1万亿美元的基础设施建设计划。预算案将为该基础设施建设倡议安排2000亿美元预算支出。改革航空管制机构为非盈利性非政府性组织，以提高航空服务质量并减少财政支出。预计将减少政府支出最高达728亿美元。（6）对家庭和儿童的支持；提供带薪产假，延长儿童健康保险计划至2019年；改革学生贷款计划。将此前的多种“收入驱动还款计划”合并统一为月还款上限不超过可支配收入的12.5%。（7）保障退伍军人获得及时、高水平健康护理。保障美国退伍军人事务部的支出。

三、预算案主要评价

（一）美政界对预算案的看法

1. 正面态度

参议院共和党领导人米奇·麦康奈尔称赞了该预算案的优先事项。众议院议长瑞恩称，总统愿意采取行动推动平衡预算很令人赞赏。美国国务卿雷克斯·蒂勒森代表美国国务院和国际开发署发表声明支持特朗普，认为特朗普预算案优先考虑美国人福祉，加强美国国家安全，保障边境，并保障了美国经济利益。

2. 负面态度

美众议院民主党领袖佩洛西和参议院民主党领袖舒默均发表声明，对特朗普的预算案提出严厉批评，称特朗普违背了捍卫工薪阶层利益的承诺。

路易斯安那州共和党议员比尔·卡西迪等国会议员认为，特朗普预算案不会有结果。

美联邦预算委员会主席玛雅·麦克金尼斯称，尽管赞赏政府削减债务的努力，但如果采用更切实际的假设，特朗普预算案难以如期实现。

联邦预算委员会高级副总裁兼政策总监高德温表示，预算案中的很多数字在纸上可以简单相加，但现实情况并不相同。特朗普政府的预算案如要实现，需将时间机器调回到 20 世纪 90 年代。

前白宫经济顾问委员会主席福尔曼认为，预算将政府的核心部分，即教育和研究缩减到空前的低水平，将不利于联邦政府实现其设定的增长目标。该预算案意在实现经济增速承诺，但特朗普政府没有给出具体措施。

前财长萨默斯认为，特朗普政府犯了只有入门经济学课程的学生才会犯的逻辑错误。如果该预算案通过，而“特朗普经济学”不能改善经济，最终的结果将是扩大收入差距和国债的增加。

（二）媒体视点

美主流媒体认为，该预算案的经济假设前提即 3% 的增长率是不切实际的。根据国会预算办公室估计，未来 10 年美国经济平均增速 1.8%，与特朗普行政当局形成鲜明对比。特朗普团队认为它可以将增长速度提高超过 1 个百分点，这在生产率增速缓慢、劳动力老龄化和消费者支出减少的情况下，几无实现可能。

该预算案最显著特点是大幅削减对低收入美国人的福利开支，这将为低收入家庭以及财政困难的州带来毁灭性影响。该预算案将证明，特朗普让美国再次伟大的承诺不仅不会兑现，反而将拉大美国贫富差距。

四、几点思考

（一）特朗普预算案显示其对外政策的“孤立主义”倾向

特朗普预算案大幅削减外交和对外援助资金约 190 亿美元，用以支持国内经济发展和壮大军力，显示其外交政策由第二次世界大战后的“多边主义”转向“孤立主义”。这意味着特朗普试图减少美国对国际多边事务的财政支持、用更低的成本维护当前美国主导的国际政经体系。问题是由此产生的费用空缺，包括未来世行 IDA 增资以及联合国气候变化基金等由谁填补。中国需对此保持警醒，提前做好预案，通过加强多边和双边对话等措施，从容应对未来中国在国际多边机构中面临的更多承担财政责任的压力。

（二）特朗普预算案体现其“富豪民粹主义”的内政策略

该预算案一定程度上体现了支持特朗普当选总统的美国金融寡头、军工联合体和中小资产阶级右翼势力的政策主张，最大获益群体为美国高收入阶层；而预算案约一半支出削减来自对低收入群体的福利补贴，利益受损者主要为民主党支持者。预算案在部分政策中顾及了中产阶级感受，但整体上不利于中产阶级的实际利益。事实上，特朗普主张对富人减税，并放松资本监管，必将使美国财富更加集中，必将加大美国贫富差距和社会矛盾。

（三）特朗普预算案在国会获得通过几无可能

特朗普预算案不仅遭到民主党的反对，也在共和党内部受到质疑。尽管减税、放松监管和增加军费符合共和党的传统政策主张，但很多共和党议员担心其在国际事务和科研中的减支将损害美国的国际形象和影响力，不利于维护美国利益；而对福利的大幅削减或将使共和党在 2018 年中期选举中处于不利地位。另外，该预算案实现财政平衡的前提假设——经济增速 3% 几无实现可能，因此，预算案将大幅增加联邦赤字和债务，这是民主党和共和党都无法接受的结果。总统预算提案被大幅修改已是国会惯例，特朗普预算案在国会必将遭遇巨大阻力，全盘通过的可能性几乎为零。该预算案展示了特朗普的执政思路和优先选项，也预示着特朗普税改将因财政空间不足而远低于预期。

（乔慧　彭慧　刘元杰）

特朗普税改主要内容简析*

按立法程序，美参众两院未来几周将就各自版本进行统一文本磋商，达成最终版本后提交参众两院再次投票，两院均通过后呈特朗普签署成为法律。12 月 2 日，经过长时间磋商和反复修改，美国会参议院最终以微弱优势通过减税与就业法案（Tax Cuts and Jobs Act）。至此，参众两院已分别通过各自版本的税改方案，特朗普税改取得重大进展。两院税改方案主要内容及我们的分析如下，供参考。

一、两院税改方案主要内容

11 月 9 日，美国会参议院与众议院分别公布税改方案。从主要内容来看，参众两院税改思路基本一致，均主张大幅削减企业和个人所得税，简化税制，提振增长。相较而言，参议院版本相对保守且务实，对现行税制的调整力度较小；众议院版本减税幅度更大，更符合共和党政策诉求。两院税改方案主要条款与现行税法对比详见下表 1。

表 1　参众两院税改方案与现行税法比较

	内容	现行税法	参议院税改议案	众议院税改议案
个人所得税	个人所得税	七级制税率：10%、15%、25%、28%、33%、35%、39.6%	保留七级制税率，第一、二档税率下调至 0%、10%，最高税率由 39.6%降至 38.5%	调整为五级制税率，税率分别为 0%、12%、25%、35%和 39.6%
	个税起征点	单身 6350 美元，户主 9350 美元，已婚夫妇 12700 美元，老人/盲人 1250 美元	提高起征点，具体为：单身 12000 美元，已婚夫妇 24000 美元，单亲父母 18000 美元	提高起征点，具体为单身 12000 美元，已婚夫妇 24000 美元

* 本文写于 2017 年 12 月 5 日。

续表

	内容	现行税法	参议院税改议案	众议院税改议案
个人所得税	儿童税收抵免	每年为每个17岁以下儿童的家庭提供1000美元税收抵免额	抵免额从1000美元提高至2000美元	抵免额从1000美元提高至1600美元
	遗产税	超过549万美元的部分，按40%税率征税	提高起征点至1100万美元，即将现行免征额提高一倍	提高起征点至1100万美元，并在6年后废除
	州税和地方税抵免（SALT）	联邦税纳税人可从申报收入中扣除其所在州和地方的所得税，收入、地产或大件物品的销售税	只废除州税、地税与消费税抵扣，保留最高10000美元的房地产税抵扣	只废除州税、地税与消费税抵扣，保留最高10000美元的房地产税抵扣
	替代性税收最低限额（AMT）	不超过187000美元的部分按26%征税，超过部分按28%征税	部分保留	废除
	住房贷款利息抵免	家庭可抵免100万美元以内住房的贷款利息	不变	抵免房屋价值上限额由100万美元下调至50万美元
	医疗费用抵免	医疗费用在收入中占比超过10%的个人可以获得一定税收抵免	暂时保留	废除
企业所得税	企业所得税	八级税率制度：15%、25%、34%、39%、34%、35%、38%、35%	最高税率下调至20%，2019年生效；中间实体收入抵扣23%	最高税率下调至20%，2018年即刻生效；中间实体收入抵扣不超过25%
	属地征税制度	按照一般企业所得税征收，最高边际税率为35%	海外既有利润汇回按现金和流动资产课税14.5%，非流动资产课税7.5%	海外利润汇回现金和流动资产课税14%，非流动资产课税7%
	资本支出	摊销处理，支出成本分摊至数年	成本作为一次性费用处理，无需缴纳所得税	成本作为一次性费用处理，无需缴纳所得税

资料来源：白宫、参议院网站、众议院网站。

两院税改方案主要有以下几点差异：一是企业所得税方面。众议院计划从2018年起将企业税税率从35%下降至20%；参议院主张从2019年起调降企业税税率，以减少 1000 多亿美元税式支出。参众两院均提出对美国跨国企业实施属地征税制度，并为既有海外利润回流设置优惠税率，参议院建议流动资产优惠税率为 14.5%、固定资产优惠税率为 7.5%；众议院版本的优惠税率分别为 14% 和 7%。二是个人所得税方面。参议院方案中个人所得税减免为临时性措施，减免政策有效期至 2025 年；众议院未就政策期限提出具体方案。众议院计划将个税税率从 7 档降为 5 档，税率分别为 0、12%、25%、35%、39.6%，上调最高档个税起征点至 100 万美元。参议院则计划保留 7 级税率，税率分别为 0%、10%、25%、28%、33%、35%、38.5%。税收抵扣上，众议院主张将房屋贷款利息抵扣额减半，取消医疗费用抵扣；参议院提出维持房屋贷款利息抵扣政策和医疗费用抵扣不变。三是遗产税方面。参众两院均提出将遗产税起征点翻倍，众议院主张 6 年内全面取消遗产税，参议院则主张保留此税种。

二、我们的看法

（一）税改将在短期内推高美国经济，中长期影响并不乐观

短期来看，对企业大幅度减税可以改善企业盈利水平，促进投资。特别是数万亿美元海外留存利润若汇回美国本土，将极大提高美国国内投资水平，而降低个人所得税可以增加居民可支配收入，拉动消费需求。无论从哪方面看，以减税为最主要特征的“特朗普税改”都将在短期内对经济增长形成支撑，美国经济有望实现特朗普宣称的 3% 甚至更高水平增速。

但中长期看，特朗普税改的经济效应仍存在很大不确定性。不确定性主要体现在两个方面，一是减税将大幅度推高联邦赤字水平和国债规模。减税带来的收入减少是现实的，而经济增长带来的收入效应则是无法准确计量的。目前比较普遍的预测是税改将在未来十年增加 1.4 万亿美元赤字，对本已捉襟见肘的联邦预算和超过 20 万亿美元的国债规模造成巨大压力，并通过美债收益率、美元指数、资本和金融市场等传导机制，对美国和全球经济产生广泛影响。二是减税可能导致财政政策和货币政策出现错配。当前美国经济增长态势良好，通胀中枢逐步上行，三季度经济增速再次超过 3%。大规模减税或将引起经济过热，带来收紧货币政策的压力。而美联储当前已处于加息进程中，继续收紧货币政策可能造成美元升值和借贷成本上升，削弱美国企业竞争力并加重债务负担，与税改的目标造成矛盾。中长期看，减税如不能和货币政策形成有效配合，很可能造成政策效果相互抵消。

（二）税改有望提振特朗普支持率，巩固美国内政局

与尚不明确的经济效应相比，税改对特朗普政府的政治意义显然更加突出。

早在竞选期间，大规模减税就是特朗普争取选票的“杀手锏”，按照特朗普最初设想，企业所得税将降至15%以下，个人所得税最低档降至0%，最高25%。但由于联邦预算压力不断加大，以及民主党的坚决反对和共和党内部各种势力博弈，在最后的版本中，15%的最低税率被放弃，个人所得税减税幅度也大打折扣，甚至在参议院税改提案投票的最后一刻，减税条款还在被迫进行修改。但从大局出发，特朗普也乐于作出妥协，毕竟就职近一年来，在重大经济议程上尚无任何建树，竞选时期提出的废除奥巴马医改、扩大基础设施投资、修筑美墨边境墙等主张屡屡受挫，“通俄门”、幕僚离职等负面问题持续发酵，民意支持率在近期降至上任以来最低水平。此次被特朗普称为“减减减”（Cut Cut Cut Act）的税改法案如能在两院顺利完成合并并通过，将成为特朗普执政以来取得的首个重大立法胜利，不仅能为后续推进其他经济议程奠定基础，更有望提振民意支持率，巩固国内政治局面，为2018年的中期选举赢得主动。

（三）理性看待税改可能导致的制造业回流

特朗普税改方案一出，外界对大幅降低企业所得税以及将海外利润汇回美国本土减按12%一次性征税等条款给予了高度关注，担忧广泛布局在全球各地的美制造业企业和高达数万亿的海外利润一旦回流美国，将对流出国经济增长和金融稳定造成重大冲击。事实上，美国经济发展阶段远高于包括中国在内的大多数经济体，中美之间经济结构的互补性明显大于竞争性，美国的竞争优势在于科技研发和金融服务等高端领域，中国的优势在于较低的劳动力成本、良好的基础设施和制造业基础以及巨大的消费市场。制造业企业往往需要综合考虑劳动力成本、消费市场、物流成本、供应链、产品创新和质量控制等多个因素来决定如何布局，单纯的低税率吸引力有限。更重要的是，中国政府早已开始关注企业税负问题，通过一系列“放管服”措施，在2013—2016年累计为企业减负2万多亿元，2017年还将减负1万亿元，真正做到了防患于未然。据此我们认为，减税可能导致部分回流“个案”，但制造业企业大规模撤出中国，回流美国本土的可能性不大。

（四）持续推进减税降负，巩固和扩大营改增成果

国际税收竞争可以驱动资本、技术等流动性生产要素从高税国向低税国转移。面对复杂多变的经济形势和日益加大的增长压力，包括美、英在内的发达经济体和中、印等新兴经济体纷纷选择通过不同形式的税制改革来提振经济，吸引资源。我应警惕特朗普税改落地后，在全球范围内引起新一轮“降税潮”和更为激烈的税收竞争。但可喜的是，我自2016年5月1日起，全面推开营改增试点，不仅实现了所有行业税负只减不增，累计为企业减负1.7万亿元，更有力推动了经济结构转型升级和大众创业、万众创新，为各类企业提供了稳定积极的政策预期。这相

当于先于特朗普税改近两年开始减税降负，接下来只需坚持正确方向，总结经验教训，巩固和扩大“营改增”成果，形成鼓励创业创新、推动产业升级、促进各类市场主体公平竞争的营商环境综合优势，更大程度激发市场活力，巩固竞争优势。

（五）发展更高层次的开放型经济，以高水平开放来促进深层次结构调整

党的十九大报告提出“推动形成全面开放新格局”，“发展更高层次的开放型经济”。发展更高层次开放型经济，就要敢于直面更高水平的国际竞争，包括产品、科技等硬实力的竞争，以及宏观政策、制度环境、知识创新等软实力的竞争。特朗普希借税改吸引企业和投资回流，提振经济和就业，这对我们落实好对外开放的基本国策，培育引资竞争新优势提出了更高的要求。中美竞争与合作所形成的外部压力，也是我尽快突破国内改革瓶颈的重要动力。未来，我不仅要密切跟踪特朗普税改的最新动向和外溢影响，更要坚持以我为主，苦炼内功，以高水平开放来促进深层次结构调整，发挥好开放对国内改革的倒逼作用。

（王虎　贾静航）

美联储缩减资产负债表及影响分析*

美联储2017年6月公开市场委员会会议将缩减大规模资产负债表正式提上日程。加息和缩表都是美联储实现国内货币政策目标的重要手段，但两种政策选择产生的直接影响完全不同。美联储缩表可能以怎样的规模和节奏推进，将给资产负债表带来何种变化，对其他经济体的溢出效应如何，现简要分析如下，供参考。

一、缩表是美联储货币政策正常化的必然步骤

美联储公开市场委员会2014年9月份公布的《货币政策正常化原则及计划》指出：美联储货币政策正常化包括两大举措：加息和缩表；缩表将以渐进的、可被预期的节奏进行。2017年6月份公开市场委员会会议决定，如果经济增长符合预期，将在较短时间内启动缩表。

加息与缩表结合进行，一方面有利于平衡地收紧金融市场，减少美联储对整个金融体系的干预。另一方面，加息已使短期利率驶离有效下限，为美联储缩减大规模资产负债表可能造成的负面影响创造了一定政策空间。

金融危机以来，美联储资产负债表规模增加四倍，由危机前的不到9千亿美元增至4.5万亿美元，GDP占比由6%升至24%。除资产增加外，资产负债表构成也发生巨大变化。危机前，美联储负债主要是货币，占比约90%；但三轮量化宽松后，货币占比降至35%（约1.58万亿美元），负债端主要构成变为银行准备金余额，约2.36万亿美元。在资产端，国债占比由危机前的17%升至55%（约2.47万亿美元），抵押贷款证券从无到有，占比升至39%，约1.77万亿美元。见表1。

* 本文写于2017年9月15日。

表 1　　**2017 年 9 月 6 日美联储资产负债表构成**　　单位：亿美元

资产		负债	
国债	24652	准备金余额	23570
抵押贷款证券	17676	联邦票据	15785
其他	2672	逆回购	3919
		其他	1726
总额	45000	总额	45000

二、美联储缩表的规模和节奏

（一）缩表规模受诸多因素影响

日前，美联储内部对缩表规模仍未达成一致意见。美联储资产规模的合理水平受诸多因素影响，包括货币政策操作工具的选择以及通货需求变化。

美联储缩表规模与货币政策工具的选择密切相关。倾向于重回危机前政策框架者认为，尽可能缩减资产负债表规模可以最大限度减少金融市场干预，保证货币政策独立性。而现行货币政策框架支持者认为，大规模资产负债表有助于金融市场稳定，可促进货币政策传导，潜在的财政风险也是可控的。目前，美联储主席耶伦支持小规模资产负债表。缩表后，资产规模将明显小于当前，并将取消逆回购。但耶伦任职将于 2018 年 2 月份到期。若采用现行货币政策框架，即通过超额准备金率和隔夜逆回购确定联邦基金利率下限和上限，则缩表规模有限①。美联储前主席伯南克推算，现在实施超额准备金率所需的准备金余额至少在 1 万亿美元以上，因此联储当前的最优资产负债表规模约 2.5 万亿美元，而未来 10 年还将随银行负债和国内名义 GDP 增加而增长至 4 万亿美元甚至更大规模。

通货需求增长是影响美联储缩表规模的另一个重要因素。一国央行资产负债表规模需与公众货币持有量相当。金融危机前，流通货币②量约 8000 亿美元，美联储资产负债表规模略大于此。而现在流通货币增至 1.5 万亿美元，意味着美联储需要一个比危机前更大规模的资产负债表。美联储估计，至 2025 年底，流通货币量将增至 2.03 万亿美元以上，美联储资产负债表规模 2.3 万亿—2.8 万亿美元，其中，国债规模 1.5 万亿—2 万亿美元，MBS 规模 5250 亿—9500 亿美元。因此，即便美联储决定回到危机前的货币政策操作框架，资产负债表削减也不到一半。

① 因为该框架要求银行准备金处于饱和状态：当央行不设超额准备金率的情况下，市场确定的准备金收益率为零。

② 包括公众持有的现金和银行系统库存现金。https：//fred. stlouisfed. org/series/WCURCIR。

此外，一些不确定因素，如美国经济形势、新任美联储主席、副主席及三名理事的货币政策倾向等，也会对缩表的最终规模产生影响。

（二）缩表操作方式

具体操作上，美联储计划通过停止到期债券再投资的方式“渐进”地缩表，并设定：第一季度每月缩减 60 亿美元国债和 40 亿美元 MBS；此后每季度增加一倍，直至达到每月缩减 300 亿美元国债和 200 亿美元 MBS 的规模。

截至 9 月 6 日，美联储持有 3 个月内到期国债约 386 亿美元，3 个月—1 年内到期 3234 亿美元，1—5 年到期 1. 145 万亿美元，MBS 中未来一年无到期债券，1—5 年内到期约 9100 万美元，5—10 年内到期约 129. 56 亿美元，5—10 年内为 176 亿美元，10 年以上约 1. 75 万亿美元。MBS 在到期前需每月偿还本金，纽联储预测，MBS 本金偿还约为 200 亿美元/每月。据此估算，每月缩表规模与美联储公布的缩减上限基本一致。实施缩表后，第一年将缩减 3000 亿美元，之后每年缩减 6000 亿美元。

纽联储认为，如果从 2018 年一季度开始正式实施缩表，根据资产负债表的最终规模，美联储将于 2020—2023 年实现投资组合正常化：一种情境是，缩表在 2021 年四季度完成，最终资产负债表规模约 2. 9 万亿美元；第二种情境下，缩表于 2020 年一季度完成，最终规模约 3. 5 万亿美元；第三种情境下，缩表于 2023 年三季度完成，最终资产负债表规模 2. 4 万亿美元。

三、缩表带来的资产负债表变化及影响

美联储缩表的直接后果是准备金余额的减少。例如，停止到期国债再投资时，财政部向美联储支付等额国债票面价值，美联储负债端的国库一般账户（TGA）余额下降，资产端的国债持有量减少，美联储资产负债表缩小。但一般情况下，财政部在旧债到期后会发行新债，以维持国库一般账户资金不变。由于美联储到期债券不再投资，需要其他部门购买新发行的国债。无论是金融机构还是公众，都会使美联储资产负债表中的 TGA 账户资金不变，而准备金余额减少，资产负债表规模缩小。

同理，MBS 到期停止再投资时，美联储准备金余额减少，资产负债表缩小。到期 MBS 与国债的主要区别在于：国债利息和本金偿付可预测，而到期 MBS 的偿付难以预测。因为 MBS 为抵押贷款支持债券，本金和利息的偿付取决于家庭如何偿还抵押贷款。大多数抵押贷款为定期摊销，即按家庭的每月偿付额逐步减少 MBS 本金，但家庭也可以选择提前偿还。

缩表减少的准备金，是美联储在实施量化宽松政策时为购买资产而发行的[①]，即美联储通过非常规货币政策，将高质量抵押物资产换为货币。这些货币一部分被金融机构用于投资组合再平衡，另一部分则仍存放于美联储赚取超额准备金利息。可见，量宽政策增加的流动性主要仍存于联储内部，缩表对整体流动性的影响有限，如谨慎引导市场预期，不会造成剧烈的流动性紧张和市场波动。

与加息直接影响短期利率不同，缩表直接影响长期债券期限溢价。美联储减持国债和 MBS 降低了市场有效需求，提高了长期债券期限溢价，将推升长端利率。由于美联储持有长期债券占比较高，因此缩表在流动性、利率等方面的影响都在长端更明显。

四、缩表的溢出效应

美联储缩表将对其他国家的金融状况产生影响。随着其他主要发达经济体开启货币政策正常化进程，各国央行加息和缩表的节奏与时间，以及加息和缩表两大工具的搭配使用，将对利率、汇率和全球金融形势有重大影响。

美联储研究显示，加息比缩表对汇率有更大影响。因此，当美联储加息不缩表时，实际汇率较快上行，长期债券收益率也面临上行压力，强势美元和国内市场需求旺盛将使美国实际净出口大幅下滑，相当于其他国家净出口增加。而具体的外溢效应取决于其他国家的经济环境和央行如何作出反应。如果某国利率处于有效下限，则美联储加息将对其经济产生积极作用；如果某国经济已接近潜在产出，则该国央行需收紧货币政策保证供需平衡。若美联储暂停加息，并通过缩表收紧货币政策，则对汇率和净出口的影响都小于加息不缩表。同时，缩表降低长期债券期限溢价，会进一步稀释其溢出效应。

而如果其他大国央行也加入加息或缩表行列，且收紧幅度一致，则相互间汇率和进出口相对稳定，对其他经济体的溢出效应或将更大。但目前主要发达经济体中仅美联储开启货币政策正常化进程，欧、英、日、加等国央行仍在实施大规模资产购买，这将在全球范围内对长期债券期限溢价形成下行压力。例如，美联储释放缩表信息后，长期债券收益率增幅寥寥。这在某种程度上反应出其他发达经济体的购债计划压低全球长期债券收益率水平。而最近欧央行等表示将开启货币政策正常化进程后，美国长期债券收益率显著提高。

① 美联储购买债券需要发行准备金，即以电子方式将准备金记入出售债券的银行联储账户中。

五、对中国的影响

美联储暂停加息启动缩表，美元短期内会较为弱势，中美利差扩大，人民币贬值预期将获得修正。近两个月来人民币对美元汇率较大幅度上涨，中美10年期国债收益率利差增至近160个基点，此外，在我国金融去杠杆政策下，利率对汇率形成支撑。因此短期看资金外流压力不大，但若汇率继续较大幅度升值，或对四季度甚至2018年出口增长带来显著影响。

中长期看，全球流动性收紧，中美利差或收窄，海外风险尤存。欧洲央行已宣布于2018年退出非常规货币政策，英国央行也开始考虑结束宽松货币政策。随着发达经济体货币政策正常化的启动，全球流动性收紧，将提升长期美债收益率，中美利差收窄，制约我国利率下行空间，增加我国货币政策操作难度。此外，美联储缩表的实际规模和节奏还将依经济基本面及金融市场反应而定，尤其是如果通胀超预期上行，加息和缩表进程提速，可能会对经济和金融市场带来较大负面冲击，对我国金融稳定和外部环境带来风险。我应保持警惕，做好预案，积极应对。

（乔慧）

特朗普医保法案主要内容、潜在影响及主流外媒评论*

5 月 5 日，美国众议院表决通过了特朗普的《美国医保法案》（American Health Care Act，AHCA），表明特朗普废除和取代奥巴马医改法案（Affordable Care Act，ACA）的进程又向前迈了一步。现将特朗普医保法案出台的背景、主要内容及特点、潜在影响、主流外媒评论等综述如下，供参考。

一、特朗普医改法案出台的背景

特朗普就任伊始就立即“清算”奥巴马的政治遗产，先是签署行政令冻结奥巴马医改，紧接着又宣布退出 TPP。特朗普称奥巴马医改是“一场灾难”，认为其存在以下弊端：

一是奥巴马承诺降低所有美国公民的医疗成本，但随着保费和免赔额上升，实际医疗成本已不可负担。在 ACA 下，保费平均上涨 40%，一些地区的保费已翻番。2016 年，美国公民个人保费平均上涨 25%，41 个州的平均免赔额上升，其中 17 个州达两位数增长。美国卫生及公共服务部预测 2017 年 840 万美国公民的保费将急剧上涨；6 个州的保费涨幅超过 50%。

二是在 ACA 下，全国范围内美国公民的医疗保险选择变少，越来越多的公民只有一个选择。2017 年，在奥巴马医疗保险市场平台（Obamacare marketplace）下，5 个州分别仅有一家保险公司，近三分之一的县仅有一家保险公司。据麦肯锡报告，2016—2017 年，参与医疗保险市场平台的保险公司数量下降 28%。由于成本较高及选择性少，2016 年近 2000 万人决定退出奥巴马医改，65 万人被迫支付处罚金。

* 本文写于 2017 年 5 月 11 日。

三是奥巴马对美国公民的承诺较多，而事实却不尽如人意。奥巴马承诺 ACA 将降低医疗成本，但美国公民保费仍继续飙升；承诺增加保险公司间市场竞争，但更多保险公司退出市场；承诺不会增加中产阶级税收，但税收联合委员会数据显示中产阶级税收增加了 3770 亿美元。

鉴此，特朗普宣称要彻底废除奥巴马医改法案，并承诺要通过一个“更便宜、服务更好、每个人都能照顾到”的医保法案，不仅让美国公民“买得起”，而且还“有得选”。

二、特朗普医保法案主要内容及特点

（一）主要内容

1. 保护弱势群体

联邦政府将拿出大额资金保护美国公民中的弱势群体，包括有既往病史的美国公民。为此，政府拟提供超过 1200 亿美元，确保没有人因有既往病史而无法享受医疗保障；向废止奥巴马医改法案的州提供 80 亿美元，以确保有既往病史的人能够负担医疗费用，同时向这些州因保险费用变动的美国公民再提供 80 亿美元补助；为向弱势群体提供医疗服务的医院提供 790 亿美元；向各州提供 1000 亿美元以帮助低收入群体获得可负担的医保；向照料孕妇、新生儿、精神疾病患者和药物滥用者的机构提供 150 亿美元；保险公司不得增加保费或以病人生病为由拒绝更新保单；改革医疗补助计划（Medicaid），基于人口规模向各州提供补贴，优先资助经济衰退的州；各州可自行选择为特定人群提供补贴，同时提出相应的工作质量要求。

2. 降低医保成本

降低医保成本。中低收入群体将获得月度、预付及可退还的税收抵免，以帮助其支付医保费用；税收抵免额度为每年 2000 美元至 1.4 万美元，这一额度将适时调整以确保老年人获得适度支持；美国公民将增加获得健康储蓄账户（HSA）的方式，使可允许的最大免税比例增加近 1 倍；2017 年，在健康储蓄账户下，一名美国公民将能节省 6550 美元；废除“一刀切”，促进各州形成创新和竞争的医保市场；基于工作的健康保险得以保留，并通过现行法律的“凯迪拉克税”（Cadillac Tax）① 提供补贴。

① 凯迪拉克税，又名过度使用健康保险税，是奥巴马政府所推，预计在 2018 年生效。根据奥巴马医保法案，自 2018 年起，每年医保花费（个人每年 1.02 万美元，家庭 2.75 万美元）超过一定额度者，政府将对超过部分向医保公司、提供医保福利的雇主征收 40% 的凯迪拉克税。

3. 削减联邦支出

削减联邦支出，减轻公民税负。为医疗补助支出设置上限，或为纳税人减轻近 8400 亿美元税负，联邦政府赤字也将降低；包括中等收入群体及小企业主将获得额度近 1 万亿美元的税收减免。

（二）主要特点

特朗普医保法案有两个比较鲜明的特点，一是未完全摒弃奥巴马医保法案，二是与奥巴马医改相比，特朗普医保法案更有利于富有阶层。

AHCA 未完全摒弃 ACA，而是保留了 ACA 的部分内容，主要包括以下几点：允许儿童和年轻人在 26 岁前享受其父母医保的规定；确保各州对有既往病史的人群提供医疗保障，保险公司不得因为健康状况增加保费，不得因为已有疾病拒绝提供保险。

AHCA 更有利于富有阶层，比如废除了 ACA 个人强制购买医保的规定；超过 2 个月没有保险的人，再次投保需向保险公司支付保费 30% 作为附加费用；废除了 ACA 中有关企业规模超过 50 人，强制雇主为员工投保的规定；允许保险公司提高高龄投保人的保费，最高增加到年轻人的 5 倍，而 ACA 规定是 3 倍。

三、特朗普医改法案的潜在影响

（一）对联邦预算的影响

AHCA 或将在 2017—2026 年间减少联邦政府赤字、收入和支出。具体如下：减少联邦政府赤字 3370 亿美元，其中包括 3230 亿美元的预算内赤字和 130 亿美元的预算外赤字；减少联邦支出 1. 2 万亿美元；减少联邦收入 0. 9 万亿美元。支出的减少得益于医疗补助（Medicaid）费用的减少，以及废止 ACA 对个人健康保险的补贴。但与此同时，实施 AHCA 也会带来一定的成本，成本主要来自于两方面。一是废除 ACA 所造成的政府收入减少。ACA 对美国国内税收法典中的相关规定做了调整，比如提高高收入纳税人的医保工资税率，对纳税人净投资收入征收附加税，投保人向保险公司缴纳年费等。若废除 ACA，这些收入将会消失。二是 AHCA 会设立新的税收抵免规定，由此带来一定的成本。

（二）对参保人数的影响

与 ACA 相比，若实施 AHCA 将在 2018 年令 1400 多万美国公民无医保。无医保人数的增加源于 AHCA 废除了 ACA 的相关处罚条款。在 ACA 下，很多人为了避免支付罚款而缴纳医保，在 AHCA 下，由于废除了处罚条款，一些人会选择不参保，或因为保费较高而放弃参保。此外，由于 AHCA 造成购买保险的补贴额变化，未参保人数将在 2020 年达到 2100 万人，2026 年达到 2400 万人。

（三）对医保市场稳定性的影响

实施 AHCA 不会造成医保市场的波动，医保市场的稳定性基本没有变化。一方面，AHCA 仍将对医疗保险购买者提供补贴，这将维持美国公民购买保险的需求；另一方面，AHCA 的州立患者稳定基金（Patient and State Stability Fund，PSSF）也将给予各州补助，以降低参保人群的费用。

（四）对参保费用的影响

AHCA 会在 2020 年之前增加个人参保者的平均保费，此后个人平均保费将降低。2018 年和 2019 年，据美国国会预算办公室（CBO）估计，个人参保者的保费将比在 ACA 下高出 15% 和 20%。这主要是因为 ACA 对个人不参保的强制性处罚规定将被废止，导致一部分健康的公民弃保。但从 2020 年开始，废除个人不参保的处罚导致的平均保费增加将被多种因素抵消，从而降低保费，这些因素包括 PSSF 将给予各州补助和更年轻公民参保等。CBO 估计，到 2026 年个人参保者的平均保费将比在 ACA 下减少约 10%。

（五）对公共卫生计划的影响

AHCA 将中止用于基础公共卫生计划的资金，包括预防生物恐怖主义和疾病暴发的资金，以及提供免疫接种和心脏病筛查的资金。AHCA 还将废除“预防和公共卫生基金”项目，该项目每年为美国疾病控制和预防中心（CDC）带来近 10 亿美元资金，约占 CDC 总预算的 12%。如果 AHCA 最终成为法律，从 2018 年 10 月起，这些公共卫生费用将终止。这些资金中的很大一部分，约每年 6.25 亿美元，是直接提供给州和地方卫生部门的。如果资金流失，美国公民或将面临更大的疫苗可预防性疾病感染、食源性感染和医院感染的致命感染风险。预防基金的最大受益者之一是 CDC 的免疫接种计划，2016 年有 3.24 亿美元资金直接下拨到州和地方。

四、主流媒体评论

众议院通过 AHCA 后，西方主流媒体纷纷发表评论：

《纽约时报》称，AHCA 将削减联邦预算赤字，但在十年之后，仍有 2400 万美国人没有健康保险。此外，AHCA 对不同人群将造成不同的影响。一方面，该法案有利于高收入人群、无既往病史的中产阶级及高收入人群、不需要全面健康保险的人群、大企业雇主等，另一方面会对低收入人群、老年群体、有既往病史的人群等带来不利影响。

《华尔街日报》表示，尽管众议院通过了 AHCA，但该法案在参议院的前景仍存较大的不确定性，或将被参议院重新修改。如果参议院改动较大，最终返回众议院可能不被通过。此外，该法案没有考虑实施的成本和将对美国医保覆盖造成的影响。

美国有线电视新闻网（CNN）认为，AHCA 在参议院将面临一系列艰巨的挑战。

英国广播公司（BBC）称，尽管众议院通过了 AHCA，特朗普获得了胜利，但该胜利并不会持续。未来 AHCA 的通过会面临更大的障碍。此外，AHCA 艰难的推进过程，充分暴露了共和党内部的分歧。

路透社认为，众议院以微弱优势通过了 AHCA，这是特朗普自 1 月上任以来获得的最大胜利。但这场胜利可能非常短暂，因为 AHCA 在参议院将经历激烈辩论。

《金融时报》认为，众议院通过 AHCA 是特朗普在立法方面取得的首个大胜利，但 AHCA 在参议院的前景仍不确定。民主党称，AHCA 会提高保费，使数以百万计的美国人丧失医疗保险。

《经济学家》认为，尽管众议院通过了 AHCA，但该方案在参议院仍前景未卜。如果参议院改写了该法案，那么共和党可能再次选择放弃。

五、几点看法

（一）奥巴马和特朗普医改代表了不同阶层的利益

奥巴马医改的核心是帮助低收入的美国公民投保，实现医保全覆盖。为了实现这一目标，奥巴马医改法案强制所有人投保，要求企业雇主为员工提供医疗保险，禁止保险公司对既有病史的公民拒保，扩大医保覆盖面所需支出以增税特别是对富裕阶层增税等方式筹集等。这些条款被认为是“劫富济贫”，不利于富裕阶层，引发了该阶层极大的不满。特朗普旨在废除奥巴马医改，推行新的医改法案，其实就是在给富裕阶层“松绑”。如废止强制要求公民购买医保，允许保险公司提高高龄投保人保费等，对弱势群体不利。因此，奥巴马医改和特朗普医改代表了不同阶层的利益，在一定程度上反映了美贫富阶层的对抗。

（二）特朗普医改法案恐“缩水”

特朗普上任首日便签署行政令冻结奥巴马医改法案，转而推行符合共和党人执政理念的 AHCA，但过程并不顺利。AHCA 在 3 月份提交国会表决前因无法在共和党内部获得足够支持而被迫撤回，使特朗普遭遇了上任后首个立法失败，对其打击甚大。为了使 AHCA 能在国会通过，特朗普不得不向众议院妥协，被迫对 AHCA 进行了修改，最显著的修改就是向有既往病史的美国公民提供 80 亿美元的条款。这意味着众议院通过的 AHCA 已“缩水”，同时也反映出特朗普已开始灵活调整其施政方案。

（三）特朗普医改法案最终落实仍面临挑战

特朗普医改法案经过众议院表决通过，获得了暂时的胜利。但不可否认的是，AHCA 最终落实仍面临不小的挑战。首先，AHCA 能否在参议院获得通过存在不确定性。一方面，共和党在参议院 100 个席位中占据 52 席，优势并不大，且共和党对 AHCA 存在较大的分歧；另一方面，参议院民主党对 AHCA 不支持，明确表示要对 AHCA 进行修改。其次，即使参议院通过 AHCA，这一法案也极有可能是经过参议院修改的版本，返回众议院时仍有可能不被通过。

（陈霞　彭慧　刘元杰）

美国退出《巴黎气候变化协定》有关情况简析*

6 月 1 日，美国总统特朗普宣布美退出《巴黎气候变化协定》（以下简称《巴黎协定》）。美作为全球最大经济体和第二大碳排放国，退出《巴黎协定》必然将给全球应对气候变化努力带来广泛深远影响。现将美退出有关情况分析如下，供参考。

一、特朗普保守主义立场促其退出《巴黎协定》

（一）特朗普质疑气候变化理论及美相关政策

特朗普自竞选以来多次公开质疑气候变化理论，表示现有气候变暖理论并不可信，全球气温变化是自然的气候波动，并非人为因素造成，所谓“气候问题”是中国为削弱美制造业“发明”的概念。特朗普反对奥巴马政府的环境气候政策，主张环境政策重点应当转向保护水资源、社区清洁安全饮用水等“真正的环境问题”，并一度考虑解散联邦环保署。当选总统后，特朗普签署“促进能源独立和经济增长”行政令，废除了包括“清洁电力计划”在内的一系列奥巴马环境气候政策。

（二）特朗普认为《巴黎协定》对美不公且成效有限

特朗普对《巴黎协定》内容不满，也不看好其实施前景。一是声称协定对美“不公平”，要求美厉行“全经济体绝对减排”，却允许中印等排放大国从相对强度减排逐渐过渡到绝对减排。二是关于绿色气候基金（GCF），特认为出资义务对美不公平，美财政能力不足以向该基金提供巨额资金支持，基金资金去向也缺乏透明度，因此将停止向基金提供资金。三是认为《巴黎协定》控制温升能力有限，

* 本文写于 2017 年 8 月 1 日。

即便各国遵守协定，到2100年温升幅度也仅减少0.2摄氏度[①]。总之，特要求气候治理框架应当更“公平”，即各国享有同等权利义务，美可以就重返更“公平”的《巴黎协定》或其他新协定展开谈判。

（三）《巴黎协定》不符合“美国优先”执政理念

特朗普奉行“美国优先”政策总原则，将重振就业与经济增长作为施政重点。特深信，减排进程将直接损害美制造业和能源行业，危害美国经济。他援引国家经济研究协会报告称，若严格遵守《巴黎协定》的减排承诺，到2025年美将损失270万工作岗位，包括44万制造业工作；到2040年，多个产业将受到冲击并大幅减产，造纸业减产12%，水泥业减产23%，钢铁业减产38%，天然气行业减产31%，煤炭业减产可达86%；到2040年，美经济将损失3万亿美元GDP和650万工作岗位，受整体经济下滑和能源费用提高的影响，美家庭年均收入将减少4900美元。

二、美退出《巴黎协定》影响

（一）美国际地位和形象受损

美国历来自居全球经济、贸易和投资秩序及输出价值观的引领地位，退出协定与几乎所有盟国、贸易伙伴立场背道而驰，引发国际社会强烈反应。欧盟深表遗憾，瑞典等国表示谴责，加拿大“深感失望”，法、德、意声明“协定对全球社会和经济发展至关重要，不能违背也没有协商空间”，马绍尔群岛等脆弱小岛国表示“非常担忧”。美因此短期内陷入外交和战略孤立，长期来看形象受损，道义失分，必然影响其在重要国际合作议题上的协调力与号召力。

（二）影响全球减排进程

从法律角度，美退出不会影响协定已生效的事实，但对《巴黎协定》代表性和普遍性造成重要伤害，同时必然加重其他国家减排负担。一是美作为第二大排放国，自身减排义务需要别国分担。二是美之前承诺捐助气变资金30亿美元，占所有捐资额度（103亿美元）近三分之一，如果相关资金、技术援助不能兑现，依赖这些援助的发展中国家将受影响，可能下调甚至放弃既定减排目标，2摄氏度温升目标就更加难以达到，各国兑现承诺的不确定性也会增加。全球气候治理进程

① 据白宫相关文件，数据来源于麻省理工学院2016年4月报告《巴黎气候协定能起多大作用?》，但报告作者随即指出，特朗普的数据与报告内容不符，若各国遵守协议中的减排承诺，到2100年气温升高幅度将减少0.6—1.1℃。

虽然不会逆转，但可能出现迟滞。

（三）产生负面示范效应

美国退出可能产生示范效应，打击国际气候合作信心。美作为排放大国推卸责任，其他国家遵守协定和减排的动力也会受影响，以此为由减少甚至拒绝兑现减排承诺。目前，土耳其受到美国退出影响，已经停止批准《巴黎协定》。此外，《巴黎协定》部分内容有待进一步协商，各国受美影响可能在透明度等未定领域态度趋于消极，对于协议落实情况的关注度进一步减弱。

（四）美国内减排将转向“自下而上”

联邦政府宣布退出《巴黎协定》，但美应对气候变化进程可望以“自下而上”方式推进。目前，美七成民众支持《巴黎协定》，13 州宣布加入加州等州发起的“美国气候联盟”，211 个城市愿意恪守美对《巴黎协定》承诺，超过 30 个州出台了气候政策规划。美州政府政策自主性大，有权继续执行奥巴马清洁能源政策，不必坐等联邦统一行动，可以“自下而上”在地方层面推动减排行动，加快清洁能源转型。据摩根士丹利估算，即便退出《巴黎协定》，到 2025 年美减排量也有望超过签署《巴黎协定》时承诺的 26%—28%。

（五）美绿色经济和环保产业前景或受影响

退出《巴黎协定》将影响美在绿色金融、环境友好技术、可再生能源产业等的领先地位。一方面，美新技术新产品总体研发全球领先，但在环境领域面临欧盟等的赶超态势。欧盟：一是输出环境软实力，将欧盟环保标准向全球推广；二是环境产品开发早发展快，环保相关就业达 400 万人，在风能、太阳能、水处理等领域全球领先。另一方面，美碳金融体系近年相对滞后，碳市场以州或区域为单位，分布较为分散，交易量不及欧盟的 10%，交易价格也长期低迷。美退出《巴黎协定》，使环境与绿色产业面临不利政策环境，不利于美碳市场统一进程，以及争夺碳融资领域全球引领地位。

三、几点分析

（一）美绿色经济发展或将继续推动碳减排及气候政策调整

美国内存在强大力量支持绿色经济发展，呼吁参与全球减排。民主党、独立人士和近半数特朗普支持者反对退出协定，其顾问团队和内阁成员意见也尖锐分歧。特宣布退出后，美 9 个州、125 个城市、902 家企业和投资机构、183 所学院和大学发表联合声明，将致力于确保美在碳减排领域的领导地位，指出《巴黎协定》有利于创造就业、激发创新、加快清洁能源转型、促进贸易经济发展、提升美国的国际竞争力。签署方代表美 1.2 亿民众，约 30% 的 GDP，有纽约、洛杉矶等重要城市，苹果、耐克等财富 500 强企业。可见退出决定的政策基础并不稳固，美气候政策在特任期之后甚至任期内有再次调整转向的可能。

（二）根据法定程序美退出《巴黎协定》并非易事

特朗普表示美将遵循正式程序和途径退出协定，法律上存在两种可能：一是仅退出《巴黎协定》。协定第 28 条规定，自协定生效之日起三年后，缔约方才可发出通知退出协定，之后至少一年期满后才能生效。《巴黎协定》已于 2016 年 11 月 4 日正式生效，美最早可于 2019 年 11 月发出退出通知，最快要到 2020 年底才能退出协定，而此时美国下届总统大选已结束，这一程序耗时且具不确定性。二是退出《联合国气候变化框架公约》（UNFCCC），《巴黎协定》以此公约为基础，也就可以自动退出。退出公约仅需一年知会期，但需要美参议院超三分之二议员批准，鉴于美国内存在支持减排的强大力量，退出公约可能性微乎其微。总的来说，美实际退出《巴黎协定》要到特任期结束时，并仍存在一定变数。

（三）乐观看待《巴黎协定》及国际气候合作前景

美退出《巴黎协定》，带动缔约方大量退出并威胁《巴黎协定》及气候变化国际合作的可能性不大。从主权独立、国家利益、发展理念、现实可行性出发，缔约方在提出减排目标时已经过充分权衡，低碳转型被视为机遇而非道义负担，可以带动相关基础设施投资和技术创新，为经济提供新动能，对于面临工业化、城镇化的发展中国家尤其重要。无视这一潮流，就会影响绿色经济发展，失去未来可持续发展的全球话语权。落实《巴黎协定》、应对气候变化、实施低碳转型的全球趋势已不可逆转。

（四）中国应谨慎应对美退出《巴黎协定》影响

美废弃《巴黎协定》，拒绝兑现减排承诺，中止气候援助资金拨款，有呼声认为中国应适时行动，填补美留下的气变领域资金援助、减排责任方面的空缺。作为发展中国家，中国首要任务是确保自身发展空间，仍应坚定坚持“共同但有区别的责任”原则，也不具备代替美国成为全球气候治理领袖的条件。中国应坚持低碳发展战略，在绿色发展领域积累更多优势，在低碳领域形成全球竞争优势，在坚持自身发展权益的同时，逐渐从相对减排过渡到绝对减排，最终在全球治理体系中发挥更大作用，获得更多话语权。

（陈立宏　李明慧）

美国《国际经济和汇率政策报告》简析*

4 月 14 日，美国财政部发布针对主要贸易伙伴的 2017 年半年度《国际经济和汇率政策报告》，认定包括中国在内的主要贸易伙伴没有通过汇率操纵获取贸易竞争优势，但将中国、日本、韩国、德国、瑞士、中国台湾等 6 个经济体列入汇率政策监测名单。报告主要内容及我们的看法如下，供参考。

一、报告主要内容

（一）美主要贸易伙伴均非汇率操纵国

根据《1988 年综合贸易与竞争力法案》第 3004 条①和《2015 年贸易便利和执法法》（下简称“2015 年法案”），美国财政部认定一国为“汇率操纵国”需同时满足以下三条标准：一是年度对美贸易顺差超过 200 亿美元；二是经常项目盈余 GDP 占比超过 3%；三是一年内通过单边汇率干预买入的外汇超过 GDP 的 2%。2016 年，对美贸易顺差国中，有 80% 的经济体对美贸易顺差高于 200 亿美元；经常项目顺差国中，有超过四分之三的经济体经常项目盈余超过 GDP 的 3%。

报告显示，2016 年 10 月至 2017 年 3 月（报告期②），主要贸易伙伴均不同时满足上述所有标准，均不是汇率操纵国。

尽管当前并无经济体满足全部标准，但美财政部将持续密切监测它们的汇率

* 本文写于 2017 年 4 月 28 日。

① 《1988 年综合贸易与竞争力法案》第 3004 条（b）规定，美财政部长应与 IMF 协商，每年分析其他国家的汇率政策，并考虑各国是否进行汇率操纵以调整国际收支，或为在国际贸易中获得不公平竞争优势。如果部长认为：1. 有巨大经常项目盈余的国家；2. 与美国间存在巨大贸易顺差的国家——存在操纵汇率的情况，财政部应采取行动，在 IMF 或双边层面迅速与该国展开谈判，确保其及时调整与美元的汇率，实现国际收支结构合理有效，消除不公平优势。

② 报告期是指本次报告发布前的 6 个月。

政策。过去两年中主要贸易伙伴实行的汇率干预政策呈下降趋势，但必须确认，这不是为应对全球宏观经济环境变化做出的暂时改变，而是一种长期政策选择。此外，全球经常项目顺差高企导致国际贸易收支结构失衡且不合理。美国不会任由这样不公平的国际贸易体系继续维系。财政部将密切监控并严厉打击不公平的汇率政策。

（二）将6个经济体列入汇率政策监测名单的主要原因

如果某一经济体满足2015年法案三条标准中的两条，该经济体将被纳入汇率政策监测名单，连续被监督两个报告期。此外，特朗普政府新增一条补充标准，即如果美国与某经济体的贸易逆差占美国总体贸易逆差的比例较大，即使该经济体不满足2015年法案三条标准中的两条，也会被列入监测名单。本报告期监测名单中的经济体有：中国、日本、韩国、中国台湾、德国和瑞士。

1. 中国

报告认为，中国政府长期进行持续、大规模、单边外汇干预，在其贸易与经常账户顺差飙升的情况下，仍长期（约10年）防止人民币过快升值。中国政府仅允许人民币以渐进的方式升值，因此修正人民币汇率耗时良久。中国人为压低人民币汇率的政策对美国工人和企业造成深远负面影响，并扭曲了全球贸易体系。近三年来，中国汇率政策取向从防止人民币过快升值逐渐转变为防止人民币快速贬值，也对美国经济和全球经济造成不利影响。同时，中国限制进口商品和服务准入、限制投资的政策，也对国际资本入华投资形成障碍。

报告指出，近年来，中国国际收支状况出现大幅调整，经常项目盈余GDP占比从2015年的2.8%降至2016年的1.8%，但与美双边贸易仍不平衡。2016年中国对美商品贸易顺差为3470亿美元，较2015年下降5%，仍在美国主要贸易伙伴中位居首位。中国应加大向美国商品和服务开放的力度，加快向消费驱动型经济转型的进程。这将有助于改善中美双边贸易失衡的现状。

美财政部高度关注中国政府的贸易政策和汇率政策，包括中国在G20中关于避免货币竞争性贬值的承诺、汇率政策和外储管理的透明度等。希望中国政府能够证明，防止人民币竞争性贬值是一个持续的政策，即当人民币再次面临升值压力时能够允许汇率更多由市场决定。

2. 日本

日本符合第一、二条标准。2016年，日本对美商品贸易顺差高达690亿美元，经常项目盈余GDP占比达3.7%，大幅高于2015年的3.1%，为2010年以来最高水平。日本并没有在过去五年中干预外汇市场。日本仅能够在“非常特殊”的情况下实施外汇干预，且需事先与美进行协商。

国内经济增长乏力和需求增长疲软是导致日本贸易失衡的主要原因，日本政府应在实行宽松货币政策和灵活财政政策的同时，提振劳动力市场，推行提高全要素生产率的结构性改革政策，从而改善经济前景。

3. 韩国

韩国符合第一、二条标准。韩国曾实施非对称外汇干预政策，韩国政府应仅在外汇市场混乱或为提高外汇操作透明度的情况下，采取外汇干预措施。韩对美贸易顺差巨大，2016 年仅商品贸易顺差就高达 280 亿美元，经常项目盈余 GDP 占比为 7%，且有上升趋势。2016 年，韩国净卖出外汇 66 亿美元，未进行非对称汇率干预。IMF 认为，韩元依旧被低估。美财政部敦促韩国政府尽快提高汇率灵活性，并将继续密切监测韩汇率干预政策。

4. 中国台湾

中国台湾符合第二、三条。中国台湾曾实施非对称外汇干预政策，台湾应仅在外汇市场混乱或为提高外汇操作透明度的情况下采取外汇干预措施。2016 年，中国台湾经常项目盈余达 710 亿美元，位列全球第五，GDP 占比超过 13%；2016 年外汇净购买额为 100 亿美元，占 GDP 的 1.8%，为近年来首次低于 2%。美财政部认为，台湾外汇干预政策应仅限于外汇市场环境混乱的情况下，并继续提高外汇市场干预政策和外储管理的透明度。

5. 德国

德国符合第一、二条标准。2016 年，德国对美国商品贸易顺差达 650 亿美元，经常项目盈余 GDP 占比 8.3%；按名义美元价格计算，德国经常项目盈余近 300 亿美元，为世界第一。德国是欧元区第一大经济体，应采取相关政策措施提振国内需求，特别是更多利用财政政策，这将为欧元名义汇率和实际有效汇率提供支撑，并有助于其改善贸易失衡。2011 年以来欧央行并未大规模干预外汇市场，仅在 G7 一致决定稳定日元后，采取了相关外汇干预措施。

6. 瑞士

瑞士符合第二、三条标准。2016 年，瑞士经常项目盈余 710 亿美元，GDP 占比 10.7%，位列世界第六。2016 年瑞士大规模、单边购入外汇。IMF 认为，瑞士法郎被大幅高估。瑞士资产规模较小，不利于通过货币政策应对通货紧缩和避险资金流入。瑞士应加大对政策利率的调控，并制定更有力的财政政策，减少外汇干预，提高汇率政策的透明度。

二、几点看法

（一）报告结论符合预期

4 月初，中美两国元首海湖庄园首次会晤为中美关系未来发展确立了积极基调。双方通过长时间深入沟通，加深了彼此了解，增进了相互信任，达成了许多重要共识。双方同意在贸易投资领域深化务实合作，同时妥善处理经贸摩擦，以取得互利互惠的成果，这些为避免中国被列为“汇率操纵国”奠定了坚实政治基础。

同时，中国是监测名单中最不符合美财政部认定“汇率操纵国”标准的经济体，仅满足三条标准中的一条，这是不争的客观事实。国际社会也普遍认为，中国过去两年并未“操纵汇率”，强行认定中国为“汇率操纵国”缺乏法理依据。因此，本次汇率报告基于事实，未将中国列为“汇率操纵国”，符合预期。

（二）中美爆发“贸易战”的可能性降低

汇率报告结果表明，中美目前爆发“贸易战”的概率大幅降低。中美经贸关系具有重要战略意义，两国在经贸领域“你中有我，我中有你”的局面早已形成。2016 年，中美双边贸易额超过 5000 亿美元，双向投资累计超过 1700 亿美元。特朗普在人民币汇率问题上的立场有所转变表明，美方认可或基本认可中美贸易战是“双输”选择。中美贸易战既不利于全球经济增长，美国自身也将受损。美国暂未将中国列为“汇率操纵国”属务实之举，将有利于增进中美经贸合作和中美关系的整体改善。

（三）人民币汇率短期内趋稳

美汇率报告未认定中国为“汇率操纵国”，降低了人民币汇率走势的不确定性，短期内人民币汇率或趋稳。报告结论有助于增强市场对人民币的信心，使外界对人民币汇率有稳定预期。在持续两年贬值后，人民币后续贬值空间不断收窄，不存在长期贬值的基础。由于中国加强对资本流出的审核力度，跨境外汇套利因素对汇率的干扰大幅降低。未来人民币汇率走势主要取决于中国经济的基本面与人民币中间价定价机制，其中美联储加息可能引发的美元指数上升，成为影响人民币汇率波动的主要因素。

（四）继续密切关注美贸易政策动向

特朗普政府奉行“美国优先”原则，主张为美国企业创造一个公平的贸易竞争环境。美国主要贸易伙伴是否采取了公平的汇率政策，是否通过竞争性货币贬值政策获取贸易竞争优势，是特朗普政府对外经济政策的重点。尽管本次未将中国列为“汇率操纵国”，但由于本报告将贸易逆差占比较大与汇率监测挂钩，导致我国在仅满足一条标准的情况下，仍被纳入汇率政策监测名单，且美方措辞强硬。这显示出特朗普政府依旧高度关注中美贸易失衡问题。

中美关系在两国元首庄园会晤后翻开崭新篇章。但中美关系的结构性问题难以解决，未来注定不会一帆风顺，中美百日贸易谈判进展、我国汇率政策变动以及朝鲜局势变化等均可能影响中美经贸关系的发展。一旦中美关系出现波折或美经济增速下滑，汇率问题就极有可能再次成为特朗普政府向我国要价的筹码，美国是否会在 2017 年 10 月份将我国列为“汇率操纵国”仍存一定的不确定性。对此，我国需继续密切关注美贸易政策动向，做好预案，警惕其在贸易与汇率问题上的立场发生逆转。

（贾静航　张俊宁）

如何看美国对我国启动“301 调查”*

8 月 18 日，美国贸易代表莱特希泽发表声明，称根据特朗普的授权和美国《1974 年贸易法》第 301 条，将在涉及技术转让、知识产权和创新三个领域对中国正式启动贸易调查。美国启动“301 调查”意味着什么？我应如何应对？我们的分析和看法如下，供参考。

一、301 条款出台的背景与历史沿革

（一）301 条款的提出背景

20 世纪 70 年代，随着西欧和日本经济的恢复和迅速发展，美国在国内外市场面临日益激烈的竞争。1971 年，美国在维持了 80 多年的贸易顺差之后出现逆差，受到进口打击的相关行业和国会议员不断向国会和政府施压。

1963 年，美欧“鸡肉大战”成为提出 301 条款的序章，1969—1973 年期间，美国在关贸总协定（GATT）中提起了 10 起诉讼，获胜原因多是由于其强大的谈判能力。在 GATT 框架内，美国传统的争端解决机制日益受到欧洲和亚洲等国实用主义方法的挑战，因此，美国迫切需要出台比 GATT 争端解决机制更具攻击性的条款解决贸易争端，其结果即美国《1974 年贸易改革法》第 301 条的出台。

（二）历史上美对我共发起 5 次“301 调查”

近 30 年来，美国对中国共发起 5 次“301 调查”，其中有 3 次针对知识产权，分别于 1991、1994 和 1996 年先后三次针对知识产权保护领域启动了制裁程序，各历时 9 个月、8 个月和 2 个月，最终结果以 1992 年、1995 年、1996 年签订知识产权谅解备忘录，中国承诺加强知识产权保护，以及修订《专利法》《商标法》、颁

* 本文写于 2017 年 9 月 5 日。

布《反不正当竞争法》告终。在针对中国进行特殊“301 调查”和谈判期间，美国曾多次发起短暂的贸易制裁措施，其中 1994 年和 1995 年美国贸易办公室两次对中国向美国出口的纺织品、服装及电子产品征收 100% 的惩罚性关税。

除知识产权调查以外，1991 年 10 月，美国对中国发起市场准入“301 调查”，为期 12 个月，聚焦中国对美国商品进口设置不公平贸易壁垒问题，以 1992 年的谈判达成协议收尾。2010 年 10 月，美国针对中国清洁能源政策措施启动“301 调查”，最终通过谈判达成合意。

二、此次“301 调查”的主要内容

特朗普行政备忘录提出，美国在研发密集型、高科技产品领域处于世界领先地位，但由于美国企业的知识产权受到侵犯，遭遇不公平的技术转让，大大削弱其在全球市场中的竞争力。中国制定的有关鼓励或者要求美国将技术和知识产权转让给中国企业的政策和相关行动，抑制了美国出口，剥夺了美国公民应得利益，美国就业岗位转给中国劳动力，促进中国对美实现贸易顺差，致使美国制造业、服务业和创新能力受到侵害，对美国经济利益产生极大负面影响。基于此，美国对中国的法律、政策和贸易是否损害了美国的知识产权、创新和技术转让三个方面展开调查。

301 条款的基本程序包括：发起调查、调查发起后的磋商、贸易代表裁定、实施措施、对外国的监督、措施的修正与终止、信息请求及执行等程序。针对知识产权领域的特别 301 条款，调查程序基本一致，即贸易代表应在收到申诉 45 天内决定是否发起一项调查，并在调查发起后 6 个月（复杂案件可 9 个月）内做出决定，贸易代表在决定后 30 天内采取强制报复行动。目前处在美国对中国发起调查的阶段，磋商阶段预计将历时半年至一年。

根据“301 调查”的规定，首先美国贸易办公室将寻求与相关国政府协商，实施贸易补偿或消除贸易壁垒。如果协商无法解决问题，美国可采取报复措施，如征收额外的关税、实行进口限制等。纵观美国历次基于 301 条款采取的报复措施，通常有以下方式：一是施加最高达 100% 的报复性关税。美国国际贸易委员会贸易协商与分析办公室负责制定加税商品的“报复清单”，清单商品需尽量将对美国消费者、企业和劳工的负面影响降至最低；二是停止该国在美国享有的贸易优惠政策等。

三、此次“301 调查”对我影响

（一）贸易摩擦或频发

近年来，中国高新技术加速突破，一些领域的尖端技术取得突破性进展，一

定程度上影响了美国的战略利益，一直以来独享世界经济“大蛋糕”的美国面临中国高速发展的压迫式竞争，直接导致了美国出口受限，对美国制造业、服务业的发展产生了一定冲击。美国商务部数据显示，美对华货物贸易逆差占美国总体货物贸易逆差的47%。但是，表面的贸易额却并未反映实际的利益分配。从跨国产业链角度看，中国企业多处于中下游环节，在国际分工中地位相对较低；并且中国出口附加值较低，通过出口，相对附加值较高的美国企业和消费者将获利更多。

从中美经济合作“百日计划”到知识产权调查，特朗普政府的核心诉求一直是减少对华贸易逆差，以提振美国就业。但是在百日计划中，中国在进口方面已做出一定让步，因此针对此次调查，我国采取限制进口或进口替代等反制措施概率更大。尽管我国对美进口仅占进口总额的8.5%，但历时较长的“301 调查”对我国进口增速中枢影响较大，以1994 年的增速中枢值计算可得，调查期间我国整体进口数据将下调4.5 个百分点，调查结束则将上调近 20 个百分点。美国商务部公布中国对美货物贸易逆差为3470 亿美元，在剔除跨国企业关联交易等统计差异的因素，以及调整中美传统贸易统计方法中的计算差异后，贸易逆差仍会对调查期间中国整体进口额产生较大的影响。在此期间，中国进口市场或将转向欧洲和非洲国家，势必会对相关国家企业的发展造成压力，因此，综合来看，调查期间中美之间很可能频发贸易摩擦，中短期看，美国将专注于缩小美中贸易逆差。

（二）对我国经济影响有限

“301 调查”磋商阶段通常历时半年至一年，而企业调整生产计划到实施计划，同样需较长的时间周期。短期内，“301 调查”对中美贸易难以产生显著影响。

整体看，中国对美出口额仅占中国 GDP 的 3.4%，即使美国发动全面贸易战，也不会对我经济产出产生太大影响。协调期间若中美无法达成共识，美国或采取提高关税或限制进口的报复措施，限制从我国进口或推高美国国内部分商品的物价水平，降低其国内产品出口竞争力，相对提升中国产品的国际竞争力。

四、几点看法

（一）中美全面贸易战可能性较低，经贸关系仍将保持较稳步发展

“301 调查”被称为美国实施贸易保护的“核武器”，但若没有实施制裁，301 条款将不具威胁性。“301 调查”制裁措施分为威胁制裁和实施制裁两种，据统计，制裁措施多为威胁制裁，成功率为 56%，远高于实施制裁 34% 的成功率。但威胁制裁需要实施国付出巨大代价，有时还必须通过无果威胁实现。尽管实施制裁成

效不显著，但若没有实施制裁，美国大多数贸易伙伴在调查后一定不会做出让步。从历史经验看，虽不能排除美国对我国发起全面贸易战的可能，但全面“开战”的概率不大。在中美经济日益交融的今天，对华发动全面贸易战实非明智之举。

近年来，中国大力加强知识产权创造、保护和运用，知识产权保护的进展和成效有目共睹。在医改推行受挫、税改未来存在不确定性的情况下，美对我国发起“301 调查”实为特朗普实现其竞选承诺的“权宜之计”，意在缓解国内矛盾，治理政治乱象，拉升党内支持率，不仅如此，特朗普还希望将“301 调查”作为与中国谈判朝核问题的筹码。目前，中美“百日计划”已取得早期收获，首轮中美全面经济对话确认开展中美经济合作一年计划，这些计划将进一步强化双方的交流磋商，稳步推进甚至深化中美经贸合作，中美经贸关系将仍可能继续保持较平稳发展。

（二）单边主义贸易措施引发政策外溢效应

在当前全球经济低迷，地缘政治紧张的格局下，英国脱欧以及特朗普就任以来先后退出 TPP 和巴黎气候协定协定，看似美、英等发达经济体政策内顾倾向凸显，逆全球化思潮呈蔓延之势。在当前背景下，美国提出“301 调查”，此举是对 WTO 争端解决机制的公然挑衅，是美国经济霸权主义的体现。但纵观全局，尤其是从 G20 汉堡峰会达成的共识看，全球多边贸易体制仍是当前国际社会的主流趋势，美国贸易保护主义不符合全球发展趋势，美若频频发动颇具单边色彩的“301 调查”，绕开 WTO 多边规则，可能致使其他国家效仿美国的单边主义政策，进而可能瓦解以规则为基础的国际贸易体系。

五、应对之策

由于中国并未与美国签订自由贸易协定、双边投资协定等，也不享有美国给发展中国家的普遍优惠制度，特朗普政府在启动“301 调查”后，若要对中国实施贸易报复行动，大概率是对中国出口美国的部分商品加征报复性关税、限制重要领域技术和产品对华转移和出口。基于此，我国应未雨绸缪，做好预案。

（一）理性重设中美技术合作战略定位

中国是美国飞机零部件、民用核能、可再生能源、智能电网等多个重要行业产品与技术的主要出口国。一旦美国政府停止对上述产品和技术的贸易转让，势必对这些行业产生一定冲击。一方面，我国应继续推进供给侧结构性改革，积极化解依赖美国先进技术转让导致的负面影响；另一方面，在核心技术和高新产品方面进一步加大对国内企业的扶持力度，尽可能减少对美国企业的依赖。以可再生能源为例，由于国内可再生能源的飞速发展，对美进口比例和依赖程度已明显下降。

（二）诉诸国际规则维护我国合法权益

应全面关注和梳理国内企业的知识产权，尤其是涉及与美国企业相关的知识产权，包括版权、商标、专利等。一方面，梳理自身的知识产权是否在美国获得保护。知识产权具有极强的地域性原则，在中国注册的商标或专利，还需在美国获准注册，才能受到保护。对于尚未在美获得知识产权保护的，有必要及时申请保护。另一方面，梳理自身产品是否涉及侵犯知识产权的情况。对未及时申请保护的知识产权和可能涉及侵权的产品，不仅应提前做好法律预防、购买知识产权保险等应对措施，更为重要的是诉诸 WTO 争端解决机制，形成对美国国内法的有效牵制，维护我国合法权益。

美国政府为履行 WTO 协定，曾做出“行政行动声明”表明美国将按照符合 WTO 规则的方式执行 301 条款。2010 年美国对中国清洁能源政策发起的“301 调查”，就是通过 WTO 磋商机制，双方最终达成一致的案例范本。

可见，若美国超出 WTO 规则采取行动，中国应第一时间向 WTO 发起争端解决，提交报复清单。加之，强制技术转让问题不受多边规则约束，意味着特朗普若针对中国的技术转让问题实施贸易制裁，则违反了 WTO 规则。

（三）做好采取反制措施准备

中国在诉诸 WTO 规则解决问题的同时，若美国根据“事实清单”（fact sheet）对中国进行无端指责，不尊重客观事实，中国可采取相应的反制措施。美国对中国的出口市场很大，涉及大豆、汽车到飞机等产品，范围之广，体量之大，中国可考虑反调查或使用替代进口等反制措施，相对而言，限制进口或替代进口措施更易实施。

调查期间，我国应与美国积极磋商，就双方重点关切的贸易逆差和对外投资开放等问题进行探讨，坚持合作共赢的基本原则，通过多领域进行协调，同时加强对美进口贸易的监管，严格按照国际多边规则执行诸如反倾销等调查，审时度势地对美国施加适当压力，在国际市场上唱出“中国声音”，从侧面回应美国的贸易保护措施。

与此同时，我国应积极做好反制措施的准备。截至今年 6 月，中国是美国第二大贸易伙伴、第三大出口市场和第一大进口来源地，美国 56% 的大豆出口至中国，波音飞机、汽车和集成电路对中出口占比各为 26%、16% 和 15%，可见，中国仅针对大豆和波音飞机两个领域对美国实施限制进口，对美国的出口乃至整个货物贸易的影响将具破环性。

除了战略重设、利用国际规则和采取反制措施外，未来还应专注于如何将支持创新、知识产权保护等方面的政策更好地落地，并产生实际效果。同时对于涉及调查的中国企业，应该及时做好应对准备，尽快完成贸易订单，对于正在进行的或即将执行的订单，应采取多种方式规避风险。

（袁璇　周波）

中国参与美基建情况简析*

近期，特朗普政府宣布即将开展大规模基础设施建设（以下简称“基建”）。我们就中国相关行业如何克服挑战、积极参与美新一轮基建浪潮简要分析如下，供参考。

一、美即将开展大规模基建

（一）美政府着手基础设施升级改造

目前，美国公路、桥梁、港口、能源等基础设施严重老化，整体质量下降。近期发布的《全球竞争力报告》① 称，美国基础设施质量位列全球排名第 11 位，道路质量第 13 位，铁路基础设施第 13 位，港口设施第 10 位，供电设施第 17 位，与其经济地位严重不符。加大基础设施投资、以投资促增长已成美国朝野共识。特朗普政府正计划推动 20 世纪 50 年代以来最大规模的基础设施扩建和现代化改造，宣布未来 10 年将就此投资 1 万亿美元，签署了“快速跟踪审批高优先级别基建设施项目”总统行政令，着手制定包括 50 个项目的基础设施建设优先清单，总投资额约 1375 亿美元。参议院民主党也提出一项万亿美元基建方案，包括路桥及城建投入 2100 亿美元，铁路、公路、港口、机场和水路改造 2450 亿美元，能源设施投入 1000 亿美元等。

（二）资金不足成美基建最大短板

美政府基建计划目标明确，规模宏大，但实施中面临一系列困难，最突出的是资金不足问题。多年来，美用于基础设施建设、运营和维护的公共支出不断下

* 本文写于 2017 年 5 月 4 日。

① 世界经济论坛，《全球竞争力报告》（2016—2017）。

降，公共建设投入已下降至 1993 年以来最低水平，仅占 GDP 总量 1.5%，大大低于中国等新兴市场国家。州政府基础设施预算则在 2009 年和 2010 年分别削减了 3.8% 和 5.7%。美国全国商会估算，2013—2030 年，美运输系统、能源设施、供水及废水处理等领域至少需要 8 万亿美元以上新投资，但实际可筹资金仅为需求的一半。美财政部估计，到 2020 年美基建资金缺口将达 1 万亿美元，2040 年还将继续扩大至 4.7 万亿美元。

二、中国参与美基础设施建设分析

（一）中国企业和资金走出去的重要机会

目前，美在基建资金、机械设备、建筑材料和劳动力供给等方面都存在不足，中国则有明显优势。中国长期保持较高固定资产投资水平，具有丰富的基建经验，企业设计、施工和管理实力雄厚，钢铁、水泥、建筑机械等行业发达。其中，交通基础设施等领域已走在世界前列。到 2016 年底，高铁里程超过 2.2 万千米，高速公路里程 13 万千米，内河航道里程 12.71 万千米，均居世界第一；技术水平也跻身前列，高速铁路、高寒铁路、高原铁路、特大桥隧建造技术均达到世界先进水平，北京新机场建成后将是全球规模最大的单体机场航站楼。中国可以发挥在上述领域的优势，积极参与美国基础设施建设。

（二）参与美基础设施建设美方潜在障碍

1. 复杂的法规、政策及标准体系

一是赴美投资基础设施建设需要美多方审批，包括行业性立法、行业监管机构个案审批、反垄断机构并购控制、证券监管机构并购审查等，一些项目可能还需要州及地方政府监管机构批准。程序繁琐、过程冗长，无形中推高企业成本。二是美国基础设施资产在所有权上分为公有和私有性质，使得相关适用法律、法规与合同结构十分复杂。三是中美工程技术适用标准存在较大差异，在符合国际通用标准和当地实际情况的前提下，我在美基础设施领域推广我国适用的工程设计标准、施工规范和产品标准仍存在较大困难。

2. 政治因素和安全审查的影响

投资美基础设施要注意政治因素的影响。美国公共治理结构下，政府、社区、工会、媒体、行业协会、NGO 等不同利益集团处于动态博弈，立法和行政决策来自于各方的斗争和妥协，可能导致预期之外的投资风险，或是由行政当局通过现行法规，或是由立法机构临时制定修改法规，对外资进行制约。

其中，美外国投资委员会（CFIUS）对外资进行国家安全审查对中国影响尤其大：一是对影响美国家安全的“关键性基础设施”如制造业、电信业和能源业的海外投资进行严格审查；二是对国有资本和政府背景企业进行审查，国企因所有制性质常成为其重点审查对象；三是对中、俄等非盟国海外投资行为采取相对严格的审查政策。2012—2014 年，CFIUS 共审查 35 个国家（经济体）的 358 宗涵盖交易，中国被审查数量连续三年高居首位。

3. 美政府采购相关规定的限制

美联邦和州政府都有基础设施优先采购相关规定。1933 年通过的《购买美国产品法》规定政府直接采购中优先购买美国产品，使用联邦运输基金的州和地方实体采购时执行多种优先国内产品的规定，联邦资助的运输基建项目使用的钢铁和制成品必须在美国生产。《1979 贸易协定法》要求政府采购超过一定额度，必须购买来自“指定国家”即签署世贸组织《政府采购协议》（GPA）国家的商品，中国目前只是 GPA“观察员”，参与美政府采购必然受到限制。特朗普奉行“购买美国货”“雇用美国人”原则，宣称将购买“美国钢铁”、雇用“美国工人”建设高速公路、桥梁等基础设施。美地方政府也有权制定类似限制条例，如《宾夕法尼亚钢材采购法》对进口外国钢材比《购买美国产品法》限制更严格，几乎所有州在竞争性公共部门采购方面都实施了某种形式的地域优先措施。

（三）中方自身存在的不足和问题

1. 中企对美基建项目金融投资的政策限制

目前资本管制制度限制资本的自由流动，中企进行投资或将资金转往海外需要监管部门批准，由于涉及发改委、商务部、外管局等多个机构，程序较为复杂繁琐，影响了投资的及时性和灵活度。此外，中企投资往往有国有背景，进行项目投资或贷款，有时要以其他国企参与为条件，影响参与项目的竞争力。如 2013 年国开行计划向美莱纳公司（LENNAR . CORP）17 亿美元基础设施项目提供融资，要求国家铁路公司作为承包商之一，最终交易未能达成。

2. 企业缺乏在欧美国家的运营经验

中国企业缺乏在欧美错综复杂监管环境中运营的经验，处理东道国复杂政治社会关系的能力也有待提高。部分企业在平衡东道国关系上存在误区，容易过度依赖东道国政府，与地方政府、社区及民众、特别是环保组织沟通能力相对不足，沟通意识偏弱，缺乏当地管理经验，环保、劳资纠纷时有发生。中美在语言文化、社会环境、经济发展阶段上都存在差异，企业应格外注意上述问题，防范相关运营风险。

3. 产品质量、安全和售后等方面有待改进

我在基础设施领域积累了丰富经验，部分产品如高铁设备已居世界先进行列，但在美国产品质量问题仍时有发生，使美方对我产品质量和安全性较为关切。此

外，中国企业海外售后服务和维护网络相对不足，一些行业如风电部门技术培训、运营维护、软件升级等售后服务是获得合同的优先条件。参与美国基建市场，必须在产品质量、安全、售后等方面做全面的准备。

4. 参与美基础设施建设方式有待改进

以工程承包为核心的成套服务，是中企在全球参与基础设施建设的重要模式。基础设施项目合作可以采取 BOT（建设—运营—移交）、BT（建设—移交）、TOT（转让—经营—转让）、DBOM（设计—建造—运营—维护）、DBOMF（设计—建造—运营—维护—融资）等模式。我国企业参与国外基础设施项目通常采取设计—招标—建造模式，主要倾向于设计建造等前期活动，未来应重点发展 DBOM 及 DBOMF 模式，通过参与基础设施运营和维护，为我国企业带来长期业务和稳定的回报。

三、几点建议

（一）探索建立双边基础设施沟通合作机制

鉴于美国复杂的政治、法律、投资和社会环境，可以考虑与美方联合成立专门沟通机制，对中美基础设施建设合作进行统筹规划，定期就合作涉及的政策问题进行磋商，及时交换基础设施投资意向与需求信息，大力推动省州等地方层面开展直接沟通，引导中资企业尽快熟悉并参与美基建市场，与美方合作集中管控有关政策问题。考虑特朗普政府曾宣称将成立基础设施建设基金，应就此加强与美方沟通，加紧政策研判，探讨出资参与的利弊与可行性。

（二）PPP 等多种模式并行参与美基建项目

参与美国基建有多种方式，包括金融投资、商品供应和服务供应等，其中 PPP 发挥越来越重要的作用。传统上，美国基建资金主要来自联邦信托基金和市政债发行，但资金缺口迫使政府鼓励私人投资参与。2008 年金融危机后，美国基础设施建设中 PPP 模式快速发展，延伸到学校、医院、监狱、交通运输、航空航天等几乎所有公共部门，正替代传统方式，成为美国基础设施建设资金的主要来源。其中，DBFOM 较 DB 等传统模式发展更加迅速，私人部门作用也越来越突出，为我更加深入参与美基建提供了良好机遇。

（三）积极支持企业赴美参与基础设施建设

中国企业对美国市场、法律法规、公司管治、商业文化和习惯等方面了解不足，制约企业参与投资美国基础设施。有关部门可提供相关政策培训和投资指导，通过财政扶持性资金提供项目前期费用，政策性银行提供中长期贷款和较优惠利率，放宽和简化有关政府审批程序等措施，一方面增强企业参与美基础设施建设的能力，另一方面避免企业缺乏合作导致恶性竞争局面。特别是要引导、鼓励和支持企业“融入社区”，积极参与当地事务，通过承担社会责任塑造企业形象，争取公众对企业支持，减少政治因素对于投资并购的干扰。

（四）支持企业积极应对 CFIUS 审查

中国企业赴美投资面临一定风险，单个企业如受到 CFIUS 审查，仅靠自身力量难获公正待遇。有关部门可加强对企业利益诉求和被审查情况的关注，通过官方途径就被审查案加强交涉，争取更大主动权，确保企业在美投资的公平、安全和利益。同时，鼓励有能力的企业向政府提供研究成果，及时通报其应对 CFIUS 审查和规避风险的经验与案例。此外，还应积极发挥行业协会等非政府组织优势，建立相关政府部门与赴美投资企业之间的桥梁纽带，支持协会建立中国企业赴美投资的数据共享、法律互助平台，为国有企业、中小企业赴美投资提供全面支持和持续研究，为双边对话和投资谈判提供研究成果和政策建议。

（陈立宏　于晓）

■ 第五部分

全球经济治理

理性看待全球化进程中的逆全球化思潮*

金融危机以来，全球经济复苏乏力，周期性和结构性矛盾累积，失业和分配失衡等社会问题日益加剧，部分社会阶层失落感和不安全感上升。在西方选民政治体制下，越来越多民众开始转向主打“民粹牌”的政治家，本国优先甚至以邻为壑的政策主张越来越有市场，对全球化的指责和不满甚嚣尘上。针对日益蔓延的逆全球化思潮，我们有必要深入思考其内在根源，探讨如何从根本上加以引导和管理，推动全球化进程继续向前，为低迷的全球经济注入新的动力。

一、全球化的内涵与演进

根据 IMF 定义，全球化涉及政治、经济、文化等诸多方面，重点是经济全球化，主要涉及国际贸易、资本流动、移民与人口流动、知识交流与扩散等。一般来说，经济全球化是指不同经济体在经济领域的互动、整合以及相互依赖，衡量经济全球化主要指标集中在国际贸易和跨境金融等领域。

学术界认为，全球化进程从 19 世纪末开始，至今共经历了三次发展浪潮和数次调整。第一次全球化浪潮发生在 1870—1914 年，国际贸易的繁荣和国际资本、劳动力的大规模流动成为这次全球化浪潮的主要特征；第二次全球化浪潮始于 1950 年，交通运输和通讯能力的提升发挥了重要作用，贸易自由化成为这次浪潮中的重要推动力；第三次全球化浪潮从 1980 年开始，新兴市场和发展中经济体实力显著增强，开始深度融入全球金融体系。有观点认为，第三次全球化浪潮受 2008 年全球金融危机影响而转入调整，目前第四次浪潮尚未全面兴起。

从历史演进上看，全球化发展浪潮往往兴起于全球经济扩张周期，伴随着新科技革命和国际贸易和金融的快速发展，而调整或低潮往往发生在大国对立甚至战争时期，或者发生全球范围内的危机和衰退。总的来看，全球化进程在过去数

---

* 本文写于 2017 年 8 月 11 日。

十年间仍呈稳步发展态势，近期出现的逆全球化思潮或只是新一波全球化浪潮前夕的调整和能量积聚。

二、全球化的经济效应

（一）全球化为世界经济增长提供了强劲动力

过去 30 年，世界贸易增速平均为全球 GDP 增速的两倍，为全球经济增长发挥了重要的引擎作用，带动了一批新兴市场国家的发展和崛起。反观近三年，全球贸易增速降至年均 2.8%，全球经济增速也降至 3% 左右。而在金融领域，金融开放和资本流动优化了全球范围内资源配置，促进了流入国的经济增长和民生改善。有观点认为全球化带来的金融开放将影响区域和国别金融体系稳定，但结合历次金融危机和国际金融体系特征来看，影响全球金融稳定的最根本因素仍是美联储货币政策变化，以及美元汇率和美元资产价格变动造成的国际资本无序流动。

（二）全球化有效推动了发展中国家减贫进程

过去 30 年，全球化有效推动了全球减贫事业发展，特别是发展中国家的减贫进程。以中国为例，中国自 1978 年改革开放以来，使 7 亿多贫困人口脱贫，对全球减贫的贡献率超过 70%。同样成绩突出的还有印度和印尼，减贫人口均超过 1 亿人。这些国家除了国内政局相对稳定，宏观政策运用得当外，很重要的一个共同点就是积极参与全球化进程。通过融入全球价值链，贸易和相关产业部门快速发展，为贫困人口和工薪阶层提供了稳定的就业和收入。有研究表明，全球化带来的收入增长效应，除发达国家的最富裕阶层外，在发展中国家的中低收入阶层中最为明显。

（三）全球化通过做大经济“蛋糕”，一定程度改善了收入分配

全球化可以通过促进增长和减贫，做大全球经济“蛋糕”，改善低收入阶层收入状况，总体上对收入分配的影响基本中性，在不同国情和发展阶段下稍有差异。以贸易和金融为例，如辅以有效的国内政策加以引导和管理，两者皆能发挥改善民生，提供更好的消费和金融服务的功能；反之，贸易和金融也都能造成不同部门、不同阶层之间的分配失衡，甚至带来外部风险。在国际舆论中，人们往往将分配失衡归咎于全球化进程，但 IMF 研究表明，过去数十年间，导致一国国内收入差距扩大的最重要因素是科技进步，而非全球化进程。世界银行近期通过实证研究发现，国际贸易和金融开放对国别收入失衡的影响非常有限，和 IMF 研究结论一致，科技进步才是导致收入失衡的最重要因素。

三、逆全球化的主要表现

（一）贸易和投资壁垒数量快速增长

近年来，全球贸易增长日趋放缓，2008—2015年全球贸易平均增速仅为3%左右，远低于危机前水平。由于“蛋糕”难以做大，各经济体开始在如何切“蛋糕”上动脑筋，不同形式的贸易壁垒，特别是技术标准、知识产权等隐性壁垒和滥用贸易救济措施的案例开始大幅增加。WTO数据显示，技术性贸易壁垒的数量已从2000年的606件增长到2015年底的14807件，15年间增长了24倍。而针对跨境投资，发达经济体通过诸如国家安全审查等方式为外资并购设限等案例屡见不鲜，而发展中经济体普遍存在营商环境不佳，投资权益难以保障等风险。全球外国直接投资2016年下降2%，仍未恢复到危机前水平，其中发展中经济体FDI流入量大幅下降14%。

（二）主要经济体宏观政策外溢性加大

金融危机爆发后，主要经济体协同采取了提振需求、刺激增长的扩张性政策，但随着不同经济体复苏势头分化，宏观经济政策也出现分化。特别是2015年底美联储加息以来，主要经济体货币政策分化加剧。目前美联储已加息四次，预计年内仍将加息，甚至开始缩表。而欧元区和日本央行仍然维持着负利率和资产购买计划。正如第一次加息时引发了全球资本市场剧烈波动，美联储每一次动作，都可能引发新一轮金融动荡，影响全球经济复苏。特别是对新兴市场和发展中经济体来说，美联储加息导致外部金融环境收紧和资金流出加剧，不仅影响国内融资环境，甚至可能对本就不够健全的金融体系造成冲击。而发达经济体在制定宏观政策特别是货币政策时，往往只考虑增长、就业、通胀等国内指标，也缺少同市场和其他经济体的有效沟通。

（三）对多边主义的挑战和冲击增加

多边主义是当前全球经济治理体系的重要特征，也是世界经济格局逐步朝着多极化方向发展的重要标志，更是迄今为止最合理、最公平、最具合法性的治理方式。中国一贯坚持多边主义，并致力于对全球经济体治理体系进行改革和进一步完善。但近年来，反多边主义倾向开始在部分国家和地区蔓延，从欧洲部分国家的反移民浪潮，到英国脱欧，再到特朗普就任以来先后退出TPP和巴黎协定，曾经自诩全球化领导者、坚持多边主义价值观的美、英等发达经济体政策倾向逆转，出现了逆全球化和反多边主义势头，孤立主义和内倾政策明显增多。考虑到发达经济体在全球经济体系中的重要地位，美、英等国反多边主义的举措必然对其他经济体特别是发展中经济体带来负面冲击，对全球经济治理造成破坏。

四、逆全球化的本质

（一）逆全球化——增长乏力期的一场零和博弈

回顾全球化的演进过程不难发现，由于贸易和金融具有典型的顺周期特征，全球化浪潮在世界经济繁荣时愈发强劲，而在经济衰退或危机时遭受挫折。繁荣期内，贸易和金融通常是经济增长的重要引擎；衰退期内，贸易和金融收缩加剧了衰退。而逆全球化多于全球经济疲软甚至衰退时抬头，本质上还是源于全球经济增长失速和发展失衡，无法满足国别和民众的现实需要。

从国际经济治理角度看，由于发达经济体牢牢把持着国际贸易和金融体系主导权，一旦全球经济蛋糕无法做大，发达经济体往往会从如何切蛋糕入手，以牺牲其他经济体利益为代价保护自身利益，逆全球化举动也就成为这场零和博弈中的主要手段。从社会治理和选民政治角度看，不同社会阶层在经济社会发展中的收益有别，分配失衡往往导致特定阶层不满情绪累积，在选民政治下，这种不满情绪被部分政治家所利用，成为其争取选票和获得权力的无形工具，内视性倾向甚至民粹主义观点被严重放大。

（二）逆全球化思潮尚不足以扭转全球经济开放与合作大势

在全球经济摆脱低速增长的“新平庸”状态前，逆全球化思潮仍将在部分国家或特定阶层中蔓延；在全球经济治理体系代表性和公平性得到进一步改善前，发达经济体仍有足够的“资本”采取逆全球化措施。我们固然需要警惕逆全球化思潮，但也应该看到，合作与发展仍是当前全球经济的主流，正如美国退出了巴黎协定，但不妨碍其他主要经济体共同努力应对气候变化；尽管 TPP 和 TTIP 协议受挫，但不妨碍日欧经济伙伴关系协定和 RCEP 等自贸安排取得进展；尽管英国选择脱离欧盟，但不妨碍欧盟在法德轴心的带动下继续推动一体化进程。全球化是过去一个多世纪以来重要的增长引擎，也必将为未来全球经济增长和社会发展注入动力。正如习近平主席所讲的，“全球化是社会生产力发展的客观要求和科技进步的必然结果，让世界经济的大海退回到一个一个孤立的小湖泊、小河流，是不可能也是不符合历史潮流的”。

五、积极作为，谋划长远，做全球化的新领军者

（一）继续高举全球化大旗，从支持者向领军者转变

长期以来，我始终以全球化坚定支持者和多边体制捍卫者的姿态，在国际社会积极发声，维护全球化进程和多边治理体制。在英国脱欧和特朗普内倾倾向上升的新形势下，全球化领导力量面临转换。无论是从我经济体量和国际影响出发，还是为更好地维护我经济利益，创造良性发展环境，我都应积极谋划，探讨是否应更进一步，从全球化的支持者向领军者转变。一方面加强与主要经济体和国际组织合作，共同维护开放的全球经济体系和多边主义框架，另一方面通过“一带一路”和亚投行等国际发展倡议，为区域和全球提供更多公共产品。对于全球化进程中出现的问题，要在持续开放中加以解决，不能因噎废食，更不能以邻为壑。

（二）继续加大对多边国际机构和多边治理平台的支持

第二次世界大战以来形成的国际经济金融秩序尽管存在很多问题和缺陷，但在过去数十年间为全球经济增长和社会发展发挥了重要作用，应当肯定其积极作用，特别是联合国、世行、IMF、WTO 等国际机构以及 G20、APEC 等多边治理平台，在促进全球和区域经济增长、金融稳定、贸易发展等方面做了很多努力，也正在朝更具公平性和代表性的方向改革。这也是为什么近年来部分发达经济体开始减少对多边机构和多边平台的支持，从多边转向双边甚至单边，孤立地维护自身利益。从这个角度讲，我们支持多边国际机构和多边治理平台发挥更大作用，一定程度上就是支持全球化和多边主义。我应继续加大对现有多边国际机构和治理平台的全方位支持力度，同时发挥好新机构、新平台的作用，推动构建公正合理的治理模式，为全球经济增长提供更有力保障。

（三）多双边渠道协同发力，推动区域和全球合作向前发展

除了提出“一带一路”和亚投行等国际发展合作新倡议外，我还积极参与了多个多双边渠道经贸合作机制建设，包括 RCEP、中日韩自贸区、中美和中欧投资协定等。要推动全球化向更加包容普惠的方向发展，就必须夯实这些抓手，在多双边渠道协同发力，尽快取得实质性突破，通过实实在在的成果和项目，不断增加相关国家的获得感和认同感。特别是在逆全球化思潮蔓延的当前，更要利用一切场合宣传我开放、包容、普惠、共赢的国际合作观，反对任何形式的保护主义。作为全球第二大经济体和数万亿美元的巨大市场，一旦中国参与的经贸合作机制能有所突破，不仅能创造实实在在的经济效益，还将在全球范围内形成示范效应，

发挥引领作用。

（四）坚定不移扩大开放，更加积极主动融入全球化浪潮

改革开放以来，中国开始主动融入全球化进程，改革开放的历史一定程度上也是我们参与全球化，在全球化浪潮中获得成长的历史。封闭则停滞落后，开放则发展繁荣。历史经验表明，发展中经济体如能练好内功，构建适应全球化发展的开放型经济体制，是完全可以利用好全球化进程，实现自身快速发展的。那些抱怨全球化，将经济失衡归咎于全球化的国家，更多是因为国内宏观政策失当，造成了风险集聚或放大了负面影响。改革开放四十年，中国已不再是初入世界经济大海的新泳者，而要争做引领全球化浪潮的弄潮儿。不管出现什么思潮或波折，中国都将坚定不移地深化改革，扩大开放，更加积极主动地融入全球经济体系，以实际行动发出维护全球化的积极信号。

（王虎　袁璇）

G20 与中国*
——G20 系列研究报告之二

自 G20 机制诞生以来，作为重要的创始成员、参与者和推动者，中国全面参与 G20 各项工作，成功举办 2005 年 G20 北京财长和央行行长会议（下简称“G20 财长会议”）及 2016 年 G20 杭州峰会，对世界经济稳定和复苏发挥了关键作用，对 G20 机制发展作出重要贡献。未来，中国应一如既往积极参与 G20、引领 G20 和完善 G20。

一、积极参与 G20 历次会议

（一）中国以创始成员国身份参与 G20 是历史的必然

改革开放以来，中国经济快速发展对促进世界经济增长发挥了重要作用。一是中国为成功应对 1997 年亚洲金融危机作出巨大贡献。1997 年亚洲金融危机爆发时，亚洲主要货币竞相贬值①。面对风雨飘摇的亚洲经济，中国政府展现了大国责任和大国担当，明确承诺并兑现人民币不贬值，为亚洲经济在危机后两三年迅速复苏作出突出贡献。二是作为发展中大国，中国成为拉动世界经济增长的重要力量。20 世纪八九十年代的两个十年中，中国均是全球经济增长五大贡献国之一，中国和美国的贡献分别是 13.4% 和 26.7%，其他三国均为发达经济体。到了 2000—2009 年，中国已超过美国 4 个百分点，成为最大贡献国。

1997 年亚洲金融危机后，G7 成员国逐渐意识到，仅靠自身力量已无法应对全球经济问题，邀请中国等新兴经济体共同参与已成为历史的选择。在此背景下，

* 本文写于 2017 年 1 月 24 日。

① 韩元兑美元汇率由危机前的 770 韩元兑换 1 美元跌至 1700 韩元兑换 1 美元，泰铢由 25 泰铢兑换 1 美元跌至 54 泰铢兑换 1 美元，印尼盾最严重时曾由 2203 盾兑换 1 美元跌至 11950 盾兑换 1 美元。

G7 财政部长于 1999 年 9 月 25 日在华盛顿宣布成立 G20，中国以创始成员身份正式加入 G20。

（二）中国全程参与 G20 会议（G20 升级为峰会前）

1. 项怀诚出席 1999—2002 年间举行的四次 G20 财长会

1999—2002 年，时任财政部部长项怀诚出席第一至第四次 G20 财长会议。1999 年 12 月在德国柏林举行的 G20 首次会议上，G20 各方达成共识并强调，G20 是 IMF 和世行框架内非正式对话的一种新机制，旨在推动国际金融体系改革，促进发达国家和新兴市场国家之间就实质性问题进行讨论和研究、寻求合作并促进世界经济稳定和持续增长。2001 年 11 月，在加拿大渥太华举行的 G20 第三次财长会上，项怀诚指出，这次 G20 会议是在全球经济大幅减速、“9・11”事件使全球经济雪上加霜背景下召开的，会议向外界释放了一个积极的信号：尽管恐怖袭击事件加重了全球经济发展遇到的困难，但 G20 各成员合作努力、持续开放和推进改革的愿望与承诺没有改变，信心对世界经济迅速复苏至关重要。

2. 金人庆出席 2003—2006 年举行的四次 G20 财长会议

2003—2006 年，时任财政部部长金人庆出席第五至第八次 G20 财长会议。其中，2003 年 10 月，G20 第五次财长会议在墨西哥莫雷利亚举行，金人庆在会上就全球化与世界经济、G20 未来发展走向及发展融资等议题作了发言，中方积极倡导建立国际经济新秩序、加强南北对话与合作、推动全球经济持续平衡发展。在此次会议上，与会各方一致同意中国主办 2005 年 G20 财长会议。

3. 谢旭人出席 2007—2008 年举行的两次 G20 财长会议

在升级为峰会机制前，最后两次 G20 财长会议（第 9 次和 10 次）分别于 2007 年 11 月和 2008 年 11 月在南非开普敦和巴西圣保罗举行，时任财政部部长谢旭人出席。在南非 G20 财长会议上，G20 财长就当时世界经济形势与发展、资源性产品周期与金融稳定、促进增长与发展的财政要素、布雷顿森林机构改革、G20 可持续增长等重要议题进行了讨论。2008 年 11 月 8—9 日在巴西举行的 G20 财长会上，与会代表重点讨论了全球经济金融形势、应对金融危机的政策、增强 G20 有效性等议题。

（三）中国全力支持 G20 财金渠道（G20 升级为峰会后）

升格成峰会后，G20 峰会筹备工作分为协调人渠道和财金渠道（Finance Track）双轨渠道。协调人渠道重点是政治筹备，财金渠道则负责经济金融议题磋商，形成的成果直接提交领导人峰会批准通过，被称为 G20 筹备工作的主渠道。

中国高度重视 G20 财金渠道，并通过财金渠道积极作为。自 2008 年 11 月 G20 第一次 G20 峰会举行后，中国财长和央行行长全面参与了财金渠道的各项工作，时任财政部部长谢旭人和时任财政部部长楼继伟分别参加了2009年以来的G20财长会，为G20峰会财金渠道成果和机制建设发挥了建设性作用。随着经济地位提升，特别是成为第二大经济体后，中国在财金渠道的作用越来越凸显，中国在一些重要财金问题上面临的压力也前所未有。

我财长和央行行长在G20财长会上，主动介绍中国宏观经济形势和改革取得的进展，正面回应国际社会对中国经济转型、经济增速放缓、全面深化改革等方面的关注，指出中国政府未来将着力推动结构性改革，不断提高全要素生产率，努力使经济增速保持在中高速合理区间。同时，在加强全球宏观经济政策协调、促进全球经济增长、推动国际金融机构改革等方面，我财长和央行行长都发挥了重要作用，维护了中国自身和发展中国家的权益。

二、中国成功举办G20财长会和领导人峰会

（一）成功举办2005年G20北京财长会

2005年10月15—16日，中国在北京[①]成功举办G20第七次财长会议。此次会议以“加强全球合作：实现世界经济平衡有序发展”为主题，重点讨论了全球宏观经济形势、布雷顿森林机构60年回顾与改革、国际发展援助和发展融资机制创新、人口老龄化与移民问题、发展理念创新等五大议题，重申了G20在实现平衡、可持续发展方面的共同目标和责任。时任国家主席胡锦涛出席开幕式并发表题为《加强全球合作　促进共同发展》的重要演讲，提出要尊重发展模式的多样性、加强各国宏观经济政策的对话和协调、完善国际经济贸易体制和规则、帮助发展中国家加快发展等四项主张，全面阐述了中国走和谐发展和全面发展道路的理念，得到与会各国财长、央行行长和国际机构负责人的高度评价。除例行的联合公报外，会议还发表了《关于布雷顿森林机构改革的联合声明》和《关于全球发展问题的联合声明》等两项具体成果。

这是中国首次主办G20财长会。时任财长金人庆表示，这是中国有史以来举办的最高规格财金会议，会议通过的《关于布雷顿森林机构改革的联合声明》是中国首次成功将国际经济治理架构改革问题纳入了主要发达国家与主要发展中国家的对话框架。

（二）成功举办2016年G20杭州峰会及系列会议

1. G20杭州峰会留下“中国印记”

① 开幕式在人民大会堂举行，后续会议在河北省香河天下第一城举行。

2016 年，作为 G20 主席国，中国在 G20 各方鼎立支持和通力合作下，推出了具有“中国印记”的 G20 议程——“创新的增长方式、更高效的全球经济金融治理、强劲的国际贸易和投资、包容和联动发展”。作为主席国，中国在杭州峰会上倡导中国理念，贡献中国智慧，展现中国风采，在 20 国集团发展史上烙下鲜明的中国印记，被国际社会誉为 G20 历史上最丰富的一次峰会。中国国家主席习近平总揽风云，运筹经纬，自始至终对举办 G20 杭州峰会给予指示和批示，全程出席并引领杭州峰会系列会议，彰显了大国领袖的担当和风范，得到国际社会高度赞誉。

2. 财金渠道成果丰硕

2015 年 12 月后，中国接手 G20 主办权。财政部与央行作为 G20 财金渠道牵头部门，成功举办系列财金渠道会议，并达成一系列成果，为杭州峰会的成功奠定了坚实基础。G20 财金渠道紧紧围绕杭州峰会“构建创新、活力、联动、包容的世界经济”主题，共举行了 4 次 G20 财长和央行行长会①、4 次 G20 财政和央行副手会，以及 20 多次工作组和研究小组会，就全球经济形势、“强劲、可持续和平衡增长框架（下简称“增长框架”）”、投资和基础设施、国际金融架构、金融部门改革、国际税收合作、绿色金融、气候资金、反恐融资等议题进行讨论，形成了大量有影响力的成果，为峰会做好了财金政策准备。G20 财长们首次确立了综合运用货币、财政和结构性改革的组合政策工具，应对全球低迷的经济增长，中国引领推出了深化结构性改革议程，制订了结构性改革优先领域和指导原则，以及衡量结构性改革进展的指标体系，这些成果将载入 G20 史册。

三、中国在 G20 发展进程中发挥了关键作用

（一）支持 G20 升级

升级为峰会是 G20 机制发展历史上里程碑式的进展，中国在其中发挥了重要作用。2008 年，面对席卷全球的金融危机，中国加强与美国等西方经济体以及发展中经济体的密切合作，全力确保全球经济的稳定和增长。自金融危机爆发，时任国务院副总理王岐山多次应约与时任美国财长保尔森通话，就全球经济政策协调和对话机制建设进行沟通，双方间的对话被保尔森称为“极具建设性并富有成效”。时任美国总统小布什提议，将 G20 财长和央行行长会议升级为 G20 领导人峰会，将中国等新兴经济体正式纳入全球经济治理的核心平台，得到了中方率先表态和关键支持，确保了 G20 机制的升格，确保了 G20 首次峰会于 2008 年 11 月在

① 杭州峰会开幕前，还举行了一次 G20“特别”财长会，为峰会举办作最后准备。

华盛顿顺利举行。在这次峰会上，中国首次以创始国、塑造者和核心参与方身份参与构建新的全球经济治理体系。此后，我国家主席出席了 G20 历次峰会，在会上发表了一系列重要讲话，宣布并介绍了中国政府采取的相关措施，阐明了中国关于全球经济治理的立场，提出了一系列应对金融危机的重要主张，体现了中国应对国际金融危机的坚毅和冷静，决断和担当。

（二）率先推出经济刺激措施

为有效应对金融危机，G20 成员国于 2008 年 11 月 14—15 日在美国华盛顿召开首次 G20 领导人峰会。峰会通过了支持全球经济稳定和积极应对金融危机的《华盛顿声明》，各国承诺加强合作，努力恢复全球增长，并推动国际金融体系改革。时任国家主席胡锦涛出席峰会并发表题为《通力合作　共度时艰》的重要讲话，深刻分析了金融危机发生的根源，呼吁国际社会采取包括加强宏观经济政策调控、深化国际金融监管等在内的“一切必要措施，尽快恢复市场信心，遏制金融危机扩散和蔓延”。

为应对国际金融危机冲击、保持经济平稳较快发展，中国及时调整宏观经济政策，实施积极的财政政策和适度宽松的货币政策，形成了进一步扩大内需、促进经济增长的一揽子计划，包括大规模增加政府支出，实施总额 4 万亿元的两年投资计划，实行结构性减税政策，多次降息和增加银行体系流动性，大范围实施产业调整振兴规划，大力推进科技创新和技术改造，大力加强节能减排和生态环境保护，继续调整国民收入分配格局，大力拓展国内市场特别是农村市场，大幅度提高社会保障水平等。中国的经济刺激政策为推动世界经济复苏发挥了重要引擎作用。

（三）推动全球经济治理改革

2008 年，在世界经济岌岌可危之际，全球经济治理体系改革迎来前所未有的历史机遇。凭借危急时刻所展现的表率作用和负责任大国的良好形象，中国稳步走向 G20 和全球经济治理体系的中心，为推动全球经济治理体系改革奠定了重要基础。

在中国和美国协同下，在其他主要经济体的支持下，2009 年 9 月份的 G20 匹兹堡峰会对全球经济治理改革进程产生了实质性推动作用，确定改革布雷顿森林体系两大机构时间表，这次峰会确定将发展中国家在世界银行的投票权增加至少 3%，在 IMF 的份额提高至少 5% 以上。这一决议对推进改革提供了政治动力，随后 2010 年世行年会落实了世行投票权改革相关方案，中国的投票权从原来的 2.77%（第六位）上升到 4.42%（第三位），发展中国家的整体投票权也得到一定提升，上升到 47.19%。在 2010 年召开的 G20 首尔峰会上，各国承诺将 IMF 份额向新兴市场与发展中国家转移至少 6%。中国份额占比将从 3.996% 升至 6.394%，排名从第六位跃居第三，仅次于美国和日本。中国、巴西、印度和俄罗斯 4 个新兴经济体跻身 IMF 股东前十位①。

这是世行和 IMF 历史上第一次以提高发展中国家整体话语权为主要目标的改革实践，为继续推进国际经济治理改革作出了表率，它既反映了世界经济多极化发展趋势，也标志着世界正在进入一个发达国家与发展中国家共同治理的新时代。中国积极推动国际金融机构治理改革，使发展中国家代表性和发言权大幅提高，是我引导国际议题讨论的成功实践。此外，中国还在 2009 年 G20 伦敦峰会上向 IMF 增资 500 亿美元，以实际行动推动世界经济复苏和国际金融稳定。2012 年 G20 洛斯卡沃斯峰会上，中国再次增资 430 亿美元，极大地稳定了国际市场信心，为世界经济复苏注入了强劲动力。

（四）推进全球宏观经济政策协调

G20 机制升级后，宏观经济政策协调一直是历次峰会的主要议题。中国从支持到参与，从推动到引领，发挥了重大作用。

1. 支持并不断完善“强劲、可持续和平衡增长框架”

2009 年，匹兹堡峰会建立了“增长框架”，开启 G20 成员宏观经济政策互评机制，通过定期磋商和政策交流等方式加强政策协调。中国作为 G20 成员国，在 G20 内部以及其他渠道下均大力支持相关工作，积极推进完善增长框架，使增长框架成为 G20 机制中最核心、最关键的合作领域。通过历次峰会，G20 制订了《首尔行动计划》、《戛纳行动计划》等，就应对全球经济面临的短期风险，及在中期实现强劲、可持续、平衡增长作出国别承诺。2014 年，布里斯班峰会制定了 G20 全面增长战略，确立了“2018 年前 G20 整体 GDP 规模额外增长 2% 以上”的目标，并要求各国制定国别战略，推出政策承诺，当年中国作出 134 项政策承诺，是 G20 全面增长战略的最大贡献者之一。

2. 积极参与财政、金融和货币政策协调

2008 年国际金融危机以来，世界经济一直处于复苏和调整状态，仍保持复苏态势，并未引发全球性危机，这离不开主要经济体为预防和应对风险进行的大量政策协调和沟通。中国在 G20 层面积极参与和推动财政、金融和货币等宏观经济政策协调，在核心利益问题上坚持原则立场，同时体现了适度的灵活性，充分展示出积极负责任的大国形象。例如，在多伦多峰会期间，中国提出应增加汇率过度和无序波动不利于经济和金融稳定的有关表述，这是多边磋商中第一次提出这种表述，为此后推动主要储备货币维持汇率稳定提供了重要依据。此外，中国还

① 2015 年 12 月底，美国国会最终通过了 IMF2010 年份额和治理改革方案。

多次利用会议场合，介绍我国经济政策取向，包括财政和货币政策的调整、内容及效果，使国际社会及时、准确地了解我国政策主张。

四、应更加积极参与 G20，积极推动 G20 机制建设

（一）进一步明晰中国参与 G20 的责任、权利与利益

首先，我国应进一步明晰中国参与 G20 的责任、权利与义务，维护和发展 G20 机制，使其服务于我国核心利益，从战略上制定参与 G20 的短期、中期和长期目标。在短期，我国应致力于巩固中国在 G20 的制度性权力，处理好敏感问题，维护宏观经济政策自主权，同时增强对其他国家特别是西方大国宏观经济政策的影响。在中期，我国需进一步提升在 G20 中的影响力，推动建立更加开放的国际经济体系，反对贸易保护主义，引领全球经济健康发展，为我国营造良好的外部环境。在长期，我国应通过 G20 机制让世界了解中国和平、合作发展的诚意，以自身发展为世界经济作出贡献，以中国的实践丰富各种国际规则的制订，在世界经济格局调整中占据有利的主动地位，为长期深度参与并制定全球经济治理规则“铺路搭桥”。

（二）继续推动全球经济治理体系改革

从全球经济治理体系演进逻辑看，国际经济治理体系改革只有进行时，没有完成时。在 2010 年改革基础上，包括中国在内的发展中国家在世界银行以及其他国际金融机构中的整体话语权仍有待继续提升，以全面反映国际经济格局和各国在全球经济中的权重。改革任务依然艰巨，要构建公正合理的国际经济新秩序，仍需利用 G20 平台，坚持多边主义原则，团结发展中国家，为国际经济治理体系改革提出更多“中国方案”。未来，中国应利用 G20 平台，更多引导全球经济治理相关议程设定，特别是通过 G20 平台推动国际金融机构下一轮投票权和份额改革。

（三）发挥第二大经济体作用，加强宏观经济政策协调

目前，中国是全球第二大经济体，经济总量超过 10 万亿美元，且近几年保持年均 7% 左右的增速，与美国差距正在逐步缩小。据有关国际机构预测，2020 年后若干年内中国将成为全球第一大经济体。随着经济实力不断增强，中国经济与全球经济的融合度也在不断提高，中国是全球第一大出口国和第二大进口国、第一大外资吸引国和第三大对外投资国，中国经济形势已成为决定全球经济走势的重要影响因素。此外，中国宏观经济政策的外溢性日益增强，财政政策、货币政策、贸易政策和产业政策等受到区域和全球的普遍关注，已成为全球经济议程的重要

指向。中国参与全球经济议程制定并加强与各国间宏观经济政策协调是各方的诉求与期待。

我国仍具备发展中国家的主要特征，兼具发达大国的部分特点，在两大阵营中都具有话语权，在外交上拥有多重资源，这是我国在 G20 中具备的独特优势。我国应充分发挥自身优势，在 G20 成员之间发挥中介桥梁作用，以最大的发展中国家身份，推动新兴市场经济体之间、新兴经济体与发达经济体间的宏观经济政策协调，成为不同发展阵营间进行政策协调的重要纽带。同时，我国需把国际、国内两个层面结合起来，将参与 G20 宏观经济政策协调与落实“十三五”规划有机结合，为中国经济发展营造良好的外部环境。

（四）积极引导 G20 未来机制化建设

全球金融危机爆发后，G20 短期危机应对机制由于目标明确、总体效果不错，在危机应对过程中形成了较好的政策对话机制并积累了丰富的危机应对经验，已成为 G20 在全球经济治理中继续发挥作用的重要平台。随着世界经济步入后危机时代，G20 短期危机应对机制已无法促进世界经济可持续发展，全球经济治理领域更迫切需要一个能发挥持久作用的长效机制。G20 将是一个极具代表性的国际经济交流合作平台，其历史使命不应仅局限于应对当前的国际金融危机，而应随着国际地缘政治和逆全球化潮流的变化，肩负起重建国际经济新秩序的使命。中国需加快角色转换，争取从规则接受者转变成规则制定者，从被动参与者转变成主动塑造者，从外围协商者转变成核心决策者，从战略上积极引导 G20 未来机制化，使 G20 真正成为全球经济治理的核心平台。

（G20 课题组）

G20：未来发展五种可能*
——G20系列研究报告之三

2017年是G20论坛成立的第18个年头，也是其升格成峰会的第8个年头。面对全球经济的不确定性和全球经济治理可能的新变局，G20未来如何发展，值得我们去认真关注和思考。

第一种可能：维持现状

历经18年演变，G20已成为全球宏观经济政策协调最重要的平台。G7等发达经济体仍看重这一平台，新兴经济体是这一机制的受益方和主要平衡力量，仍倚重G20。未来几年，全球经济发展趋于平稳，虽面临诸多不确定性，但全球出现新一轮系统性风险的可能性较小，G20各方仍保持合作势头，G20将按现有架构、现有模式继续运行。

（一）机制架构总体保持稳定

G20由7个发达经济体、12个新兴经济体及欧盟等20方组成，短期内既无成员退出也暂不吸纳新成员。在机制架构上，G20保持以领导人峰会为引领，协调人和财金渠道“双轨机制”为支撑，专业部长级会议、工作组和研究小组为辅助的工作架构。G20主席国采取轮换制，三驾马车协同配合，做好年度会议的举办工作。G20仍不设常设秘书处，IMF、OECD等国际机构为G20提供实际的政策和技术支持服务。

同时，G20相对应的B20、L20、Y20、T20、W20等以非政府和民间形式，为G20机制起到补充作用。

* 本文写于2017年3月14日。

（二）全球宏观经济政策协调仍是重点

在后危机时代，G20 注重短期危机应对，同时也关注中长期风险和挑战，包括结构性改革等。G20 既协调主要经济体宏观经济政策，又推动国际金融体系改革，为实现全球“强劲、可持续和平衡增长”目标做出积极贡献。

（三）G20 维持“非正式”论坛性质

G20 仍维持非正式论坛性质，其成果仍以协商一致方式形成，其成果的执行力和约束力不足等问题无法有效改善，G20 的公信力差强人意。

随着既有国别增长战略互评机制的优化、一些领域下“最低原则”的形成及 G20 结构性改革量化指标体系的提出和落实，G20 执行力和约束力不足情况有望得到些许改善。

第二种可能：遭到弱化，甚至重回部长级论坛

未来几年，随着发达经济体复苏势头渐强，发达经济体和新兴经济体在 G20 对立和对峙的意味渐浓，以美国为首的 G7 国家对参与 G20 的政治意愿减弱，参与度逐渐降低，甚至刻意弱化 G20。

特别是，特朗普奉行“美国优先”的理念，笃信双边安排，弱化多边机制，美国等 G7 国家或将逐渐减少对 G20 的支持度，转而重新加强 G7，渐渐使 G20 沦为“鸡肋”。若此，G20 未来发展可能呈现颓势，G20 峰会将被边缘化甚至被取消，G20 重回部长级体制，其效力显著弱化。

第三种可能：分歧严重，G20 裂变

随着国际政治和经济格局的转变，重大“黑天鹅”事件频繁发生，发达经济体和新兴经济体整体矛盾上升，发达经济体内部和新兴经济体内部也出现不同程度的分化。美国孤立主义日盛，美德、英欧关系出现裂痕，中美、中日、中印关系矛盾上升。未来数年内，国际经济治理体系改革无实质进展，G20 既没有推出新的改革举措，也没能有效全面落实历届峰会成果，部分经济体出于迎合民意的需要，迁怒 G20 等多边平台，孤立主义和“反全球化”倾向在 G20 乃至整个国际社会中蔓延。

在这一背景下，某些成员甚至重要成员可能最终选择退出 G20，而一些新兴市场国家可能申请加入 G20。由于成员变化，G20 原有的沟通机制和协调模式被打破，G20 公信力和有效性大受影响。留在 G20 中的经济体难以开展有效沟通，G20

内部甚至形成多个代表着不同利益的小团体，整个机制运转困难，G20 岌岌可危，甚至可能关门歇业。

第四种可能：走向机制化，设立秘书处

面对纷繁复杂的全球经济形势，G20 作为全球主要经济体共同搭建的多边平台，应对全球性危机、维护全球经济稳定与增长的作用无可替代。且经过近 20 年的努力，G20 在应对危机过程中积累了较高信誉，已有一定的公信力和政治基础，若能顺利转型为引领全球经济治理的长效机制，在全球经济格局中的作用将得到巩固和增强，G20 机制化、实体化将水到渠成。一旦机制化进程启动，G20 目前存在的约束力不强、执行力不够等问题将得到化解，许多议而不决、决而不行的问题有望得到改善。

G20 机制化进程离不开主要经济体特别是中美两国的协调和推动。作为全球最大的发达经济体和最大的发展中经济体，中美两国的立场和态度一定程度上决定着 G20 机制化的前景和方向。例如，“软”机制如何构建和完善，包括决策和争端解决机制、互评机制、新成员准入条件等。而在“硬”机制上，如何设立秘书处，秘书处与世行、IMF、OECD、WTO 等国际机构的职能划分等，都需要一一厘清。短期内，比较可行的方案是设置精干、扁平化的常设秘书处，主要行使沟通协调职能，继续充分发挥主席国的主导作用和国际机构的支持功能。

第五种可能：升格成国际组织

全球经济问题越来越凸显，越来越需要强化政策协调，且 G20 各成员合作意愿不断增强，G20 将在设立秘书处基础上，升格成一个国际组织。

方案一，升格成独立的国际组织。G20 有自己内部治理机制：有自己的章程、自己的预算、自己的常设秘书处、自己的职员，能有效地监督 G20 决策和决定的执行。同时，G20 与 IMF、世行、OECD、世贸组织、金融稳定理事会（FSB）分工协作，共同服务于全球宏观政策的协调，全面担负起全球经济治理的职能。

方案二，成为联合国经济安全理事会。G20 成为联合国的主要机关之一，成为联合国经济领域的安全理事会，地位与联合国安全理事会类同。在此情况下，G20 任何决策都是联合国的决策，都将得到全面且有约束力的执行。全球经济出现的短期风险及时得到纠正，中长期风险得到有效管控。G20 国际地位空前提高，国际影响力和效力空前加强。

我们的看法

中国是 G20 重要的创始成员，也是积极的参与者和推动者，无论从完善全球经济治理角度上看，还是从我国自身利益考虑，我国都应在 G20 未来机制建设中积极参与，并发挥引领作用。针对上述五种可能，我国似应“保一，争四”，“力避二、三”，将第五种可能视为理想目标。

短期内，第一种可能，即 G20 维持现状仍是大概率事件。除非出现突发性重大事件，第二、第三种可能暂可避免。中长期看，G20 机制化和实体化将是大势所趋。无论最终成为独立的国际机构，还是成为联合国的一部分，G20 在全球经济治理中的作用都将进一步强化，目前存在的主要缺陷也将得到解决。

作为全球第二大经济体和最大的发展中国家，中国应积极引导和推动 G20 机制向前发展，从规则参与者向规则制定者、主动塑造者和核心决策者转型。

（G20 课题组）

世界银行、IMF 谈 G20 结构性改革*

2016 年 12 月 5 日，财政部国际财经中心周强武主任一行在美国华盛顿分别拜会了世行常务副行长杨少林、高级副行长兼首席经济学家保罗·罗默（Paul Romer），并分别与世行宏观经济与财政管理全球发展实践局增长议题全球首席专家维纳亚·施华洛普（Vinaya Swaroop），以及 IMF 战略、政策与评估局局长斯蒂哈斯·提瓦瑞（Siddharth Tiwari）等专家举行座谈，就 G20 杭州峰会、结构性改革等问题进行了交流。相关情况如下，供参考。

一、关于 G20 杭州峰会及结构性改革成果

（一）世界银行和 IMF 高度评价 G20 杭州峰会成果

世界银行认为，2016 年中国担任 G20 主席国在结构性改革等多项议题上取得突破性进展。G20 成员应坚定不移推进落实有关成果，特别是有关结构性改革的成果，这将有利于 G20 和全球防范短期风险，并解决中长期问题。

IMF 表示，G20 杭州峰会达成的结构性改革共识比 IMF 之前预想的既快、且实。G20 峰会 2018 年推出首个结构性改革评估报告，这将进一步显现出 G20 杭州峰会的贡献，并将对未来制定新的增长战略起到关键性作用。

（二）G20 杭州峰会结构性改革的九大优先领域与实际高度契合

IMF 认为，自 G20 杭州峰会后，后续 G20 峰会可能将延续 G20 杭州峰会达成的结构性改革九大优先领域成果，并更聚焦贸易、货币问题以及更加具体的微观问题；同时，G20 将结构性改革优先领域向前推进将非常有利于解决不同经济体内部存在的共性问题。

---

* 本文写于 2017 年 1 月 17 日。

世行表示，G20 杭州峰会确定的九大结构性改革优先领域大多与各国国情非常契合，例如印度正努力改善国内投资和贸易环境，南非也通过一系列社会政策开展积极的改革。当然，在九大优先领域中，贸易和应对气候变化最具争议。

（三）G20 杭州峰会的结构性改革指标体系将被运用于实践

IMF 表示，IMF 将通过与成员国磋商，推动成员国把一些 G20 结构性改革原则运用到实践中，并将进行一些试点。但是，G20 结构性改革的某些条款是否合理，仍需不断通过实践检验。G20 成员同意每两年就结构性改革进展进行一次评估，评估结果将纳入 G20 问责评估报告。这很有用，但需观察其成效。在相关自选指标中，每个成员都有自己的偏好，并且由于每个成员最终都必须相应地做出妥协，实际上使有些指标变得没有实质意义。例如，就生产率而言，它是循环变化的，一个国家两年内很可能为提高生产率而采取诸多结构性改革措施，但如果经济进入另一个周期，整个形势就会发生巨变。因此，需制定一个结构性改革整体框架，其好处在于它能提供指标体系本身没办法反映出来的相应背景、信息和情景。

世行认为，G20 杭州峰会仍有部分结构性改革指标尚未明朗，例如气候变化指标和财政改革指标。G20 成员就各项经济指标进行过讨论，但未达成最终协议。下一步，G20 将推出成员国增长战略模板（Template of G20 Member Country Growth Strategy），使各国能更好反思总结各项进展，世行和 OECD 也将为各国发展进程进行评估。尽管 G20 成员都在积极推进结构性改革，但尚不存在一种综合机制能真正监测结构性改革的实施进展。

（四）世行、IMF 与 OECD 等国际组织应在结构性改革领域加强合作

IMF 表示，IMF 非常支持结构性改革，并将从 IMF 过去指导成员国实施结构性改革过程中吸取教训。OECD 也重视结构性改革，跟踪究竟有多少国家将指标体系运用到实际中。IMF 更关注宏观层面，并观察每个成员国所做的实际工作，OECD 更关注微观层面。因此，IMF、世行和 OECD 等应相互协调，共同促进成员国的结构性改革工作。目前，IMF 正在做有关当前宏观经济背景及结构性改革的报告，该报告将专门提交 G20。

（五）G20 峰会应将逆全球化潮流等不确定性纳入重要议题

IMF 认为，G20 应提前关注逆全球化潮流等不确定性因素，并纳入讨论议题。英国脱欧和特朗普当选等现象反映出逆全球化趋势，G20 应加以关注。目前看，全球所面临的不确定性，主要来自英、美等国。特朗普意外当选，其近期言行表明将来不太可能按规则办事，特朗普将可能是一个完全另类的领导人。G20 不仅需关注他本人，还需了解其整个团队制定的政策。

世行表示，宏观来看，结构性改革主要有两大维度：一是针对一国自身的改革，对全球增长并无过多外溢效应；二是引领全球发展趋势的改革，特别是中、美这两个最主要的经济体。长期来看，全球发展趋势不可逆转，包括增加清洁能源领域投资、增加研发和创新领域投资等。顺应全球发展与改革趋势的国家终将获益。

（六）IMF 将通过“第四条款磋商”推动 G20 结构性改革

IMF 表示，在落实 G20 杭州峰会结构性改革成果基础上，IMF 将通过完善“第四条款磋商”与 G20 一道继续推动结构性改革。随着 IMF“第四条款磋商”的不断推进，每个 IMF 成员都可结合 G20 杭州峰会建立的整体框架关注自身的结构性改革。在此基础上，成员国能够更加清楚什么领域才是对本国最重要的结构性改革领域。IMF 擅长财税改革、基础设施投资等领域，将对如何更好配置资源提出建议。在任 G20 主席国期间，中国充分发挥影响力，积极与各方力量协调，达成的结构性改革共识将十分利于完善 IMF“第四条款磋商”框架，也将反向促进 G20 这一改革进程。就结构性改革评估而言，IMF 将与成员国进行讨论，撰写评估报告，再进行同行审议，并且每个成员都必须进行回应。这样，IMF 就可加速整个评估过程。IMF 最大的优势不仅在于能运用原则，而且在于其拥有同行审议，参与讨论的成员国将远超 20 个。因此，IMF 与 G20 协同比 G20 自身推动效果要更好；在“第四条款磋商”第一轮讨论后，G20 应聚焦需改进的事项，IMF 从中提炼并提出实施细则，再交由 G20 继续推进。

二、关于 G20 德国峰会及结构性改革议题

（一）G20 德国峰会面临较大挑战

IMF 表示，德国对担任 G20 主席国比较雄心勃勃，也比较重视结构性改革议程，但留给德国的时间非常有限，必须在 2017 年 6 月底前完成绝大部分工作。德国人的做事风格是提前做好规划，再根据计划行事。

世行认为，G20 各方应在 G20 德国周期继续关注结构性改革的落实工作。德国比较关注结构性改革，G20 各方应抓住这一有利契机。

（二）德国议题设置和结构性改革议程将面临压力

世行认为，自接任 G20 主席国后，德国提出了“加强全球经济韧性”。这一理念与结构性改革一脉相承。G20 今后一段时间的工作重点应聚焦创造财政空间、加强经济体增长韧性等领域，世行为此将做出努力。G20 成员均为主权国家，国情各

不相同，《G20 深化结构性改革议程》只提供了一个改革框架，如何促使各国在经济发展过程中落实结构性改革政策是未来 G20 面临的一大挑战。目前，G20 成员只就较为宽泛的议题达成了一致，而针对更具体的问题，如增强金融稳定性的政策措施、衡量金融稳定的指标等，并没有达成统一意见。世行制定了促进包容性增长、共享繁荣的目标，但更关键的问题在于如何推出适应各国发展状况的经济政策，中国和印度等发展中国家面临的包容性增长问题与德、日等发达国家面临的社会问题和未来发展战略都不尽相同。

三、关于 G20 主要成员结构性改革

（一）强化竞争是发达经济体提高劳动生产率的重要手段

世行认为，目前各发达经济体面临的一个共同问题是生产率低下问题。发达经济体提高劳动生产率的一个重要方式是强化竞争，主要可以通过三种方式：第一是降低本国企业进入门槛；第二是进行产品市场改革，即降低人员、产品和证书牌照的壁垒；第三是推动全球化。世行研究显示，跨国公司数量仅占美国企业的 1%，但贡献了三分之一的实际 GDP、50% 的劳动生产率，并提供了 50% 的工作岗位。因此，应大力支持跨国公司发展，这将极大地有助于提升全球化水平，并将有利于提高劳动生产率。

（二）美国结构性改革

世行表示，金融危机以来，美国政府着眼于金融系统改革。目前，美国银行比欧盟银行拥有更大的财政空间，特朗普政府可能会放松对金融领域和贸易政策管制。对能源部门来说，即使特朗普放松能源领域管制，开放煤炭开采，美国煤炭投资最终走势仍将受强大的国际力量对比影响，中期来看很可能不会对美国煤炭工业产生任何影响。从贸易领域看，由于美国产品过于依赖国际价值链，大规模调整关税几乎不可能，但有可能针对某些具体商品的反倾销措施进行调整。总之，在 WTO 框架下，特朗普政府不会在贸易领域大动手脚。

IMF 认为，美国面临的主要挑战是提高劳动生产率，主要有三种解决方法：一是鼓励企业进入市场；二是放松管制；三是推进自由贸易协定。在 TTIP 难以推进的背景下，升级北美自贸协定（NAFTA）可能会有更大空间。

（三）欧洲结构性改革

世行指出，金融危机后，欧盟更注重财政改革和财政巩固，但目前欧洲国家面临的主要挑战是英国脱欧。如何避免英国脱欧引发的经济动荡是短期内欧洲国

家必须考虑和解决的问题。欧洲是新兴经济体最主要的贸易和投资伙伴之一，欧洲经济对于新兴经济体的外溢效应不可小觑。对于欧洲国家来说，未来一年内结构性改革并不太紧迫，着力应对英国脱欧带来的不确定性才是当务之急。

IMF认为，英国脱欧带来的最大负面影响就是不确定性，长期影响将大于短期冲击。欧洲主要担心其他国家效仿英国脱离欧盟，形成“羊群效应”。欧盟现在面临非常困难的战略决策。从政治上说，英国希望快速脱欧。但问题是，在英国内部，议会和政府存在分歧。英国首相特蕾莎·梅一开始并不支持脱欧，但现在她却成为脱欧的最大支持者，并且她所倡导的是一种“硬脱欧”。总之，英国脱欧将对欧洲产生深远的结构性影响。

（四）新兴经济体结构性改革

世行表示，环境问题是一个结构性问题。但对新兴经济体来说，应对气候变化在一定程度上意味着短期内部分民众生活质量很难提高，并将在一定程度上降低传统制造业增速，从而在短期内对经济增长产生负面影响。对于刚刚走出贫困的部分新兴经济体来说，使用清洁能源意味着现代生活方式的成本上升，将给广大工薪阶层民众带来损失，而发达国家已长时间享受低成本现代生活方式。从某种意义上说，这对新兴市场来说是不公平的。各国应制定相应的配套政策加以应对，如为低收入人口提供补贴、为特定商品提供补贴等。

四、中国结构性改革

（一）既有成效，也面临挑战

世行表示，中国结构性改革已走在世界前列，人口受教育程度不断提高、城镇化进程稳步推进使中国具有巨大发展潜力。世界各国对包容性增长的重视程度在逐步提高，而中国是促进包容性增长的典范，在减贫方面具有丰富的成功经验。中国应与世界，特别是美国分享在促进包容性增长方面的成功经验。但同时，中国结构性改革也面临诸多挑战，包括债务高企可能会引发金融风险、国企改革可能引发社会风险，以及全球贸易保护主义带来的贸易风险。中国拥有全球都希望进入的巨大消费市场，这是优势和机遇，应善加利用。此外，中国在坚持自身改革方向的同时应更深入地参与制定全球发展议程。当前世界格局呈分化态势，中国应承担更多责任，在全球化进程等诸多方面发出更大声音。

（二）应致力于经济结构转型

世行认为，中国应致力于经济结构转型，大力发展服务业，加快转向消费主导型经济，提升大众健康水平、提高清洁能源使用率；同时，还应致力于创造有利于跨国公司盈利的商业环境，建立更紧密的多、双边贸易机制安排，加快推进城镇化建设等。

IMF 表示，中国应关停落后产能，清理无力偿还的银行贷款，防范地方债务风险，推进财税领域改革，确保财政可持续性，同时加大环境保护力度。期待中国在结构性改革方面为全球树立标杆。

（胡振虎　贾静航）

金砖机制：成果、挑战与未来发展*

2017 年是金砖合作机制的“中国年”，也是该机制成立第二个十年的开局之年。回首第一个十年，金砖合作机制取得了举世关注的成绩，但也面临着一系列严峻挑战。如果金砖合作想在第二个十年结出新果实、迈上新台阶，需各成员国聚同化异、直面挑战、密切配合。本文简要梳理了金砖合作已取得的成果，重点剖析了金砖合作面临的诸多挑战及未来发展路径，供参考。

一、金砖合作机制取得的成绩

（一）金砖国家对全球经济增长作出重要贡献

金砖国家是新兴市场国家和发展中国家的领头羊，也是世界经济持续增长和稳定的主要动力来源。十年来，五国 GDP 迅速增长，在世界经济中的重要性不断提高。据 IMF 数据，2016 年金砖国家经济总量达 16.96 万亿美元，占全球 GDP 份额由 2000 年的 8.21% 提高至 22.55%。金砖国家对全球经济增长的贡献率约为 50%，金砖国家 GDP 增量占全球增量的比例达 44%。

（二）合作领域不断拓展

经过十年的快速发展，金砖国家合作领域不断拓展，形成以领导人会晤为中心，以安全事务高级代表会议、外交部长会议、财长和央行行长会议等多个部长级会议为支撑（见表 1），在经贸、财政、金融、农业、教育、卫生、科技、文化、禁毒、统计、旅游、智库、友城、地方政府合作等数十个领域开展务实合作的多层次合作机制。

---

* 本文写于 2017 年 8 月 28 日。

表 1　　金砖机制下主要部长级会议

1	外交部长会议
2	财长和央行行长会议
3	知识产权局长会议
4	能源部长会议
5	农业部长会议
6	环境部长会议
7	文化部长会议
8	教育部长会议
9	卫生部长会议
10	科技创新部长会议
11	劳工和就业部长会议
12	通信部长会议
13	工业部长会议
14	税务局长会议
15	金砖国家航天合作联委会会议
16	经贸部长会议
17	海关署长会议
18	统计局长会议

（三）合作机制逐渐做实

十年来，金砖合作不断走深走实，取得了诸多重要成果，最突出的是建立了新开发银行（NDB）和应急储备安排（CRA）。NDB 已于 2016 年批准了 7 个项目，贷款承诺 15.5 亿美元，投资覆盖所有成员国；在中国银行间债券市场发行了总额 30 亿元、期限为 5 年的人民币绿色金融债券。CRA 的建立是对全球金融安全网的有益补充，为金砖国家乃至更多发展中国家的金融安全提供一道新的“安全网”。CRA 已于 2016 年 3 月底完成了央行间互换账户开立，向可操作性迈出了一步。

（四）推动全球经济治理改革

十年来，金砖国家积极参与全球经济治理，为推动落实 2010 年世界银行（世行）和国际货币基金组织（IMF）改革作出了积极贡献。在世行投票权改革中，中国的投票权从第 6 位 2.77% 跃居至第 3 位 4.42%，印度投票权由 2.77% 增至 2.91%，位列第 7（见表 2）。在 IMF 份额改革中，中国的份额占比从 4% 升至 6.39%，排名从第 6 位跃居第 3，仅次于美国和日本；印度份额由 2.44% 升至

2.75%，排名从第11位升至第8；俄罗斯由2.49%升至2.71%，排名从第10位升至第9；巴西由1.78%升至2.32%，排名从第14位升至第10（见表3）。

表2　　金砖国家在世行投票权变化

排名	国家	改革后投票权	改革前投票权
3	中国	4.42%	2.77%
7	印度	2.91%	2.77%
8	俄罗斯	2.77%	2.77%
11	巴西	2.24%	2.06%
	南非	0.76%	0.84%
发达国家		52.81%	55.94%
发展中国家		47.19%	44.06%

表3　　IMF前十位份额持有国

排名	国家	改革后份额	改革前份额
1	美国	17.43%	17.67%
2	日本	6.47%	6.56%
3	中国	6.39%	4.00%
4	德国	5.59%	6.11%
5	法国	4.23%	4.50%
5	英国	4.23%	4.50%
7	意大利	3.16%	3.31%
8	印度	2.75%	2.44%
9	俄罗斯	2.71%	2.49%
10	巴西	2.32%	1.78%

此外，金砖国家与各方一道在联合国平台下推动巴黎气变大会取得重要成果；在G20框架下加强政策协调，并推动“金融稳定论坛”升级为“金融稳定理事会”，成员扩展到包括新兴国家在内的所有G20成员国；通过G20推动达成在短期内不采取新的贸易保护主义措施的政策承诺，在长期内维护WTO这一全球多边贸易体制的权威性。

二、金砖合作机制面临的挑战

（一）金砖国家经济发展任重道远

近年来，面对复杂的国际政治经济形势，金砖国家经济增速总体放缓，经济增长面临艰难转型，经济发展任重道远。第一，金砖国家经济发展的外部环境复杂严峻。逆全球化思潮涌动、大宗商品价格波动、全球投资低迷、地缘政治风险等因素给金砖国家经济发展带来挑战。第二，金砖国家经济发展的内在缺陷日益彰显。五国经济增长高度依赖出口和外需，经济增长低端化和低附加值、内生动力不足，使经济长期发展面临不确定性和应对外部环境的脆弱性。第三，金砖国家经济改革的持续深入推进面临考验。从国际贸易格局看，金砖国家主要终端产品市场仍为美日欧等发达经济体，而金砖国家间贸易大多为初级产品，无法形成独立经贸体系，难以摆脱对发达经济体的依赖；从国内环境看，南非和巴西政局动荡使经济改革举步维艰，俄政治生态和体制约束结构性改革的推进，中、印经济结构调整也各自面临诸多挑战。金砖国家深化结构性改革，提高在全球产业链和价值链的位置，进而在全球治理中赢得实质性话语权和影响力知易行难。

（二）金砖国家间战略互疑日渐凸显

金砖国家以“经济较快增长的新兴经济体”为身份认同走到一起，在金融危机中抱团取暖，加强合作。但在后危机时代，金砖国家间的连接纽带显现脆弱性。金融危机后，世界格局重构，许多国家都更加坦率地声索本国利益，一些强国、大国有意加强区域整合，以获得竞争优势；国家间甚至区域性组织间竞争加剧，国际治理和国际合作难度加大。金砖五国是近年来率先崛起的发展中大国，中国、俄罗斯、印度已位世界强国之列，巴西和南非作为区域大国也积极提升各自在拉美和非洲的影响力。五国在区域甚至在全球都有自己的战略抱负，彼此在利益关注点、战略目标和政治诉求上差异很大，战略互信面临巨大挑战，战略互疑日益明显。其中，中印战略互疑已达相当高度。长期以来，印度试图成为联合国安理会常任理事国，但一直未遂，把更多的怨气推给中国，在边境问题上又常与中国发生矛盾，等等。这导致金砖机制的合作领域拓展受限，合作机制建设进展缓慢，合作效率大打折扣。

（三）金砖国家合作领域和成果有待进一步深化

在贸易、投资、金融等传统领域，金砖国家间的合作已取得积极成果，但合作领域和成果仍有待进一步深化。例如，在投融资领域，金砖国家间还有很大潜力可挖：联合国贸发会议统计，金砖国家对外投资和吸收外资总额占全球比重分别为 12% 和 16%，而金砖国家彼此投资仅占其对外投资总额的 6% 左右。金砖国家普遍存在较大资金缺口，如何通过建立金砖国家本币债券基金、增强政府和社会资本合作，确保金砖国家投融资资金的可持续性，有待深入探讨和推进。为加强债券市场的互联互通，五国需在会计准则国际趋同等方面深化合作。此外，金砖国家间银行体系和金融市场融合度有待提高，货币互换和本币结算等货币合作也需进一步加强。金融领域的标志性成果——NDB 原本就是五国在多轮艰苦谈判基础上才相互妥协最终形成共识建立的，且五国平权常常导致效率缺失，拖长决策周期，其同现有多边开发性金融机构的竞争面临重大考验。金砖国家金融合作的另一重要成果——CRA 如何做实，能否有效发挥预期作用亦面临诸多挑战。

（四）金砖合作机制化建设有待进一步推进

金砖合作机制是新兴经济体将日益增长的经济实力转化为整体国际政治影响力的一种实践，其机制化建设仍待进一步推进。目前的金砖合作机制尚无实质约束性纲领和制度规则，亦无日常协调和监督机构。金砖合作采取的是轮值主席国和领导人会晤机制，其优点是高度的灵活性和弹性，缺点是容易使合作“空心化”，甚至产生“离心力”。对一些金砖国家共同面临的内部和外部挑战，金砖成员往往各行其道，常常表现出政治冷漠甚至冲突和僵持。会晤成果一般仅限于政策提议，会后难以落实执行。“议而不决，决而不行，行而不力”的状况影响机制的运行效果和效率，磨损金砖国家合作的信誉和成员国信心。长此以往，既不利于合作的开展，也不利于加深互信和在国际事务中影响力的发挥。

（五）金砖国家整体话语权有待进一步增强

2010 年 IMF 和世行改革使发展中经济体在全球多边经济治理体系中的地位和话语权有所提升，部分原因归于金砖国家的协同努力。但以金砖国家为代表的发展中经济体在联合国、世行、WTO、IMF 等国际机构的话语权和影响力，与其在全球经济中的地位仍不相称，有待进一步增强。例如，在引领发展中经济体整体话语权、影响联合国等国际议程设置方面，金砖国家彼此分歧仍很大，还有很大提升空间。同时也应看到，金砖国家整体话语权的不足，一方面是由于旧的国际政治经济秩序的延续；另一方面也与金砖国家软实力较弱，在科技创新、制度变革等方面都缺乏引领世界的能力有关。

三、金砖合作机制发展方案

（一）深化政治互信

政治互信是金砖合作持续推进的重要保障。一般而言，区域合作大都是基于相同或相近的地理、文化、历史等特征。而金砖国家分处四大洲，地理位置相距遥远，资源禀赋和经济结构不同，政治制度、民情和文化各异，发展水平也有一定差异，在很多问题上都有分歧，且对金砖合作的重视程度和投入力度有所差异。若金砖国家不能进一步增强政治互信，同心同力、求同存异，在处理国际事务或其他问题时只顾自身利益，无法形成统一意见，不仅会降低金砖整体在国际舞台上的影响力，也会使金砖合作难以为继，金砖机制甚至有解体风险。鉴此，金砖国家应通过对话、交流等多种方式深化政治互信，打造金砖国家命运共同体，充分照顾彼此重大利益和关切，对已形成共识的问题，要大力协同加以推进，对一时难以形成共识的问题，要循序渐进积累合作条件。

（二）加强宏观政策协调

为推动金砖合作取得更多实实在在的成果，金砖国家应进一步加强宏观政策协调。一是加强宏观经济政策协调。近年来，金砖国家为了进一步促进经济发展，都制定了各自的经济政策，如中国制定的推进供给侧结构性改革的政策；印度在莫迪总理上任后出台了完善基建、简化征税、招商引资等政策；巴西、俄罗斯、南非出台了应对经济增速下滑的政策。金砖国家一方面应在 G20 下加强政策协调力度；另一方面应充分利用其经济之间的互补性，进一步加强财政、货币、结构性改革等宏观经济政策协调，使其他四国的经济政策助力本国经济的发展。二是加强发展战略对接。金砖国家推出了不同的发展战略，如中国的“一带一路”、印度的“季风计划”、俄罗斯的“欧亚经济联盟”等。金砖国家应加强战略对接，避免因战略竞争影响或损害金砖国家合作，最大限度发挥战略的集聚效应和正面溢出效应。三是在其他方面加强合作与政策协调。比如在推进 PPP 等方面，金砖国家可建立相应的合作与交流机制，使 PPP 在金砖国家得到更好的应用；在反洗钱、反恐、融资方面，金砖国家也应进一步加强政策协调，维护金砖国家和其他发展中国家的经济安全和利益。

（三）探索金砖合作发展的模式

为进一步促进金砖合作机制的发展，扩大其影响力，金砖国家应积极探索不同的发展模式。一是探索“金砖 +”的模式。这主要是通过与其他发展中国家或组织进行对话，建立更广泛的伙伴关系，扩大金砖机制的影响力。目前，金砖国家已先后同欧亚经济联盟、上海合作组织成员国和观察员国、“环孟加拉湾多领域经济技术合作倡议”成员国领导人等举行了对话会。未来，金砖国家应进一步扩大“朋友圈”，与更多的发展中大国和发展中国家组织进行对话。二是探索进一步扩容的可能性。金砖合作机制有必要考虑扩容的可能性，以开放和包容的姿态，欢迎更多的发展中国家加入，扩大金砖合作机制的覆盖范围，增强其地域代表性，使金砖国家在国际事务和全球治理中的影响力得以提升。但扩容应逐步推进。初期可考虑以观察员的方式吸纳更多发展中国家加入，随着相应规章制度的完善，再按相关标准吸纳新成员，逐步扩大金砖合作的规模和范围。

（四）探讨金砖合作机制化建设可能性

金砖国家可积极探讨金砖合作机制化建设的可能性，以推进金砖合作取得更大进展。比如如何进一步提升金砖合作的有效性、是否设立秘书处等。设立秘书处有利于敦促五国将峰会达成的一系列共识、决议有效落实，改变金砖合作松散且缺少强制力和协同性不足。但设立秘书处又需金砖国家在驻地选址、组织架构、预算开支、人员编制等诸多问题上达成共识，有相当难度。鉴此，短期看，金砖合作可继续保持非正式的论坛形式，但需精准找到利益契合点，推进务实合作。长期看，应着手讨论设立秘书处等问题，在现有的领导人会晤、外长会晤、财长会晤等部长级会议的合作框架下，使金砖合作机制化，成为一个正式组织。

（五）积极参与全球经济治理

金砖国家应进一步推动全球经济治理体系继续完善，增加新兴市场和发展中国家代表性和发言权，维护其共同利益。首先，进一步推进世行、IMF 改革，继续推动世行投票权审议工作，推动 IMF 完成第 15 轮份额总检查；推动世行、IMF 制定公平合理的高管选拔程序等。其次，充分发挥 NDB 的作用，提升其品质，推动其进一步提升机构能力，形成独有的特色和专长，通过设计一系列高质量的项目来支持金砖国家发展，逐步扩大其在国际舞台上的影响力。最后，在其他国际事务上集体发声，如推动落实联合国《2030 年可持续发展议程》、敦促有关国家尽快批准《巴黎气候变化协定》等。

中国是金砖五国中人口最多、经济体量最大的国家。目前，中国经济体量相当于其他金砖四国加总的两倍。长期以来，中国都是金砖合作机制积极的参与者、推动者和建设者。但作为一个多边合作机制，金砖机制未来的发展取决于金砖五国的共同理念和努力，且我可倚重的其他多边平台较他国既多且实。鉴此，我应从自身利益出发，因势利导，把握金砖合作推进节奏，为我所用。

（陈霞　乔慧　彭慧）

中日政商学界共商东亚财金合作*

11月2日，国际财经中心、日本国际通货研究所和亚行学院联合举办的“中日东亚财金合作”研讨会在日本东京召开，来自中日两国政府部门、学界、金融机构、行业协会以及AMRO秘书处约30名财金专家与会。会议探讨了东亚财金合作的机遇与挑战、区域金融安全网、区域基础设施融资及区域货币合作等问题。主要情况如下，供参考。

一、东亚财金合作的机遇与挑战

会议认为，过去20年来，“10+3”财金合作取得的成果有目共睹，东亚区域金融安全网从无到有，其中以“10+3”宏观经济研究办公室（AMRO）和清迈倡议多边化（CMIM）为主体的框架已经形成，亚洲债券市场推出中期路线图。“10+3”财金合作为促进东亚地区和平稳定、发展繁荣作出了积极贡献。然而，近几年“10+3”财金合作发展步伐放缓，东亚金融一体化程度仍较低，金融稳定性和抵抗危机的能力较弱，能否成功应对下一次危机尚不明朗。全球金融危机十年后，世界经济出现向好势头，全球贸易投资止跌回升，国际金融市场总体稳定，中日、中韩关系出现改善势头，为“10+3”合作带来了新的机遇。同时，世界经济复苏不均衡，“逆全球化”和保护主义倾向抬头，地区热点问题此起彼伏，也给“10+3”合作带来了挑战。为进一步推动东亚财金合作，东亚国家应重点关注以下三个领域的合作：一是加强宏观经济政策沟通与协调，利用多双边机制沟通宏观经济政策，分享交流改革经验；二是进一步夯实区域金融安全网，包括提升AMRO的经济监测能力，增强CMIM的有效性及可用性，发挥好货币互换等双边工具的作用；三是增强区域金融韧性和一体化程度，包括发展和开放国内金融市场，推动区域金融中心升级为全球金融中心，加快日元和人民币等区域内主要货币的

* 本文写于2017年12月21日。

国际化进程，关注数字经济带来的机遇和风险。

二、建设区域金融安全网

关于区域金融安全网建设。会议认为，外汇储备、双边货币互换协议、区域金融安全网及 IMF 救助共同构成国家抵抗金融危机的防线，每一层防线都各有利弊，协同作用才能保障金融安全。较其他区域金融安排，CMIM2400 亿美元的总规模十分可观，但机制目前尚未具备应对危机的能力，存在无实缴资本、无秘书处、救助流程不明确等问题。未来，一方面，要进一步提高 CMIM 有效性和可用性，明确和完善危机救助流程和相关行动条款；另一方面，要加强 AMRO 能力建设，协同打造成独立、专业和可靠的区域监测机构。

关于 CMIM 与 IMF 脱钩比例。日方专家一致认为应提高脱钩比例。日本财务省综合政策研究所所长土井俊范表示，目前东亚金融安全网建设面临最大的挑战是推动 CMIM 与 IMF 脱钩比例从 30% 提升至 40%，提升 AMRO 的监测能力是提高脱钩比例的重要前提。东京大学河合正弘教授强调，建设区域金融安全网应从三方面入手：一是推动成员国实缴资本金，使 CMIM 实体化，成为真正的区域外汇储备库；二是将 AMRO 发展成 CMIM 的秘书处，负责推进 CMIM 相关工作；三是逐渐提高 CMIM 与 IMF 的脱钩比例，最终实现完全脱钩。

关于亚洲债券市场倡议。会议认为，尽管亚洲债券市场整体体量较小，开放程度较低，但近年来发展速度明显加快，发展动能持续增强。推动亚洲债务市场发展的重点途径有三个：一是扩大债券市场规模，以大型市场带动中小型债券市场共同发展；二是提高债券市场的质量，加强信息披露机制，制定统一且高标准的企业资质规则、会计准则等；三是推进债券市场对外开放，提升对外开放的水平和质量，为亚洲债券市场发展带来更多外部机遇。发展债券市场的重点领域有两方面：一是发展国债市场，巩固区域债券市场的基础，尤其应关注柬埔寨、老挝、缅甸等相对落后国家的国债市场建设；二是扩大公司债发行规模，完善市场基础设施，推动发展国际机构、跨国公司等机构投资者，通过增资、提高杠杆率等方式使区域信用担保与投资基金（CGIF）发挥更大作用。

三、区域基础设施建设投融资

会议指出，据亚行 2017 年 3 月测算，东亚地区若保持现有增长势头，到 2030 年基础设施建设需求将超过 16 万亿美元，也就是每年 1 万亿美元。作为域内两个最大的经济体，中日应充分利用自身的资源、技术和经验，为助推东亚乃至亚洲基础设施建设和东亚国家和地区经济发展作出更大贡献。东京大学西沢利郎教授提出，中日双方在基础设施建设方面各有优势，中国的基建成本远低于欧美国家，而日本的营商环境和创新能力在全球范围处于领先地位，双方在基建方面具有广阔合作空间。此外，由于基础设施项目涉及金额庞大，一些发展中国家存在债务管理能力不足的问题。针对有巨额基础设施融资需求的债务国，中日两国应就债务管理问题进行协调。东亚财金合作应将债务管理协调与合作纳入议程，AMRO的监测职能也需进一步加强，并涵盖债务管理问题。前日本央行经济师冈崎久实子提出，中日应积极推进跨境投资环境的改善，就法律法规、能力建设、统计口径及信息共享等技术领域开展合作。

四、区域货币合作和人民币国际化

关于区域货币合作。中方普遍认为东亚货币一体化面临的困难大于机遇，现阶段在亚洲推出最佳货币区并不现实，此时更应推动广义上的货币政策协调，而不是追求单一货币单位。第一，亚洲国家政治、文化存在显著多样性，发展程度和人均 GDP 差异巨大，面对外部冲击所受影响不同。第二，域内国家价格弹性普遍不足，不能放弃汇率工具。随着全球价值链的细化发展和演变，汇率政策选择和货币合作的背景发生了实质变化，完全浮动的汇率制度并不适用于所有国家。第三，域内缺乏可靠的“锚”货币。日本的发展模式和经济基本面与域内国家完全不同，面对危机，日本货币政策不能全面反映区域现实，不能作为“锚”货币。同时，中国正处于转型阶段，市场化机制以及货币政策传导机制正在建设中，人民币作为区域“锚”货币的条件同样不成熟。一桥大学小川英治教授认为，应加强亚洲货币单位（AMU）作为区域经济监测手段的作用。作为一种衡量成员国货币稳定性的指标，各国货币当局可使用 AMU 衡量亚洲在全球经济中的竞争力，衡量亚洲各国货币的相对关系。

关于人民币国际化。会议认为，人民币具备国际化的初步条件，但要成为真正的国际货币，中国还需完成一揽子结构性改革，进一步开放金融市场，建立良好的货币传导机制和可靠的风险对冲工具。人民币国际化经历了两个阶段：2009—2015 年，中国政府通过推进人民币作为贸易计价和结算货币、建立人民币离岸市场以及签署货币互换协议等三种途径大力推进人民币国际化进程，人民币被纳入 SDR 货币篮子标志了这一阶段的成功完成。2015 年后，随着跨境套利、套汇交易增加，中国收紧了对资本的管控，资本流入无显著提升，人民币国际化进程呈放缓迹象。未来，可抓住区域金融合作的机遇推进人民币国际化：一是通过直接兑换、货币互换等方式鼓励周边国家使用人民币，二是将熊猫债券市场建设成区域内人民币债券市场，三是继续推动金融市场开放，四是进一步推动优化 CMIM 和 AMRO，五是加快国内结构性改革和人民币汇率改革。针对中国资本账户开放问题，河合正弘提出渐进式的“三步走”建议：第一步是在资本外流的情况下，继续进行外汇干预和资本管制；第二步是当资本外流压力减轻时，停止外汇干预，保持适度的资本挂住，实行浮动汇率制度；第三步是通过降低企业债等途径改善金融市场条件，逐渐解除资本管制。

五、亚投行和“一带一路”倡议

日方普遍对亚投行和“一带一路”建设十分关注。亚投行自2016年初运营以来，取得的效果超出预期，已在11个国家启动21个贷款项目，贷款总规模达35亿美元。截至2017年10月，亚投行成员国达到80个，得到全球三大评级机构的3A评级。21个项目中，有15个是与其他多边开发机构的合作项目，6个是独立贷款项目，分别占总贷款额的71%和29%。河合正弘认为，亚投行项目质量高、运行良好，符合环保和社会标准，但仍面临一些挑战：一是如何优化治理和决策机制，保证高标准的贷款政策；二是如何协调好与NGO等利益相关者的关系；三是如何消除亚投行可能削弱其他MDB作用的担忧。为此，亚投行应与其他MDB，尤其是ADB重点在贷款标准和人才交流两方面开展合作。日本和美国还未加入亚投行，未来，日美中三方应在最高领导层间增强互信，日美将继续鼓励世行和亚行与亚投行密切合作。

关于“一带一路”倡议。河合正弘对中国提出倡议促进区域合作表示欢迎和赞成，但提出一些疑问：一是沿线国家人均GDP远低于中国，因此投资项目的金融和国别风险很高，中国如何管控投资风险、避免债务偿还不利的情况；二是在缺乏明确的协调框架背景下，如何协调好“一带一路”倡议的双边本质和沿线各国的多元化利益；三是如何化解印度、斯里兰卡等国对倡议的担忧。针对此，中方专家表示，针对沿线国家国情和利益诉求的多样化以及沿线国家的担忧，“一带一路”建设将遵循“共商共建共享”原则，其中“共商”强调各国尊重彼此的利益，作为平等参与者参与到协商中，兼顾各方利益和关切，寻求利益契合点和合作最大公约数。“共享”强调互利共赢，让“一带一路”建设惠及各国人民、给各国人民带来更多更公平的福祉。针对投资风险管控，“一带一路”建设的投融资合作将遵循“企业为主体，市场化运作”原则，企业将进行战略选择确保自身利益，降低投资风险。此外，中国财政部已与26个沿线国家签署《“一带一路”融资指导原则》，推动建设长期、稳定、可持续、风险可控的多元化融资体系。

（李明慧　胡振虎）

特朗普执政首年中美经济关系简析*

特朗普正式就任美国总统即将满一年。一年来，特朗普在对外经济政策上坚持“美国优先”总思路，推出了系列举措。在处理对华经济关系上，特朗普一改在竞选中的强硬立场，采取积极务实的态度推进中美对话特别是经贸领域合作。在两国元首的战略引领和共同推动下，中美经济关系平稳度过美国大选带来的震荡期，在特朗普执政首年保持了稳中有进的总体态势。

一、一年来中美经济关系主要进展

自特朗普就任美国总统以来，中美关系稳步发展。两国元首在特朗普就职百日内便在海湖庄园进行首次会晤，明确了中美关系发展基调；5 月，中美经济合作“百日计划”取得早期收获，得到了中美双方和国际社会的积极评价；7 月初，两国元首在 G20 期间再次举行正式会晤；7 月中旬，首轮中美全面经济对话在美成功举行，圆满实现了预期目标；11 月初，特朗普正式访华，成为十九大之后中方接待的第一个国事访问，双方达成多项重要成果。在这些重大活动之外，两国元首一年来还通过通话通信等方式进行了多次互动，两国经济团队也在一年来保持了密切的沟通协调。总的来看，一年来中美经济关系取得的主要进展可以概括为三个方面：

（一）对话机制全面建立

根据两国元首海湖庄园会晤达成的共识，中美双方建立了外交安全对话、全面经济对话、执法及网络安全对话、社会和人文对话四个高级别对话机制，两国军方也建立不同层级的对话机制。与奥巴马时期“战略与经济对话”和“人文对话”的双机制相比，新的对话机制在范围上得到了扩展，但交流内容更为专业和

* 本文写于 2017 年 12 月 22 日。

具体，更有利于务实成果的形成。在首轮中美全面经济对话中，中美双方面对面进行交流，既充分照顾短期内双方各自的重要关切，又关注中长期的问题和挑战，在取得一系列务实成果的同时，加深了两个团队之间的相互理解和互敬互信，为今后中美经济关系的发展奠定了基础。正如中美双方所形成的共识，对话不能立即解决所有问题，但没有对话就什么问题也解决不了。

（二）成果清单充实丰富

从5月双方共同宣布“百日计划”早期收获，到全面经济对话宣布开展“中美经济合作一年计划”，再到11月特朗普访华签下2535亿美元历史性经贸大单，中美两国在不到一年时间内，不但打消了各自国内和国际社会对开打贸易战的担忧，还通过一个个具体的项目把互利共赢的合作理念落到了实处，巩固了经济关系作为双边关系“压舱石”和“推进器”的作用。这一方面是由于特朗普政府与以往历届政府相比都更为务实和具体，更加坚持结果导向，另一方面源于中美两国经济发展阶段不同，互补性大于竞争性，深化双边经贸合作符合两国共同利益。

（三）元首外交成效显著

一年来，两国元首进行了三场正式会晤，其中既有正式的国事访问，也有多边场合的会晤。从海湖庄园到故宫，两国元首在正式会见之外，还通过多种形式的互动加深了交流，增进了友谊。访华期间，特朗普多次在推特上表达对中国的友好和对习近平主席的感谢，而中方也通过一系列恰到好处的安排，使特朗普感到了诚意和尊重。“国事访问+”的这个“+”，很大一部分体现在两国元首之间的良好互动，这为进一步推进中美双方务实合作，确保两国关系在正轨上继续向前发展奠定了坚实基础。对比年内特朗普退出TPP，搁置TTIP，更新NAFTA谈判，重谈美韩自贸协定等举措，中美经济关系在元首外交引领下取得的进展是美国其他贸易伙伴甚至传统盟友都无法比拟的。华盛顿政界和主要经济智库也大都认为，中国在与特朗普政府包括特朗普本人建立良好工作关系方面走在了世界前列。

二、中美经济关系的潜在挑战

（一）特朗普行事风格与近几任总统存在明显差异

一是更看重具体成果。与布什时期和奥巴马时期相比，美国在对外政策上更加务实，更加看重具体经济利益。无论在两国元首会晤还是在全面经济对话中，特朗普团队最关心的是能形成哪些具体商业成果，能实现哪些早期收获。相比如何降低中美贸易赤字和扩大中国市场开放等问题，特朗普团队对中美在多双边框架下的宏观政策协调等传统议题兴趣不大，对中长期和结构性问题关注不够。

二是尚未形成总体对华战略。与奥巴马时期相比，特朗普政府尚未形成明确的对华政策框架。一方面其经济团队内部立场差异很大，有主张对华交流合作的，也有希望采取更强硬立场对华施压的；另一方面特朗普本人立场易受团队内不同派系影响而出现摇摆，在一些具体问题上容易出现变化和反复。但总体而言，特朗普尚未采取类似奥巴马政府“亚太再平衡”的战略来系统性挤压我发展空间。

（二）特朗普对外政策中始终存有明显不确定性

正像特朗普没有明确的对华战略一样，特朗普同样没有明确的欧洲战略、中东战略和亚太战略。特朗普在对外政策方面秉持“美国优先”的总思路，以提振美国国内经济与就业为根本目标，途径上更加倚重双边渠道。按照特朗普的风格，具体的务实成果特别是实实在在的商业成果优先，并不坚持美国等主要西方国家长期推崇的所谓“价值观”和“评价标准”，也不过多考虑美国在全球经济体系中的责任和义务。这也导致在特朗普执政以来，美国在全球经济体系中出现了一定程度的战略收缩，主动放弃了部分规则制定权和经济领导力，例如退出 TPP 和巴黎协定，减少对主要多边机构的支持力度等举动，在以往美国政府对外政策中是不曾有过的。

（三）中期选举或将对特朗普政府对外政策造成更大影响

进入 2018 年，特朗普即将迎来其任内的第一场“大考”——中期选举。这对在大选中仅以选举人票优势取胜，普选票大幅落后的特朗普及其身后的共和党来说，都将是严峻挑战。从目前情况看，共和党在参议院有望保持多数优势，众议院选情并不乐观，特朗普需要尽快兑现竞选承诺，提振民意支持率。在最近的阿拉巴马州地方参议员特别选举中，民主党人拿下传统共和党州参议员席位，参议院力量对比从目前的 52—48 变为 51—49。鉴于共和党参议院控制权被进一步削弱，税改之后特朗普继续推进国内立法议程难度很大，最可行也是最有效赢得民意的措施，或是对外采取强硬立场，向包括中国在内的主要贸易伙伴施压以争取经济利益。

三、继续做好对美经济工作的几点建议

（一）积极适应美方风格变化，从被动应对转向主动出牌

与前两任总统相比，特朗普行事风格更为直接、务实，这一变化给我国做好

对美经济工作带来了新的挑战，但也提供了更大的空间与机遇。以中美经济领域对话机制为例，奥巴马时期“中美战略与经济对话”采用成果清单形式，双方在对话前就成果清单进行逐条磋商，我国在一些重点、难点领域长期承受较大压力。而特朗普在中美全面经济对话中更关注中方能给予多大的具体商业成果，相对而言给了中方较大的自主性和自由度。对于特朗普提出的自主开放，我国可根据国内发展需要率先出牌，化被动为主动。就像我们在特朗普访华期间宣布金融领域开放举措一样，打出一些既符合我国发展需要，又一定程度满足美方诉求的共赢牌，结合我国具体国情和发展战略，有步骤、有选择地给美方一些甜头，稳住中美经济关系大局。

（二）继续推动“中美经济合作一年计划”，以“确定”应对“不确定”

“中美经济合作一年计划”是在“百日计划”取得成功的基础上形成的重要务实成果。面对特朗普对华政策中存在的不确定性，“中美经济合作一年计划”用确定的政策框架限制了美方的不确定性，用可预期的务实成果引导美对华政策朝确定的方向发展。同时，以推进“中美经济合作一年计划”为契机，双方经济团队可以更多地开展政策协调，通过解决具体问题促进持续沟通交流，巩固双边关系大局，并寻求在全球和区域问题上形成更多利益契合点。

（三）妥善应对潜在风险和不确定性，做好困难准备

中美经济关系是一项混合着竞争与合作、对抗与共赢的复杂工程，背后涉及政治、经济、人文等各个方面。特朗普在上任伊始即把朝核问题和贸易赤字问题捆绑起来对我国施压，预示着中美经济关系的复杂性在特朗普任内可能进一步上升。特朗普本人没有成型的对华战略，不代表美国政界没有完整的对华战略，美国精英阶层中长期存在一种倾向，试图把中美关系定性为零和性和对抗性，甚至打入“修昔底德”陷阱，一旦形势变化，美国国内阻华遏华的声音随时可能占据上风。为此，我们一方面要积极落实两国元首今年以来三次会晤所形成的共识，做美方各界的工作，争取美国工商界和知华友华派更大的支持；另一方面密切关注美国政商军学等各界涉华动向，警惕特朗普出于政治需要，重拾竞选期间对华激进立场，甚至采取实质性措施反华治华，用破坏中美关系、损害中国利益来为国内政局和中期选举铺路。

（四）深入落实党的十九大精神，发展更高层次开放性经济

除了降低贸易赤字，特朗普政府对华另一个主要经济诉求就是扩大市场准入。在特朗普访华期间，中方对外宣布了金融业开放的几项重大举措，在国际社会引发积极反响。其实不光金融业，国内整个服务业与制造业相比，普遍存在开放滞

后、整体竞争力不强的问题。把金融业的开放经验推而广之，我们在教育、文化、医疗、电子商务、会计审计等领域，同样有提高开放水平、以开放促发展的实际需要。这也是我们落实党的十九大精神，“大幅度放宽市场准入，扩大服务业对外开放”的必然举措。本着推动形成全面开放新格局的总体思路，中美竞争与合作所形成的外部压力如能加以妥善引导，将转化为我国以高水平开放来促进深层次结构调整，尽快突破国内改革瓶颈的重要动力。

（王虎）

美前贸易代表巴尔舍夫斯基谈美中关系*

2017 年 4 月 19 日，财政部国际财经中心周强武主任在华盛顿会见了美国前贸易代表巴尔舍夫斯基。双方就中美关系、中美经贸合作、朝核等问题深入交换了看法。

以下为巴讲话的主要内容：

一、双边关系

1. 元首会晤

中美两国元首在海湖庄园会晤，除了就具体问题展开讨论外，还共同勾画中美关系未来 20 或 30 年蓝图，这是史无前例的，表明中美两个大国在全球和区域事务中的系统重要性在全面提升，元首会晤本身体现了中美共同利益所在。总的来看，习近平主席是有备而来，特朗普似准备不足。中方提议的“百日计划”令人“感叹”。美政府历来计划周全，外交技巧相对生硬，而此次习主席更显强势，这一反转令美各界印象深刻。特政府上任以来，忙于巩固政治地位，内阁成员间沟通不足，未能形成合力。中方通过此次会晤达到了预期目标，一定程度上化解了自身面临的政治、经济等压力，似乎比美方略胜一筹。

2. 双边关系

中国需不断深化经济体制改革，进一步实施对外开放，包括对美市场的开放。这是美中经济关系发展的前提，也是特朗普提升国内支持率的重要因素。美中应将经济合作放在优先位置，借经济合作淡化东海、南海等政治分歧。中国“三中全会报告”等各类经济计划得到了广泛好评，如能在 WTO 未涉及的经济领域有长足发展，将得到国际社会更多肯定。中国应更积极主动地与美合作，以更公平、更对等的方式回应美国。

---

* 本文写于 2017 年 5 月 8 日。

美应借鉴中国经济发展经验。中国长期制订并实施明确的经济计划，美则在发展经济、提升全球竞争力方面缺乏长远、前瞻性规划，美需要制定自己的“五年”“二十年”或“五十年”规划。美应致力于使两国关系更加平衡和对等。中国是美国在北美之外最大贸易伙伴，但中美贸易处于失衡状态，美对华贸易持续保持较大逆差；美应重点关注其产品进入中国市场、美企在华国民待遇、知识产权保护、网络安全等问题。

美中双方都应积极支持和参与对方主导的战略规划。美应积极考虑加入亚投行，参与“一带一路”框架合作。至于目前两国正在筹备的全面经济对话，前景并不乐观，且缺乏一定战略高度。

二、“百日计划”

中美“百日计划”可以借鉴克林顿总统任期内达成的《美日贸易框架协议》经验。20 世纪八九十年代，美日处于经济冲突白热化阶段，双方间兼具宏观和微观问题。宏观方面，日对美保持庞大贸易顺差，1992—1993 年，日对美贸易顺差高达 460 亿美元；微观方面，当时日本经济仍很封闭。因此，1993 年美日双方决定通过《框架协议》谈判解决贸易摩擦，一是要求日本大量减少贸易盈余和经常账户顺差；二是要求日本建立公正而自由的竞争性市场和对外开放的国内市场；三是要求解决结构性改革问题，包括解决美国和日本企业间结构性不平等以及美国储蓄率等问题。谈判为期两年，双方一度陷入僵局，1994 年 2 月美日两国首脑举行会谈，以解决谈判中一些悬而未决的重大分歧，美国要求日本开放汽车、电信、医疗器械和保险四大行业，但日本对此难以接受，谈判最终不欢而散。随后，美向日连续施压，包括以总统行政令方式恢复启用“301 条款”。日本迫于压力不得不妥协，最终双方完成了各领域谈判，达成数十项市场开放协议。

《美日贸易框架协议》没有使用“互惠”一词，但依然给双方都带来了利好：一是美国出口有所改善，出口增速高于全球平均增速，且对日出口在历史上首次得以改善。二是日本对美投资增长。这是一个积极的信号，但此前美国普遍认为投资上升带来的负面影响更大，特别是基础设施领域。三是美日关系得到一定程度缓和，双方经济合作朝更积极方向发展，彼此进一步加深了解，这是十分重要的。

三、双边贸易

1. 关于贸易平衡

有观点认为美当时不应支持中国加入世贸组织，中国入世获得太多利益，这种看法存在误导。中美经济体系不同，但互补性很强。合作只会带来经济、外交、安全等各方面利益。中国在兑现 WTO 承诺方面总体很好，但 2006—2007 年间改革进程似出现停滞。目前，中国改革与开放脱钩，重心放在增强竞争力、提高经济发展质量上，而并非进一步开放市场。

相对贸易赤字问题，应更关注美出口表现，如具有国际竞争力的公司是否能如愿出口中国，是否同其他公司一样在中国市场销售产品，是否享有公平的市场准入。美中若要达成某种协议，需在以下几个方面做出更多努力：一是投资机会问题，如中资公司并购美肉业巨头史密斯菲尔德公司，但美企业无法收购大型中国农企，即便不考虑敏感产业情况，中美投资机会仍不对等，投资往来依然不平衡。二是服务贸易问题，中国在 WTO 中所做承诺有限，当时中国服务业尚处于起步阶段，但今非昔比，通信、金融等服务行业均面临进一步开放问题，应当签订相关服务业协议。三是中美应就政府采购问题进行沟通，提出解决方案。

2. TPP

特朗普政府宣布退出 TPP 实属“愚蠢至极”。中国虽不会加入 TPP，但本可以成为其观察员。通过 TPP，中国可了解全球贸易变革方向，就像中国加入 WTO 推进了自身变革，对中国参与全球贸易合作具有指导意义。中国可以考虑在确定和实施经济改革时，参考 TPP 贸易合作框架中体现的国际经济和贸易发展方向和规则。

3. 美中双边投资协定（BIT）

美中双边投资谈判本不应是 BIT 谈判，“T” 意味着 “条约”，任何条约都具法律意义，都必须获得美国会批准。在美国，批准条约需获得参议院至少三分之二支持，而与中国签订的双边条约不可能获得三分之二票。不管是奥巴马政府还是特朗普政府，美中只要是 BIT，就不可能获得国会批准而生效。巴曾多次劝说奥巴马政府，将 BIT 更改为 BIA（Bilateral Investment Agreement），好在奥巴马政府最终未能与中方谈成 BIT。BIA 属总统行政权力事务，可由总统或内阁部长签署，其法律效力同样可靠，出现争端解决可以据此起诉美国。如美伊有关核问题即采取签订协议形式，并未通过国会授权。如将 BIT 转为 BIA 或其他行政方式，美政府可以声称“我们不签协定（treaty），是因为不愿意给中国提供这个法律保护，而签行政协议总统还有政策回旋余地”。

四、朝核问题

朝核问题的进展将对美中关系产生重要影响。美中反对朝核立场一致，但对问题评估和处理态度不同。美认为中国制裁朝鲜力度不够，应展示更多诚意，做的更多，包括推动重启六方会谈，切实帮助美国“分忧解难”，合作解决这一难题。

目前看，朝核问题和平解决前景堪忧，很难出现根本性改变。美中应认识到，朝核问题不仅严重威胁半岛和平、威胁美中国家利益，还与美中关系大局密切相关，必须加强合作阻止朝核问题继续恶化。美国应与朝鲜签订新的协议，正式结束与朝鲜的战争状态。美国因此可公开声明，不在乎朝鲜是否经历政权更迭。美国确保朝鲜与中国接壤的稳定状态，韩国不会越过“三八线”，并由世行、中、美、日、韩等向朝鲜提供多双边经济援助，最终推动朝鲜完全放弃核计划和核武器。

（陈立宏　于晓）

欧日经济伙伴关系协定将为全球自由贸易注入“强心剂”*

始于2013年4月的欧日经济伙伴关系协定（EPA）于近日达成原则性协议。在全球多双边经济贸易谈判进展缓慢、“逆全球化”和贸易保护主义趋势日趋严峻的新形势下，欧日推动双边经济协定谈判将有利于促进双方经济发展，并将在一定程度上给全球市场释放积极信号、为世界经济注入新活力，也将为全球多双边经济贸易协定谈判树立“新的标杆”。欧日自贸协定谈判背景、进展及我们的分析如下，供参考。

一、欧日经济伙伴关系协定相关背景

作为世界主要经济体，欧日双方长期以来保持着密切战略与贸易伙伴关系。然而，关税、监管标准不同等诸多因素导致双方贸易额并不令人满意。为此，欧日于2013年3月开启了自贸协定谈判进程，旨在通过取消关税、开放市场等措施促进双边贸易，进而拉动双方经济和就业增长。

（一）欧日双边贸易有很大提升空间

在亚洲，日本是欧盟第二大贸易伙伴，仅次于中国，主要对欧出口机械设备、机动车、医疗仪器等；欧盟是日本第三大贸易伙伴，仅次于中国和美国，主要对日出口机动车、药品、医疗仪器等。2016年，欧日货物与服务贸易总额为1600多亿欧元，远低于同期欧盟与中国的5000多亿欧元。欧日GDP总量占世界GDP总量比超过1/3，其贸易额占全球比重无法与GDP相匹配。这也从侧面表明，欧日双边贸易存在巨大增长潜力。

---

* 本文写于2017年7月31日。

（二）欧日双边贸易仍存诸多壁垒

当前，欧日贸易仍面临诸多贸易壁垒，主要包括：一是较高的关税。如日本对欧盟牛肉、巧克力、红酒和奶酪的关税税率分别高达 40%、30%、15% 和 40%，导致欧盟企业每年需缴纳总额约 10 亿欧元的关税。二是非关税壁垒。如日本要求欧盟不同柑橘品种均需获得许可，并禁止外国企业参与部分行业的政府招标。三是市场规则。日本市场规则与国际规则不同，这导致欧盟企业需根据日本规则专门设立生产线，进而产生高昂成本。

二、欧日经济伙伴关系协定最新进展

自 2013 年 4 月份开启首轮谈判，欧日迄今共展开 18 轮谈判。双方在货物贸易、服务贸易、非关税措施、知识产权等方面均取得不同程度进展，但在日对欧汽车出口、欧对日农副产品出口的敏感领域进展较慢。7 月 6 日，欧日就 EPA 达成原则性协议，双方就敏感领域提出了解决方案，为完成欧日自贸协定谈判扫清重要障碍。欧日极有可能在 2017 年底前完成谈判，在 2019 年前正式生效。

（一）关税壁垒几乎消除

在货物贸易方面，协议生效后，欧盟将对 75% 的日本出口货物实施零关税，未来 15 年将几乎涵盖所有货物贸易，并将对 99% 的关税细目实施零关税；日本将对 91% 的欧盟出口货物实施零关税，并将逐步提升至 99%，余下的 1% 将采取配额和关税减免措施。同时，日本将对 86% 的关税细目实施零关税，未来 15 年将逐步提升至 97%。其中，协议生效后，各领域关税将有以下几点变化：一是农产品和农副产品。欧日谈判难点领域奶酪和乳制品当前税率为 28.9%，未来 15 年将逐步取消。其中，硬质干酪将享受 100% 零关税，新鲜和加工奶酪将采取关税配额；猪肉是欧对日出口第一大农产品，未来 10 年将逐步取消关税；红酒 15% 的关税也将全部取消。二是机动车及零部件。欧盟将在未来 7 年取消日本机动车和零部件关税。三是工业品。欧日就取消化学、塑料、化妆品等工业部门关税达成一致，对欧盟皮革和鞋类关税配额也将取消。对鞋类关税将由 30% 降至 21%，未来 10 年将逐步取消。四是林、渔业。林、渔业关税将分别在未来 7 年和 5 年完全取消。

（二）逐步减少非关税壁垒

欧日双方敲定，将在 2017 年底前完成涉及非关税问题的技术层面工作。其中，主要有以下成果：一是协议生效后，将消除日本汽车市场监管壁垒。欧盟轿车、商用车、公交车和卡车等将更容易进入日本市场。二是在食品添加剂审批方面，日本同意已在网上发布的食品添加剂指导方针，将添加剂审批时间设定为2年。预计未来还将有3种添加剂通过审批。但是，在卫生和植物检疫方面，双方可能仍将存在分歧。

（三）服务贸易领域达成多项共识

欧日已在服务领域达成诸多共识，主要有以下几点：一是公共服务。欧盟成员国和日本无需对公共服务私有化或放松管制，且可以向公共部门提供私人服务。二是金融服务。欧日就新金融服务、支付、透明度和结算等制定了明确定义和规则。此外，还将专门成立金融监管论坛，取代当前欧日金融监管当局的对话机制。三是电子商务服务。欧日就签订电子合同、电子认证、国内监管、源代码等方面达成一致。同时，双方同意继续就电子商务监管开展对话，以解决消费者权益保护、网络安全等问题。

（四）政采开放取得进展

日方承诺将放开48个主要城市的政府采购领域，欧盟则承诺将给予相应回馈。同时，双方承诺教育和医疗机构将不再执行各自当前的《政府采购协议》。铁路方面，日方同意撤回“安全操作条款”①，进而放开与安全相关的铁路政府采购领域。协议生效后，日本将有至多1年时间过渡期开放该领域；欧盟则放开铁路设施和城市火车政府采购。双方所涉标的总价值基本相当。

（五）知识产权保护达成一致

欧日在知识产权方面主要达成以下共识：一是药品专利延期（至多5年）和植物保护产品专利的基本共同规则；二是药品监管测试数据保护（至少6年）的基本共同规则；三是植物保护产品监管测试数据保护（至少10年）的基本共同规则。此外，双方就商标和产品外观保护等制定了相应规则。在知识产权执法方面，双方将执行高标准民事执法规则。

（六）地理标志取得共识

欧日就地理标志主要达成以下共识：一是超过200种包括食品、红酒和烈酒等欧盟地理标志将受自贸协定保护；二是对自贸协定下的地理标志采取直接保护措施，取消所有用户地理标志注册费用和缴税。三是在协议生效后5年内和7年内逐步取消已认定的酒精饮料地理标志和食品地理标志。

---

① 安全操作条款：在欧盟铁路设备不符合日本国家安全标准的情况下，该条款允许日本企业拒绝采购欧盟铁路设备。

（七）创造公平竞争的政策环境

欧日在企业竞争、补贴与国有企业方面主要达成以下共识：一是企业竞争。双方承诺将出台竞争法以应对反竞争行为；保留竞争管理局以强化竞争法律；尊重程序公平原则，确保程序公开透明。二是企业补贴。日方同意披露更多各级政府向货物和服务提供补贴的信息；双方同意禁止无限制补贴和对缺乏可行重组方案的经营困难企业提供重组补贴；企业连续 3 年获得的补贴不得超过 45 万 SDRs。三是国有企业。国有企业将与私营企业一样，禁止对货物、服务等市场交易行为采取歧视性手段。公共服务领域将受到充分保护，以确保提供高质量服务。

三、几点看法

（一）欧日经济伙伴关系协定将形成全球规模最大的自贸区

除中美外，欧日是全球经济最核心的两极，占全球 GDP 和贸易额比重分别接近 30% 和 40%。欧日经济伙伴关系协定的达成将超越北美自贸协定，形成全球规模最大的自由贸易区，双边贸易自由化率预计将达到 TPP 可能的同等水平。与传统的以降低关税为核心的自贸协定相比，欧日经济伙伴关系协定不仅覆盖关税和非关税贸易壁垒等传统领域，还包括在投资保护规则、知识产权和地理标志、电子商务等领域开展更广泛合作的内容。据欧盟估算，欧日经济伙伴关系协定有望使欧盟对日出口增长 34%，创造近 50 万个就业机会，为欧盟带来 0.76% 的额外增长，进一步巩固欧盟经济复苏势头，缓冲英国脱欧造成的负面冲击。而对日本来说，加强对欧经贸合作可以对冲高度依赖日美、日中贸易带来的潜在风险，同时扩大汽车等领域产品出口，促进国内经济增长。

（二）协定的达成有力回击了近期甚嚣尘上的保护主义

全球金融危机以来，世界经济增长持续低迷，贸易增速不断下滑，很大程度上是由于贸易保护主义抬头、“逆全球化”趋势日趋强化，最典型的是“双 T”谈判（TPP、TTIP）受挫、“美国优先”政策出台和英国脱欧。全球范围内保护主义泛滥，部分经济体宏观政策不确定性和负面溢出效应上升，区域和多边经贸合作受到挑战。在此背景下，欧日经贸合作率先突破，达成广泛而高水平的自贸协定，有力地传递出支持自由贸易、反对保护主义的信号，证明在开放中推动贸易和投资自由化便利化仍是主要经济体的普遍共识。作为金融危机以来达成的最大规模经贸协定，欧日经济伙伴关系协定有望成为欧、日和其他经济体开展经贸合作的模板，甚至成为发达经济体之间达成高水平经贸协议的范本。

（三）后美国时代，全球化领军者之争已开启

欧日经济伙伴关系协定谈判历时 4 年，经历近 20 轮谈判，焦点集中在日对欧汽车出口和欧对日农副产品出口等领域，一度被戏称为“汽车换奶酪”。近一年来，尽管英国宣布脱欧、美国退出 TPP、西方保护主义势力抬头，但欧日经济伙伴关系协定却在双方领导人强烈政治意愿的推动下，进程迅速加快。双方最终选在 G20 汉堡峰会前一天宣布达成协定，具有浓厚的政治意味，既表现出反对贸易保护主义的坚定信心，为汉堡峰会支持自由贸易造势，又使欧日双方站上了推动全球化的道德制高点，为竞争新的全球化领军者铺路。特别对日本来说，在 TPP 受挫的情况下，达成欧日经济伙伴关系协定可能起到“曲线救国”的作用，接过美国在 TPP 中的领导角色，带领剩余 11 个成员推动协定尽快生效，从而掌握亚太区域经贸合作的主动权。

（四）中国应积极有序推动 RCEP 和中美、中欧投资协定谈判

欧日经济伙伴关系协定对我国而言喜忧参半。“喜”的是保护主义势力受到打击，全球化趋势得到捍卫，且欧日同为我国重要贸易伙伴，欧日自贸大市场的形成能为中国企业“走出去”带来新的商机；“忧”的是在英美全球化领军者地位日渐式微的情况下，欧日双方均表现出竞争主导权的强烈意愿，维护传统的由发达经济体主导的国际经贸秩序。本质上看，发达经济体并不希望中国成为全球化新的领军者，担忧以中国为代表的新兴经济体崛起在经贸领域损害其既得利益。欧日经济伙伴关系协定和此前的 TPP 一样，都有“先下手为强”，希望通过掌握贸易规则制定权来获得先发优势的意味。鉴此，我国应用好欧日自贸协定正式生效前的空档期，有序推进 RCEP 谈判和中美、中欧投资协定谈判，积极参与多双边经贸规则的制定，引领区域和全球经贸合作向着更加普惠包容的方向发展。

（郭昊　王虎）

后 记

国际财经中心（以下简称“中心”）是财政部国际财经智库，主要负责国际财经问题研究和对外财经交流等工作。本书收录了中心 2017 年部分研究成果，主要包括 47 篇研究报告。

财政部领导高度重视国际财经问题研究，对中心研究工作给予了大力支持，要求中心充分利用国际、国内两种资源，从战略高度、以长远眼光把握国际财经大势，为深化国内财税改革建言献策，为推进国际财经交流合作添加动力。2017 年，在中心成立十周年之际，肖捷部长做出重要批示，在肯定过去十年工作成绩的基础上，要求中心“继续为打造国际一流财经智库不懈努力，再创新的辉煌。”

史耀斌副部长亲自关心和指导中心的研究工作，中心周强武主任狠抓落实，推动研究工作不断迈上新台阶。财政部国际经济关系司刘健司长、国际财金合作司陈诗新司长、北京国家会计学院秦荣生院长等对中心研究工作提出了许多宝贵意见。中心陈茜、陈立宏、胡振虎、周波、王虎、帅扬、宋馨、乔慧、陈霞、于晓、李明慧、贾静航、郭昊、陈艳等同志参与了课题研究和校对整理工作。在本书的汇编过程中，中国财政经济出版社做了大量细致的工作，在此一并感谢。

编者

2018 年 3 月 11 日